中国式现代化苏州新实践

主 编／张 健

打造数字化改革先行区

本册主编／谢 俊

南京大学出版社

丛书主编

张　健

丛书编委会成员

沈明星　汤艳红　仇光辉　金伟栋

本册主编

谢　俊

目 录

序　　/ 001

第一篇　推进一体化公共数据底座建设　　/ 001

- 高新区城市生活服务总入口"i 高新"　　/ 002
- 姑苏区城市生活服务总入口"惠姑苏"APP　　/ 010
- 吴中区 CIM＋农房管理应用　　/ 020
- 相城区一体化公共数据底座项目　　/ 029
- 吴江区公共数据标准和质量协同共治　　/ 037
- 张家港市政务大数据平台　　/ 044
- 昆山市数字昆山公共智慧底座　　/ 054
- 常熟市"虞政通"平台助力政府高效移动协同办公　　/ 062
- 太仓市政务资源自助超市　　/ 069
- 苏州工业园区智能中枢　　/ 077

第二篇　推进数字经济系统建设　　/ 089

- 苏州市"作物云"管理平台　　/ 090
- 高新区苏高新集团招财猫招商应用　　/ 096

- 姑苏区企业服务网 / 102
- 吴中区苏州机器人工业大脑 / 106
- 相城区数据要素产业公共服务平台 / 115
- 吴江区苏州纺织化纤产业大脑 / 125
- 张家港市工业互联网平台 / 134
- 昆山市沪光汽车电器汽车零部件产业链协同平台 / 141
- 常熟市创新"市采通"平台赋能中小微企业出海 / 148
- 太仓市新亚科技智慧冷链生态服务平台 / 154
- 苏州工业园区集成电路工业大脑 / 163

第三篇　推进数字政府系统建设 / 169

- 苏州市12345自助挪车服务平台 / 170
- 苏州市无理由退货"小平台" / 177
- 高新区企业诉求闭环处办平台 / 183
- 姑苏区密切接触未成年人行业从业禁止监督模型 / 189
- 吴中区"Ai吴企"企业服务枢纽平台 / 195
- 相城区社情民意一件事大数据感知平台 / 202
- 张家港市农民工工资保证金管理系统 / 209
- 昆山市"牡丹停"智慧停车管理平台 / 218
- 常熟市中介超市平台 / 226
- 太仓市娄城解析赋能中心 / 233
- 苏州工业园区"免证园区"建设 / 241

第四篇　推进数字文化系统建设　/ 249

- 高新区苏州太湖数字化半程马拉松跑道　/ 250
- 姑苏区古城细胞解剖工程　/ 256
- 吴中区非遗数字实验室　/ 263
- 相城区数字推荐官苏小妹　/ 273
- 吴江区平望元宇宙应用平台　/ 279
- 张家港市"友爱港城"新时代文明实践智慧云平台　/ 286
- 昆山市"玉见昆山"服务平台　/ 292
- 常熟市"常优培"艺体类校外培训机构预付资金监管平台　/ 298
- 太仓市醉美太仓——智慧旅游服务小程序　/ 302
- 苏州工业园区"数字草鞋山"文旅元宇宙应用　/ 312

第五篇　推进数字社会系统建设　/ 319

- 苏州市"火眼"大数据火灾风险预测系统　/ 320
- 苏州市智慧急救平台建设与应用　/ 326
- 高新区"狮山随手拍"小程序　/ 334
- 姑苏区好护家康养数字化系统平台　/ 342
- 吴中区智慧城管门前三包管理平台　/ 351
- 相城区"惠企通"平台政策全链服务应用　/ 359
- 吴江区"江村通"数字乡村平台　/ 367
- 张家港市永联村"1+3+N"数字乡村建设　/ 374
- 昆山市农村宅基地信息化监管系统　/ 382
- 常熟市基于社会保障卡的智慧单位一卡通　/ 390

- 太仓市置业一件事系统　　/ 399
- 苏州工业园区"知社区"数字化平台　　/ 406

第六篇　推进数字生态文明系统建设　/ 417

- 苏州市企业环保自查自纠服务平台　　/ 418
- 高新区工程渣土"一码一单"管理应用　　/ 424
- 姑苏区餐饮油烟"码上洗"服务系统　　/ 429
- 吴中区"固管通"系统　　/ 435
- 相城区污染源在线监控系统应用平台　　/ 441
- 吴江区"太浦河云管家"智慧管理平台　　/ 446
- 张家港市生态环境监管新模式的探索与实践　　/ 453
- 昆山市环保检查员业务平台　　/ 463
- 常熟市活性炭"码"上换监管平台　　/ 471
- 太仓市生态太仓政企通平台　　/ 477

后　记　/ 486

序

苏州是中国改革开放的前沿阵地，在中国式现代化实践探索中一直走在前做示范。早在2009年，时任国家副主席的习近平同志就寄语苏州，"像昆山这样的地方，包括苏州，现代化应该是一个可以去勾画的目标"，并在2012年对苏州提出更高的期望，要求苏州"勇立潮头、当好排头兵"，"为中国特色社会主义道路创造一些经验"。党的十八大以来，习近平总书记对苏州工作多次作出重要讲话、重要指示。2013年提出"'天堂'之美在于太湖美，希望苏州为太湖增添更多美丽色彩"，2014年提出"中新合作苏州工业园区在开放创新、综合改革方面发挥试验示范作用"，2023年提出"上有天堂下有苏杭，苏杭都是在经济发展上走在前列的城市。文化很发达的地方，经济照样走在前面。可以研究一下这里面的人文经济学"。2023年7月，习近平总书记亲临苏州考察，对苏州刚柔并济织就成"科技""人文"共荣共生的"双面绣"给予了高度肯定："苏州在传统与现代的结合上做得很好，不仅有历史文化传承，而且有高科技创新和高质量发展，代表未来的发展方向。"2024年3月，习近平总书记参加十四届全国人大二次会议江苏代表团审议时，勉励张家港市南丰镇永联村："走共同富裕的乡村振兴道路，你们是先行者，要把这个路子蹚出来。要继续推进共同富裕，走中国式现代化道路。"可以说，苏州是习近平新时代中国特色社会主义思想的坚定信仰者、忠实践行者，承载着习近平总书记"勾画现代化目标""为中国特色社会主义道路创造一些经验""代表未来的发展方向"的殷切期望，必须以加倍的努力承担起为中国式现代化贡献地方实践智慧和经验方案的时代使命。

江苏苏州干部学院是集党的理论教育、党性教育、履职能力培训和知识更新为一体的省党性教育干部学院，2022年入列中央组织部公布的72家省（自治区、直辖市）党性教育干部学院目录。学院坚持以习近平新时代中国特色社会主义思想为指引，牢记"为党育才，为党献策"初心，全面落实全国干部教育培训规划要求，讲好发生在苏州的中国故事。中央高度重视干部培训教材建设，十八大以来习近平总书记亲自为第四、第五、第六批全国干部学习培训教材作序。《干部教育培训工作条例》《全国干部教育培训规划（2023—2027年）》等对干部培训教材建设做了明确部署。为此，江苏苏州干部学院大力推进干部培训教材体系建设，用主题突出、各具特色、丰富生动、务实管用的《中国式现代化苏州新实践》丛书作为干部培训系列教材，系统总结习近平新时代中国特色社会主义思想在苏州的创新实践，生动描绘苏州贯彻落实习近平总书记考察江苏、苏州重要讲话精神的奋进图景。

《中国式现代化苏州新实践》丛书以苏州深入贯彻落实习近平新时代中国特色社会主义思想为视角，深入剖析了中国式现代化的内涵与特征，通过翔实的资料、生动的案例，展现了苏州在经济建设、政治建设、文化建设、社会建设、生态文明建设和党的建设等方面的实践与创新，全面汇编党的二十大以来苏州聚焦"四个新"重大任务、"数字化改革"助力赋能、"生态绿色"发展质地、"'三农'发展"坚实支撑、"党的建设"政治保障等不同领域奋力推进中国式现代化新实践的先进典型。丛书不仅是一部实践记录簿，更是一部理论探索之作。编者们通过深挖苏州率先探索中国式现代化道路背后的深层逻辑，揭示出苏州在推进中国式现代化过程中走在前做示范的关键要素与路径机制，编制了独具特色的"苏州密码"。这些理论提炼与实践案例的深度融合，既是对苏州经验的高度凝练，也为全国其他地区乃至全球范围内探索符合自身实际的现代化之路提供了有益启示。在内容组织上，汇编的每个案例跳出案例发展本身设置了导学（引言）和研学（案例点评）内容，前者突出理论溯源，以习近平总书记的重要论述、重要讲话精神为主，后者突出实践要求，以案例可学习可复制的实操要点为主，注重了理论与实践的有机结合。在呈现形式上，运用数字化手段，每个案例都可以通过扫描二维码实现 VR 展播，是一本富有科技色彩的电子读本、立体教材，增强了读者的感性认识，有助于读者实现在此基础上的理性跃升。

作为党员干部学习借鉴苏州现代化之路的教学蓝本，社会各界观察理解苏州现代化之路的展示窗口，《中国式现代化苏州新实践》系列图书正在陆续出版发行中，将和广大读者逐一见面。丛书的出版发行是江苏苏州干部学院对"用新实践感悟新思想""用新思想指导新实践"干部教育培训理念的积极探索，为参加干部培训的学员提供了一个学习、借鉴苏州现代化之路的教学蓝本，为社会各界提供一个观察、理解苏州现代化之路的展示窗口，让大家在学习过程中更好地领会习近平新时代中国特色社会主义思想的理论伟力和实践要求，更好地感受苏州传统与现代完美结合、科技与人文共荣共生的鲜活脉动和发展智慧。

苏州大学特聘教授、博士生导师
苏州大学"东吴智库"首席专家　方世南

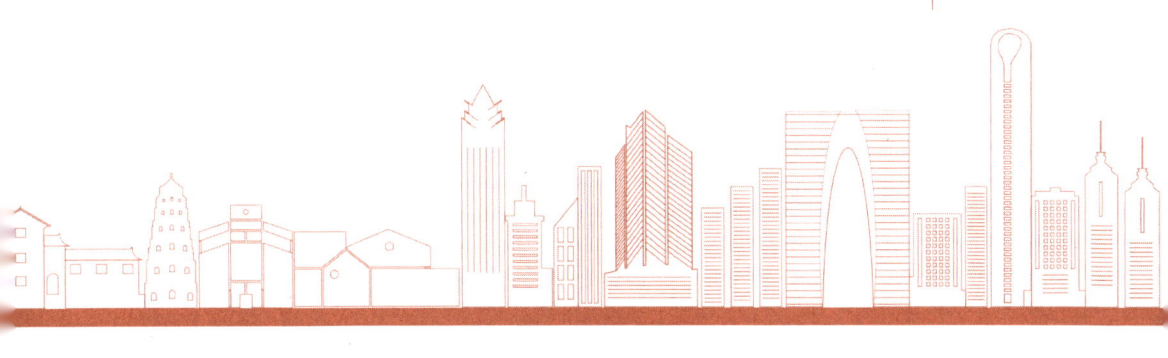

第一篇 推进一体化公共数据底座建设

高新区城市生活服务总入口"i 高新"

【引言】 习近平总书记在江苏调研时强调,江苏必须在保障和改善民生、推进社会治理现代化上走在前列。要加快健全社会保障体系,健全就业促进机制和就业公共服务体系,做好重点群体就业工作。苏州高新区聚焦群众办事堵点、难点,围绕广覆盖、高频次、普惠性业务需求,整合公共服务资源,创新服务方式,不断优化服务流程、延伸服务触角,推进公共服务应用终端一体化建设,打造数字时代下的城市服务名片。

【摘要】 自苏州高新区城市生活服务总入口平台"i 高新"上线以来,推动数字技术与惠民服务深度融合,为居民、企业和游客提供便捷、高效、优质的线上公共服务和政务服务。目前已完成"i 高新"APP 平台阶段性建设工作,主要包括公共服务、企业服务与政务办事、基础服务等。后续将持续深化功能开发和应用对接,积极探索实践和推动建设。作为苏州高新区对外提供线上政务服务和公共服务的统一入口和唯一入口,该项目整合全区政府公共服务资源,不断扩大政务服务移动端办理范围,丰富完善政务和公共事项服务清单,将群众期盼、企业关注、实用好用的各类服务和活动汇聚到"一个入口",持续推动"小巧灵"应用建设接入,让居民和企业体验到"数据多跑路、群众少跑腿"带来的便捷性、高效性,以及增强精细化城市管理服务带来的幸福感、获得感。

【关键词】 "i 高新";数字技术;惠民惠企;"一个入口";"小巧灵"

扫码看VR

一、建设背景

（一）政务服务需求升级

随着社会发展和科技进步，人民群众对于政务服务的需求也在逐步升级。用户期望更为高效、便捷、精准的政务服务，以更好地满足其日益增长的生活需求。传统政务服务方式已难以满足现代社会的快速发展和群众需求的多样化。群众对于政务服务的期待，主要体现在：**一是时间成本降低**。希望能够在更短时间内完成政务服务事项办理，减少不必要等待和奔波。**二是流程简化**。群众期待政务服务能够实现流程简化，减少烦琐的手续和环节，提高办事效率。**三是服务集成化**。群众需要一个能够集成各类政府服务的平台，一站式解决他们的需求，包括但不限于教育、医疗、交通、社保等公共服务。

（二）企服政策高速直达

企业在日常运营中需要与政府部门频繁互动，包括政策咨询、行政审批、公共服务获取等。企业期望政府能够提供更加高效、透明的服务，减少办事成本，提高行政效率，从而营造一个更加有利于商业活动的环境。

（三）数字时代趋势要求

建设一个统一、易于访问的城市生活总入口成为大势所趋，通过总入口平台，政府能够整合公共服务资源，打造数据智能闭环，实现全时空、全天候、全方位的政务服务和公共服务。高新区已初步完成统一公共数据共享体系、地理信息资源共享体系、身份认证体系建设，为打造"统一标准规范、统一清单管理、统一身份认证、统一数据共享、统一应用管理"的城市服务奠定基础。

二、功能运用

"i高新"以全面接入、同源发布、统一管理，企业、群众"只登一个入口、只认证一次"就能畅享所有服务的思路，推进苏州高新区城市生活服务总入口项目建设，实现政务服务高效率、惠企服务全覆盖、公共服务更便捷。苏州高新区城市生活服务总入口充分发挥移动互联网泛在、连接、智能等优势，创新移动政务服务提供方式，坚持政府主导，鼓励多方参与，从而为居民、企业和游客提供便捷、高效、优质的线上公共服务和政务服务。

（一）坚持需求导向，升级"便民服务"新功能

"i高新"APP首页聚焦居民日常生活，划分社会保障、交通出行、医疗健康、旅游休闲、文体教育、政务服务、民生服务、板块专栏八个栏目，集聚上百款特色应用。社保办理、网上学习、看病挂号、生活缴费、游购高新等公共服务一应俱全，以"数据赋能、应用便民"为理念，让数字技术不断拓展智慧生活的边界，让广大居民能够足不出户、随时随地享受优质服务。

围绕社会保障、交通出行、医疗健康、旅游休闲、文体教育、政务服务、民生服务、板块专栏等专题接入更多高频特色应用，增强便民

性，方便民众进行信息查看和应用对接，包括住房公积金、新区停车场、科技城医院等应用；同时针对部分模块进行开发升级。立足用户需求，注重用户体验，紧紧围绕民众在日常生活、文化旅游、健康教育、交通出行、就业服务等方面的需求，整合全区政府公共服务资源，拓展政务服务移动办理范围，提升移动政务服务供给水平，推动政务服务事项在线"能办""易办""好办""快办"。

打造特色社区旗舰店，实现特色服务向基层延伸。整合社区街道特色服务应用，打造各有特色、融合互通的"i高新"社区旗舰店专区，形成包容共存、互惠互利、协同发展的关系，以提升服务供给能力，丰富服务渠道选择。

进一步发挥"互联网＋"对文化产业的支撑作用，促进产业转型升级，提升苏州文化产业服务与管理水平，促进高新区文化产业智慧化转型，打造"小巧灵"应用，建设上线"文化云"应用，打造贴近高新区群众的24小时不打烊一站式在线文化空间，实现一个平台就能动态汇聚高新区文化馆（站）活动（场馆）、视听、展览、艺术培训等资源，让公众足不出户享受菜单式、订单式、一站式公共文化服务。整合和推广高新区1个文化馆＋122站馆资源，实现线上线下资源联动共享，为用户提供汇聚式、串联式、高品质的文化产品和服务，有效解决线下宣传能力有限问题，增加对本区居民以及游客的服务覆盖，加强政府与民众联系，实现政府和社会民生相融合，通过线上服务输出，将政府和居民相融合，有效降低管理成本，提升运行效率，推动服务型政府进程，提高文化行业服务质量。

（二）坚持创新驱动，构建"惠企服务"新体系

"i高新"APP开辟企业服务专区板块，涵盖政策总览、活动集锦、企业服务、资讯信息、狮山人才、产业创新等六大主题，提供政策图解、政策计算器、活动通知、项目申报等26类涉企服务。推出"一业一证"专栏，将"办多件事、领多个证"简化为"办一件事、领一个证"。围绕企业生产经营中"痛点""难点""堵点"问题，提供统一汇聚的优质线上服务，提升企业市场竞争力，助推区域高质量发展。聚合企业主题服务，包括政策字典、政策计算器、狮山青年人才生活补贴、人才机构引才、狮山产业紧缺人才计划、申报通知、服务超市、信息发布等服务，激发企业主体活力，助推区域高质量发展。

坚持以企业需求为导向，实现对企业智能化赋能。融合企业服务入口，为法人提供精准贴心的服务，提供企业全生命周期服务，提供企业政策清单、政策图解等服务，一键触达企业所需核心政策细节，为企业全面获取所需政策提供便利；提供企业活动日历，在线预约行业主题活动，推动商业合作与对话；支持千余项企业服务事项在线办理，实现线上线下渠道充分融合、互相导流。

（三）坚持统筹规划，打造"指尖快办"新格局

"i高新"强化系统观念，完善标准规范，加强顶层设计，充分发挥面向自然人和法人服务统一入口作用，着力解决居民服务和企业需求，实现只进"一个入口"就能办好"一件事"。织就个人、法人办事"双面绣"，打造城市生活便捷办事新高度。提供各类主题服务与部门事项查询，实现"指尖快办"，足不出户完成业务办理。

围绕"一网通办",全面梳理教育、医疗、住房、社保等与群众日常生产生活密切相关的公共服务事项,聚焦"一件事"掌上办理,上线"开餐饮店一件事"、"开奶茶店一件事"等各类服务事项,线上提交申报表单,实现足不出户、掌上一键办理的创新便民功能。

"i高新"APP办事模块聚焦场景引导,目前已接入各类办事事项1 000+个,设置个人办事、法人办事两个专区,同时整合多部门相关联的"单项事",推出"一网通办"集成套餐服务,为个人/法人提供多场景、全周期的办事指南。"个人办事"从生育收养到离职退休,涵盖各类主题服务与部门事项查询;"法人办事"从企业开办到退出,包含企业生产发展全过程。办事事项丰富多样、办事流程清晰明了,让用户办理业务省时省力更省心。

聚焦"高效办成一件事",以企业诉求"小切口"撬动营商服务能力"大提升",上线"咨询诉求"应用,实现企业提诉"零成本、零距离、一键达",改变了以往诉求信息碎片化、无法精准分析的状态,为企业诉求大数据分析和深度研判提供了坚实基础,带动涉企服务更加集聚、高效、精准、便捷。

三、做法成效

(一)有效提升民众办事满意度

苏州高新区城市生活服务总入口立足苏州高新区"惠民"服务,有效整合辖区存量服务应用,构建政务办公、对外宣传、行政办事、公共服务、便民服务等应用矩阵,以群众需求为导向,提高服务质量和效率,提升服务态度和沟通能力,建立良好的服务机制和优化流程。在具体实施过程中,定期开展服务评估和满意度调查,建立服务信息反馈等机制,及时发现和解决存在的问题,提高服务质量和水平,促进城市生活服务总入口健康、有序、可持续发展,让居民生活美满、舒适安全、文明和谐、满意愉悦。基础信息和主要证照信息可直接调用共享库和证照库数据,不需要老百姓重复提交多项材料;受理前的事项查询和电子化材料上传等各项准备工作均可通过线上完成。彻底打破传统办事思维定式、路径依赖,以服务型政府的理念和行动为百姓办事带来便捷。

(二) 有效优化政府政务资源配置

目前各委办局为公众提供的服务相互独立,服务平台设置分散,综合利用率不高,综合性服务能力较弱,运营互动不充分,急需跨部门、跨条线、跨领域整合,从而实现服务全覆盖的基本保障,实现服务资源与服务需求匹配,实现服务质量和服务提供者的跟踪与评估,实现居民日常生活资源配置优化。推进建设上架"小巧灵"应用,通过"小切口"打造精细化、针对性强的创新服务,实现以小见大的服务效能提升,为用户提供更加优质、高效、便捷的服务体验。

"i高新"平台建设实施以跨部门、跨层级数据共享为依托,完成公共能力、基础业务服务和数据的统一支撑,实现融合平台与各系统的业务协同,完成政务服务资源整合,保障政务服务平台运行稳定高效,大大减少政府在运行维护费用方面资金投入,各级各部门可将有限的人力、物力、财力投入政务服务创新业务应用方面,不断优化政务服务流程、创新政务服务方式,不断提升政务服务能力和水平,打造本地特色应用,优化营商环境,提升便民服务,实现流程优化创新服务等。

案例点评

建设面向自然人和法人的城市生活服务总入口,提供办事便捷新路径,打造生活信息全周知。建设具有模块化、易集成、易接入、高可靠的开放性移动应用平台,支撑移动应用快速发展,保障移动应用的统一入口、统一安全、统一规范,保障运维高效安全可控。推动"小巧灵"服务应用上架工作,确保该应用能够覆盖更广泛的用户群体,提供更加丰富和便捷的服务。实现业务流程优化、行业应用服务提升,减少重复投资,提高投资回报、节约成本。从技术、成本和成效上都具有较高的成果可复制性以及推广性。

姑苏区城市生活服务总入口"惠姑苏"APP

【引言】 习近平总书记指出"要全面贯彻网络强国战略,把数字技术广泛应用于政府管理服务,推动政府数字化、智能化运行,为推进国家治理体系和治理能力现代化提供有力支撑"。国务院、省政府先后出台数字政府建设相关指导文件,提出"积极推动数字化治理模式创新,提升社会管理能力","持续优化利企便民数字化服务,提升公共服务能力"等工作要求,为姑苏区深化姑苏城市生活服务入口"惠姑苏"APP指明发展方向。

【摘要】 近年来,姑苏区深入贯彻习近平总书记关于建设网络强国、数字中国、智慧社会、数字政府等系列重要指示精神,认真落实国家、省、市关于推进数字政府建设的战略部署,立足"网上社区"服务理念,坚持以人为本,聚焦企业群众"急难愁盼",围绕"人的一天、人的一生"和企业开办全生命周期,依托云计算、大数据、物联网、AI智能分析等技术创新,基于数字政府一体化底座能力和跨层级数据共享、多领域组件复用,紧紧围绕姑苏区居民、企业在日常生活、文化、健康、教育、交通、就业、企业服务等方面的需求,全面整合全区各类服务资源,实现居民、企业只进"一个入口"就能办好"一件事"。自2021年5月上线至今,"惠姑苏"用户数已超37万,累计接入应用95个,2023年平均日访问量3 118次。

【关键词】 公共能力;以人为本;统一入口

扫码看VR

姑苏区城市生活服务总入口"惠姑苏"APP（以下简称"惠姑苏"APP）自2021年5月25日上线以来，立足"网上社区"服务理念，将市民群众、辖区企业的日常需求进行高效整合，系统化、集成化地为用户提供各类信息查询、业务办理、意见反馈等服务应用95项，注册用户数量超37万，目前已成功打造为姑苏区数字时代下的城市服务名片，先后荣获"2021中国软件最佳解决方案奖""2022数字中国与智慧社会创新发展优秀案例""2023年度苏州智能社会治理优秀研究成果一等奖"等奖项荣誉。

一、建设背景

（一）上级规划政策部署指明新方向

2022年，国务院发布《国务院关于加强数字政府建设的指导意见》，指出"加强数字政府建设是适应新一轮科技革命和产业变革趋势、引领驱动数字经济发展和数字社会建设、营造良好数字生态、加快数字化发展的必然要求"；江苏省人民政府发布《省政府关于加快统筹推进数字政府高质量建设的实施意见》，指出要"加快数字化转型，推动政府决策科学化、社会治理精准化、公共服务高效化，不断增强人民群众获得感幸福感安全感"；2023年，苏州发布《苏州市数字化改革总体方案》，提出到2030年底，苏州一体化公共数据底座全面建成，形成数字经济、数字政府、数字文化、数字社会、数字生态文明融合发展体系，成为具有国际影响力的数字化发展标杆城市。国家、省、市相关政策的相继出台，为姑苏区持续深化"惠姑苏"APP建设指明了发展方向。

（二）数字时代技术创新注入新动能

当前，云计算、大数据、人工智能等新一代信息技术与经济社会全面深化融合，加速推动数字时代的全面到来，也为政府数字化转型带来了新的动力和机遇。将数字技术广泛应用于政府管理服务，推动政府治理流程再造和模式优化，不断提高决策科学性和服务效率，已经成为当前政府数字化转型的必由之路。姑苏区顺势而为，积极夯实数字政府一体化底座能力建设，探索构建一体化数字资源管理服务体系，实现云网、数据、组件、安全等数字化资源的统筹管理、统一供给。"惠姑苏" APP依托全区数字政府一体化底座能力，充分发挥移动互联网泛在、连接、智能等优势，利用跨层级数据共享和多领域组件复用，通过集约化建设，全面提升移动政务服务个性化、智慧化水平。

（三）用户场景需求引领提出新要求

近几年来，随着移动互联技术的快速发展，全区各单位不断推进移动数字化应用系统建设，但部分系统由于缺乏统筹规划，目前存在着"多头建设、分散运维、信息孤岛、标准欠缺、用户缺失"等问题。同时跨部门业务协同的综合类应用，围绕服务决策、便民利企的创新型应用，让群众随时随地可办事、好办事、办好事的移动端应用建设不足，在利用互联网思维和技术实现政务服务改革创新方面还存在很大提升空间，实战管用、基层爱用、群众受用的政务应用场景仍需不断优化完善，亟须通过信息化手段，提升居民企业办事服务便利化水平，不断优化智能服务体验，通过"一个入口"全面融合便民利企高频刚需服务需求，实现各类场景化民生应用"一端"集成、"网购式"办事。

二、功能运用

"惠姑苏"APP立足"网上社区"服务理念，以数字政府一体化公共底座为基础，以服务百姓民生为宗旨，以推动政府流程再造为改革方向，利用跨层级数据、多领域组件等信息技术手段，打造了全区统一的移动端便民利企总入口。

（一）聚焦以人为本，实现贴心服务

用户安装打开APP后，无需注册，即可在用户当前地理位置信息授权后，利用LBS功能，显示其当前所在街道和社区相关公共服务点位及相关信息，如社区、企业服务中心、便民服务中心等。同时，依托地图功能，打造线上"15分钟生活圈"，将居民步行半径15分钟（1公里）的便民服务网点（设施）集中展示在热力图上，方便居民查询。目前，热力图已展示农贸市场、社区综合服务中心、社区卫生服务中心、24小时药店、养老机构、日间照料中心、幼儿园、银行网点等20余类机构和商家的点位等信息，支持手机一键导航，方便又快捷。除此，"惠姑苏"APP可精准推荐用户当前所在位置或家庭地址（绑定）周边1.5公里范围的道路施工、交通管制、公交线路调整、水电气暂停、文化和旅游活动等信息，方便百姓实时掌握周边生活资讯。另外，通过"惠姑苏"APP，用户还可享受姑苏区特有的日间照料助餐、家庭医生签约、健康档案查询、中医名医预约、"家门口"就业服务、"一站式"校园服务等特色功能，实现更多养老、医疗、就业、教育等公共服务"一键触达"。

（二）聚焦数据共享，实现流程再造

"惠姑苏"APP以最大程度利企便民为主线，以深入推进"一网通办"改革为抓手，通过跨层级、跨部门、跨领域数据共享，不断推进部门协同、政企协同、线上线下协同，如将职能部门办理的"单个事项"集成为企业和群众视角的"一件事"。目前，由区行政审批局梳理并推出的35个"一件事"主题事项已在"惠姑苏"APP中以指南的形式展示。同时积极探索"一件事"掌上办申办流程，实现"出生一件事"、"失业金申领一件事"等7个事项在手机端办理。其中，考虑居民对充电设施的需求渐大而传统充电设施申请流程烦琐，2023年，通过与国网苏州供电公司合作，"惠姑苏"APP推出"居民充电桩报装一件事"服务，此服务明确"一表申请、一套材料、一次提交、限时办结"，实现多个部门、多个事项集成与数据共享，并建设统一受理审批平台。通过该项"一件事"，居民办理时间由原来的15个工作日压缩至最少3个工作日，办理材料由原来的10份缩减至6份，申请人跑动次数由原来的3次缩减至1次，实现了全流程线上审批、办理。

（三）聚焦组件复用，实现质效双高

为满足不同服务应用的接入需求，实现快速、集约开发，"惠姑苏"APP在不断拓展服务内容的同时，聚焦服务体验优化，构建了基于数字政府一体化底座的统一支撑能力，包括但不限于用户体系、实名实人认证、地图服务、信息提醒、应用管理、快速表单等组件，为推动"惠姑苏"APP移动端标准化、规范化建设和协同化、一体化服务提供技术支撑。依托市人口相关信息，构建"惠姑苏"APP用户体系，实现用户身份信息在各应用间的共享互认，为各部门自建对外服务移动端应用解决"多端注册"、"重复登录"等问题；依托省政务办与省公安厅共建的"网上统一可信安全身份认证系统"，为接入应用提供网上身份认证能力支撑；通过统一地图服务，为"惠姑苏"APP地理位置信息授权用户就近显示相关服务点位信息，并支持一键导航，目前已支撑15分钟便民生活圈、医疗健康、停车场查询等10多项接入应用；通过统一信息提醒，为各接入应用提供包含APP弹窗信息、APP站内信、短信等多种消息触达渠道，提升消息服务的覆盖率；构建应用接入管理体系，完善应用管理制度，提供应用开发、应用接入、应用审核、应用发布、应用上下架、应用统计、应用监控等全生命周期服务能力和配套标准规范；为支撑线上活动开展，利用快速表单等组件，打造问卷调查、答题抽奖、活动报名等运营工具，为全区各单位提供多类线上活动的解决方案，实现自定义、轻量化、主题式搭建，支撑2023年全区各单位利用"惠姑苏"APP开展线上活动30余场，取得较好活动效果。

三、做法成效

自2021年5月正式上线以来，"惠姑苏"APP作为推进数字政府整体"智治""数治"的重要抓手，按照国家、省、市关于数字化发展等各项决策部署，通过立足用户需求导向、挖掘平台功效潜能、创新技术应用场景，不断开展迭代优化建设，同步强化运营管理和安全监测，提升接入应用的可用性、易用性、好用性。

（一）重视用户体验，提升服务效能

一是不断完善服务功能。2023年，围绕"人的一天、人的一生"、"放管服"改革、"营商环境优化"等工作重点，"惠姑苏"APP新增上线"姑小苏"健康E站、"遇见吴门名医"、流动党员报到、姑苏"码上洗"、小型（临时）工程备案、知识产权专利等31个应用，为居民、企业提供了更多元、更全面、更高质的线上服务。**二是持续丰富资讯内容**。2023年，"惠姑苏"共发布资讯4 830条，包括时政新闻、热点资讯、生活信息、恶劣天气预警、社区活动、社会热点等不同类别信息；更新"十五分钟便民"生活圈点位信息982个、民生地图点位信息167个，方便用户及时、准确、充分掌握全区各类信息。**三是充分倾听百姓需求**。为充分倾听群众声音、了解群众问题、解决群众烦忧，不断升级优化"社情民意"功能，实现诉求提交、在线预约和问题处理结果查看。截至目前，"社情民意"共收集咨询、投诉、建议问题16 158次。通过区、街道、社区三级联动，着力将各类矛盾化解在基层，化解在一线，努力让群众"没有不满意"。**四是及时关注身边问题**。"惠姑苏"APP上线"随手拍"功能，除实现居民和游客随时随地反馈身边问题外，还用于网格巡查员的日常网格问题巡查反馈，全年共收集各类工单71 074件；同时，在"随手拍"功能基础上，开展城市管理问题上报积分奖励活动，有效提升用户的积极性和活跃度。

（二）狠抓规范管理，提升运营水平

"惠姑苏"作为姑苏区对外提供线上公共服务和政务服务的统一、唯一入口，接入事项覆盖面广、社会影响面大，其长期稳定高效运行，离不开全区各单位的积极参与和健全完善的制度保障。**一是强化总入口定位，实现"应接尽接"**。结合政务 APP、小程序清理整合工作，积极推动整合成果向"惠姑苏"APP 集中，确需保留的政务 APP、小程序中面向自然人和法人的政务服务、公共服务事项，通过技术评估接入可行的，应根据相关工作流程，主动接入"惠姑苏"APP。各单位新增面向自然人和法人的移动端服务需与"惠姑苏"APP 提前对接，并与项目同步规划、同步建设、同步运行。各街道、社区深度挖掘本街道面向自然人和法人的政务服务、公共服务和便民服务，做好周边信息、特色活动、居民自治、社情民意、公益服务、十五分钟便民生活圈等功能的日常维护，打造街道聚合服务页面，实现一屏访问各街道特色服务。**二是健全标准体系，强化规范管理**。根据国家、省、市关于推进政务新媒体健康有序发展的意见等文件精神，结合实际，姑苏区制定、发布《姑苏城市生活服务总入口——"惠姑苏"APP 运行管理办法（试行）》（姑苏办〔2021〕52 号）、《关于做好已接入"惠姑苏"服务运行维护的通知》等文件要求，明确应用接入、信息发布、电话接听、运行维护等事项规范，确保 APP 稳定高效运行。健全"惠姑苏"用户体系接入和原生开发能力等技术接入标准，构建"管理＋技术"双轮驱动、全周期全方位全覆盖的标准规范体系。**三是加强技术保障，确保安全运行**。持续做好"惠姑苏"软硬件平台技术优化升级，确保平台性能充足、架构合理、技术可靠。落实网络安全主体责任，加强数据安全管理，加强网络安全防护工作，确保个人信息规范安全使用。同时按照"法无授权不可为、法定职责必须为"的原则，梳理政务服务事项清单的法律依据，规范信息资源采集使用的程序、范围和权限，制定与用户之间的法律申明条款、授权使用协议等，形成一整套制度规范和法律文书。**四是加强**

宣传推广，提升品牌影响。充分利用政务新媒体、政务服务场所、公共场所等积极开展"惠姑苏"APP宣传推广工作，强化实用服务、便利服务的推介，提升公众知晓度，便于群众充分了解和便利获取移动端政务服务、公共服务。开展"你说我建""产品体验官"等活动，深入拓展"惠姑苏"APP生态服务体系外延。梳理整合各部门活动清单，加强对全年活动的谋篇布局，聚焦古城保护、文旅融合、网红经济等重点领域，着力打造姑苏区特色品牌系列活动，增强"惠姑苏"APP线上活动的连贯性和长期价值，提升用户黏性和活跃度。

（三）强化集约建设，提升资金效益

"惠姑苏"APP按照全区数字政府统一技术架构，依托数字政府一体化底座支撑能力开展建设，集成全区各单位面向居民和企业的各类移动端服务，是具有模块化、易集成、易接入、高可靠等能力的开放性移动应用平台，能够支撑移动端应用的快速发展，有效提升应用开发效率，节约投资成本。同时，"惠姑苏"APP充分利用姑苏区数字政府一体化底座云、网、数、安各项能力，构建覆盖物理设施、网络、平台、应用、数据的安全防护网络，强化平台安全、应用安全、数据安全监测，建立安全事件联动响应机制，提升网络安全主动防御、监测预警、应急处置、协同治理能力，严格保护数据安全和用户隐私，确保平台安全、稳定运行。

📖 案例点评

  如何通过数字化手段，让居民、企业"掌上办事"更便捷，姑苏区坚持以人为本，通过建设"惠姑苏"APP，全面整合全区各类政务服务和公共服务资源，不断将群众期盼、企业关注、实用好用的各类服务和活动汇聚到"一个入口"，提升移动政务服务供给水平。既2021年5月正式运行后，全新改版的"惠姑苏"2.0版本于2023年12月15日正式上线，在界面布局、功能应用、视觉体验等方面进行了整体提升。下一步，姑苏区将不断丰富完善"惠姑苏"APP数字化应用场景建设，持续打造并接入一批"切口小、方法巧、效果灵"的数字化改革应用，赋能高质量发展、高品质生活、高效能治理，形成可落地、可借鉴、可复制的实践成果和具有地方特色的"姑苏"经验。

吴中区 CIM＋农房管理应用

【引言】 根据自然资源部关于持续推进农村不动产确权登记工作要求，围绕市委、市政府数字化改革总体目标，吴中区立足自身数据资源特色，建设城市信息模型（CIM）平台，聚焦提升农村宅基地管理科学化、精细化和智能化水平，打造二三维一体化农村不动产管理智慧应用。

【摘要】 吴中区 CIM＋农房管理应用基于吴中区 CIM 平台，将实景三维的真实场景和国土空间二维的自然资源管理数据进行深度融合，实现"一图统揽"画像准；将十万余宗农房基础信息进行矢量上图，关联农村不动产权籍调查和登记发证数据成果，构建"一房一档"明底数；打破数据信息孤岛，与区农房管理系统互通，实现横向跨部门互联互通，多方联动"一网共治"齐监管。应用系统集实景三维数据、农房产权数据、基础地理信息于一体，直观展现了农房整体风貌，提高了农村宅基地管理的精细化，有力提升了农房发证精度。

【关键词】 CIM；三维；农房；宅基地；不动产

扫码看VR

吴中区CIM＋农房管理应用，基于吴中区CIM平台，运用实景三维技术，构建具有真实感、立体感的农房三维模型，结合农村不动产确权登记业务，打造了全省首个CIM＋农房管理应用系统，该应用获评2023年度实景三维江苏优秀应用案例。

一、建设背景

（一）农村宅基地发证服务水平亟待提升

根据《江苏省自然资源厅关于认真做好2023年度全省自然资源和不动产确权登记工作的通知》，要求开展农村宅基地、建设用地日常登记发证，建立农村建房审批验收和不动产登记业务协同，提供"一窗受理"服务。

随着科技的进步，卫星遥感技术、地理信息系统技术（GIS）、城市信息模型（CIM）、实景三维可视化等高新技术手段的应用越来越广泛。通过这些高科技手段，可以汇聚基础地理信息数据和农房发证数据，采用直观、便捷的方式将其展示出来，辅助业务人员日常工作。

如何利用更高效便捷的技术手段，打破数据壁垒，实现跨部门业务协同，提升房地一体农村宅基地日常登记发证服务水平，方便群众办事，成为亟须解决的新挑战。

（二）农村不动产登记成果亟须整合利用

根据自然资源部《关于持续推进农村房地一体宅基地确权登记颁证工作的通知》（自然资发〔2023〕109号），要求开展农村不动产登记数据与其他数据的整合分析，推行纸质档案数字化，积极探索宅基地、农房登记成果更新机制。

吴中区在农房调查成果基础上，积极推进农村房地一体宅基地确权登记，如何采用信息化手段将农村不动产登记数据与其他数据进行整合分析及应用，巩固完善房地一体农村宅基地登记发证成果，是目前新形势下急需解决的问题。

二、功能运用

（一）聚焦数字赋能，实现"一图统揽"画像准

吴中区 CIM＋农房管理应用系统，基于支撑二维基础地理信息数据和三维模型数据的吴中 CIM 平台，汇聚了遥感影像数据、电子地图数据、自然资源业务数据、三维模型数据、农房权籍调查数据。

1. 二维数据方面

二维数据方面涵盖了历年卫星影像、基础地理信息和自然资源业务数据。为夯实数据底座，纵向对接省市地理信息数据资源，接入省级卫星应用技术中心遥感影像和航拍影像，其中卫星影像均为 1 米分辨率，涵盖 2017 年到 2023 年数据；航拍影像为 0.5 米分辨率，涵盖 2005 年至 2022 年中的 8 个年份数据，同时已接入市级最新电子地图。基础地理信息目前已接入 11 大类、475 小类数据，包含了农房建房审批前需要的权籍调查、村庄规划、三线划定、土地利用现状、基本农田范围、林地现状等成果，通过打通数据通道，为实现农房数据合规性分析及区

内其他各类应用提供坚实的数据支撑和基础。

2. 三维数据方面

三维数据方面包含接入全区陆域建筑白模和数字高程数据，以及覆盖 7 个乡镇 37 个村庄的实景三维模型，实现了农房信息的空间分析、精准定位与直观展示。

本项目采用了倾斜摄影测量技术进行真三维模型数据生产，同时为提高模型数据质量，对模型出现的结构错漏、纹理拉花等问题进行人工编辑，最后提交满足高精度要求的真三维数据成果。

（二）强化精准管理，构建"一房一档"明底数

结合农村不动产权籍调查和登记发证专项工作，梳理出一户多宅、乱占耕地等 13 种不符合登记标准的农房类型，将 10.6 万宗农房基础信息进行矢量上图，支持精准定位查看每户农房详细信息，形成集权籍调查表、宗地图、分层分户图、登记发证成果于一体的农房数据库，实现"一房一档"精准管理，为农房办、乡镇的农房管理业务提供空间数据支撑，辅助合规性分析审查。

1. "一房一档"数据库建设

根据需求和现状，确定数据建库规范，完成数据建库，收集整合吴中区现有农村不动产权籍调查数据和登记发证等数据，实现路线如下：

（1）汇聚现有数据资源：主要通过在线和离线两种方式，实现现有数据汇聚融合，主要包括不动产权籍调查数据、不动产登记发证数据、规划数据、现状数据、三维模型数据、基础地理信息数据等。

（2）进行数据标准化转换：针对数据来源、格式、坐标基准不一致等问题，开展数据空间化处理、数据标准化处理和数据一致性处理工作，保障数据正确性、规范性。

（3）建立图属关联：基于吴中区农村不动产权籍调查成果，将权籍调查表、宗地图、房产分户图等成果进行数据整合，实现农房数据资源的图属关联关系的构建。

2. 农房数据的空间查询分析

基于CIM平台，实现农房三维模型一张图展示，实现全图、放大、缩小、平移、图层加载、属性查询、空间查询、空间测量、多屏对比等空间查看。基于前期的不动产权籍调查成果及数据库建设成果，实现对农房信息的空间及属性查询，对吴中区农村宅基地的状态按照需登记以及需核减类型进行统计分析，如宅基地面积统计、房屋结构统计等，辅助业务人员进行多维度对比分析工作。

3. "一房一档"成果展示

基于前期的不动产权籍调查成果以及在此基础上建设的农房数据库，结合CIM平台的农房三维模型，以户为单位挂接权籍及发证成果数据，形成集权籍调查表、宗地图、分层分户图、登记发证成果于一体的"一房一档"精准管理，实现对农房"一房一档"成果的空间及属性查询，查询结果以图表与附件的形式展示。

4. 不符合登记类型梳理统计

对不动产未发证类型进行分类统计，细分为不在登记发证范围 5

类、依法不予登记发证 5 类、暂不具备登记发证条件 2 类，在 CIM 平台进行可视化显示，通过关联三维模型、权属材料实现图形定位、图属联动，宏观展示不同类型的空间分布情况。逐宗掌握未发证情况并记录原因，确保数据实时更新，形成"台账详情"，确保"底数实，台账稳，明细准"。

（三）突出多方联动，推进"一网共治"齐监管

应用运行在政务网环境下，纵向对接省级卫星应用技术中心获取最新的卫星影像数据，并对接市级 CIM 平台调用最新的电子地图和三维白模数据；横向与吴中区农房管理系统双向访问、互联互通，实现了资规、住建、农业农村、镇村等部门关于农村宅基地管理数据的融合，实现了一网共治、数据共享的目标。

三、做法成效

（一）项目做法

吴中区 CIM+农房管理系统综合运用 GIS、遥感等技术，将实景三维的真实场景和国土空间二维的自然资源管理数据进行深度融合，打造了二三维一体化农村不动产管理智慧应用平台。

1. 三维建模与数据融合

利用先进的三维扫描和建模技术，对农村房屋进行高精度三维重建。同时，结合 GIS、遥感等技术，实现了多源数据的融合和标准化，

为后续的农房管理提供完整、准确、实时的三维空间数据支持。

2. 自动化与智能化

通过自动化和智能化技术,实现了农房数据的自动化处理、分析和应用,提高农房数据的质量和精度。

3. 农房信息查询与可视化

基于三维建模和数据融合技术,用户可以直观地查看农房的空间分布、属性信息和使用状态。同时,通过数据查询和筛选功能,可以快速定位需要的农房信息。可视化技术还可以将农房数据与其他自然资源数据进行叠加展示,提高数据分析和决策支持的精准性。

4. 农房资源评估与规划

结合三维农房数据和其他相关数据,可以对农村土地资源、农房建设状况等进行综合评估和规划。如通过对农房建设年代、结构类型、用途等进行分析,为农村土地利用、村庄整治和规划提供科学依据。

5. 数据共享与合作

通过建立数据共享机制和技术接口,实现了不同部门、机构之间的信息共享和合作。这有助于减少重复工作和提高数据利用效率,推动农房管理的协同发展。

6. 系统可扩展性

考虑未来业务需求和技术发展的变化,系统需要具备良好的可扩展性。本项目采用了 3D GIS 扩展结构，未来可以不受限地增加三维数据采集、处理、分析和可视化等功能，提高 GIS 的精度和可视化效果。

（二）项目成效

1. 聚焦数字资规，提升治理效能

三维数字成果与自然资源主责主业相结合，最大程度地对不动产确权登记、规划编制、土地执法、变更调查等业务进行技术支持。三维数据通过与农房权属信息相关联，实现了对农村房屋的信息化管理和可视化展示，不仅可以直观地查看农村房屋和土地资源的空间分布、利用状况等宏观信息，还可通过"一房一档"功能查看房屋分布、结构类型、建设年代、用途等信息，提高农房管理的精细度。辅助农房建设的全过程监管，并提升农村房屋管理的可视化、精准化、科学化管理，为自然资源的规划、开发和利用提供决策支持。

2. 强化业务协同，打破数据壁垒

系统基于实景三维数字底座，实现农房空间信息二三维一体化数据分析、精准定位与直观展示；结合资规、住建、农业农村、镇村等部门对农村农房审批管理的迫切需求，通过与相关部门进行充分的业务流程协商，让技术与管理进行深度融合。各部门农村宅基地管理相关数据的融合，实现了与区住建局的农房建设管理系统双向访问、互联互通，收集了建房审批前需要的权籍调查、登记发证、村庄规划、三线划定等成果，实现了农房数据的合规性分析、精准定位，为全区宅基地翻建审批提供技术支持，有效辅助农村建房审批，为村庄规划编制和乡村规划许

可审批提供可视化支撑。

3. 支撑农房登记，提高管理水平

卫星遥感影像能够清晰地展现农村土地和房屋的空间分布和历年变化，三维模型能够展示高精度、高分辨率的立体现状。通过本应用系统，可以直观地展示土地和房屋的权属关系和边界，辅助农村土地和房屋的在线指界和登记，为农村不动产登记提供准确的数据支持，提升农房确权登记的可视化、精准化、科学化管理水平。

案例点评

吴中区 CIM ＋农房管理应用以实景三维技术为切入点，充分利用近三年在全省开展的农村不动产权籍调查和发证工作数据，在不增加数据建模费用的前提下，在全省率先打造"市级统一标准、区级协同建设、镇村主体运用"的三维可视化农村不动产权籍调查和发证数据平台，入选 2023 年实景三维江苏优秀应用案例。该系统优化了传统的管理流程，实现了农房一库可查、政府一图通管，推动了农村不动产管理的数字化、信息化和智能化。该项目有较强的可复制性，可以成为农村土地资源管理、农村房屋管理、农村规划、农村社会综合治理的新型手段。

相城区一体化公共数据底座项目

【引言】 以习近平新时代中国特色社会主义思想为指导，以党中央、国务院关于加强数字政府建设的重大决策部署为牵引，对标数字中国、数字政府建设指导意见，聚焦相城区数字建设，奋力打造集约建设、互联互通、协同联动、安全可靠的数字化改革支撑底座。

【摘要】 相城区一体化公共数据底座由相城区信息中心统筹、苏州市大数据集团承建。通过开展市一体化数字资源管理服务平台对接工作，利用市级数据治理平台功能资源优化提升自身数据管理能力，支撑相城区个性化基础库、主题库、专题库构建，充分实现对外统一服务资源需求、对内统一管理资源供给。该项目构建相城区范围内应用、数据、组件等数字资源管理能力，支持个性化数据归集、治理、服务和安全管理，承接市级底座下发回流数据，并负责本地特色主、专题库建设，支撑数字相城驾驶舱等平台服务运营，推动数字相城建设。项目组建了书记挂帅、各部门"一把手"为小组成员的底座建设工作领导小组，并定期举办部门应用路演活动，统筹推进相城区一体化数据底座体系建设。

【关键词】 公共数据底座；数字相城；数据

扫码看VR

2024年，苏州市一体化公共数据底座开展建设工作，相城区为有效承接市级底座下发的回流数据，积极开展区一体化公共数据底座常态化建设工作，以解决目前区内信息资源整合难、城市公共服务协同难、信息基础设施统筹难等问题，并围绕应急管理、自然资源、社会保障等应用场景开展专题库建设，赋能数字相城驾驶舱等平台服务运营，助力数字相城建设。

一、建设背景

（一）新时代，顺应数字潮流

近年来，党中央、国务院出台的数字中国、数字政府、数据"二十条"、政务大数据体系等一系列政策文件，以及地方发布的《江苏省"十四五"数字政府建设规划》《数字苏州建设2023年工作要点》等文件，对畅通数据资源大循环，促进数据合规高效流通使用，赋能实体经济发展作出了顶层设计、整体谋划、战略部署和明确要求，为相城区一体化公共数据底座建设指明了方向。

（二）新挑战，解决现实矛盾

目前区内各业务部门存在各自为政与一体化发展相矛盾的情形，各传统信息化项目建设普遍存在"各自为政、条块分割、重复建设、烟囱林立、数据孤岛"的问题，"碎片化""散装式"现象明显，缺乏统筹规划和统一管理。同时由于系统上收、上级统建，以税务、海关、水电气为代表的垂管条线行业部门数据拿不到、拿不全，无法高效支撑数字政府及数字中国全领域应用建设，不利于相城区数字政府统筹建设发展。

（三）新机遇，挖掘数据潜力

建设相城区一体化公共数据底座，将全区"云、网、组件、应用"等相对离散的数字资源整合成一个有机整体，有助于推动大数据建设和发展，挖掘数据资源潜力。通过评估公共服务质量效率，优化资源配置，提高公共服务水平和推动产业创新驱动，促进经济发展、社会进步和科技创新。

二、功能应用

（一）基础平台

相城区一体化公共数据底座充分利用市一体化公共数据底座能力，通过对接市本级一体化数字资源管理服务平台，并租用市本级数据开发治理平台，将全区相对离散的数字资源集成为一个有机整体，实现云资源、数据资源、组件资源等统一调度。

1. 聚焦项目支撑，赋能项目全周期管理

相城区依托市一体化数字资源管理服务平台，充分利用市云网资源管理平台、公共数据管理平台和组件资源管理平台，推动相城区实现云网资源编目、资源开通、资源使用和资源释放等功能，完成对数据资源的数据编目、数据归集、数据治理和数据共享等工作，并通过对相城区现有平台进行组件确认，筛选一批具有相城区特色及高频次应用组件，采用组件开通、组件使用和组件释放等方式减少未来平台系统建设工作量，实现统一调度各类资源和服务各类应用，支撑开展项目全周期管理和应用全周期保障。

2. 聚焦数据治理，保障数据高质量建设

相城区租用市级数据开发治理平台，构建以湖仓一体（湖——数据湖平台，仓——大数据开发套件）为技术架构的统一数据计算与存储平台，汇聚政务数据、感知数据、时空数据、公共数据、社会数据、互联网数据等，进行数据清洗、转换、加工，形成相城区个性化基础库、主题库、专题库，对外统一为相城区各类用户提供数据服务和应用服务，支撑政务数据共享和开放应用，构建端到端的一站式数据管控平台。同时实时数据湖可以提供分钟级延迟的数据入湖加工能力，可满足准实时业务的需求。作为实时数据湖的补充，实时数据也可以直接通过流处理系统加工后直接送入数据集市组件中，供前端业务开展实时应用，此时数据不经过数据湖的统一加工处理过程，数据延迟可以低至毫米级，适用于需要访问原始数据、延迟要求苛刻的实时业务场景。

（二）数据资源体系

依托市级"一人一码一库"、"一企一码一库"、"一址一码一库"，拓展相城区级个性化数据，打造相城区个性化自然人、法人、地址库，推动数据整合共享，提升相城区数据质量和应用效果，持续开展运维与运营。

1. 聚焦自然人库，支撑人员业务新发展

依托市级"一人一码一库"，整合公安、卫健、人社、民政、教育等多部门数据，从而形成综合、全面、统一、准确的高质量相城区自然人信息资源，建立有效信息共享机制，打造人才服务专题、人房关联专题、婚姻关系专题等人员业务属性专题库，赋能民生服务及城市管理等应用场景，实现一码通服务、政务服务预判、社区动态人员精准服务和人口摸排等功能，并提供委办、社区、街道数据治理通道，实现异常数据闭环管理，提供数据推送服务。

2. 聚焦法人库，保障企业全流程供服

依托市级"一企一码一库"，整合市场监管、编办、税务、法院等全域各部门数据资源，利用法人基本信息和业务信息构建相城区法人综合主题库，打造全区统一的法人数据资源中心，提高企业信息透明度。面向产业平台、苏商通等平台开展政府扶持项目、企业资质认定、招商政策等数据专题分析治理，以提升政务服务能力，优化资源配置决策，辅助决策部门开展精细化管理，促进市场监督执法工作，赋能城市数字治理、数字经济和数字生活各领域场景应用，有效保障企业全流程供服，促进市场公平竞争。

3. 聚焦地址库，提供地址精细化服务

依托市级"一址一码一库"，整合全区公安、民政、资规等部门个性化数据，汇聚全区最权威、最丰富、最详细的二三维基础地理空间要素，通过统一坐标、统一高程、统一空间身份码，构建可持续更新的二三维数据底板，形成涵盖"区—街镇—村社区—地—楼—房"多尺度数据关联的数据资源体系，提供地址精细化服务，促进地理信息的共享与应用，实现与地理信息系统（GIS）相结合可视化展示分析地理信息，有效提高地址信息的管理效率和公共服务水平，为城市规划、交通管理、物流配送等领域和公共服务设施的规划布局提供有力支持。

三、做法成效

（一）服务项目建设，实现降本增效

相城区依托市一体化数字资源管理服务平台，开展全区所有存量、增量项目的应用统一接入、资源统一纳管，对系统上所有的应用系统、数据资源、组件能力和运维管理进行统一调度管理。通过复用市本级组件资源管理系统，上架相城区特色及高频次应用组件，充分复用平台已上架组件，严把项目立项、验收关，建立组件共建共享、揭榜挂帅机制，并与项目申报、验收形成闭环管理机制；依托苏州市公共数据管理平台和云网资源管理平台，对全区云网资源和数据资源进行统一管理，编目监控现有云资源和探查编目现有数据资源，保障云网资源充分利用、数据资源合理使用并防止同类型应用项目重复建设开发，有效降低相城区新建项目平台建设开发工作量，为相城区项目建设提供全方位全过程管理支撑，更好发挥财政政策效能，发力推动相城区高质量发展。

（二）服务数据供给，实现数据流通

开展相城区一体化公共数据底座建设，规范相城区数据体系，对全区各类数据开展一数一源一标准治理，保障全区数据一套标准，降低人为错误和疏漏，提高数据的准确性和可靠性，有效减少数据治理的低水平建设和重复投入；充分利用数据底座的数据共享交换功能，为各部门

开发更多智能化、个性化的政务服务提供支撑，实现对数据的共享开放，促进数据共享合作；通过数据需求部门实际验证数据质量、及时做好数据使用反馈和异议数据处置，提高数据质量，实现数据资源管理体系的全流程打通，做到真正盘活数据资源；同时通过构建数据要素市场基础设施，降低数据流通成本，培训数据要素市场主体，进一步促进数据要素价值释放，推动数据要素与实体经济深度融合，形成数据从业务中来、再到业务中去的完整价值闭环，为数字政府和经济社会发展建设提供内生动力。

（三）服务社会群众，提高治理能力

开展相城区一体化公共数据底座建设，赋能相城区各委办局、各部门平台建设和运营工作，优化业务流程、打通业务系统、强化数据共享，推动更多关联性强、办事需求量大的跨部门、跨层级政务服务事项实现"一件事一次办"，将更多的"单项事"整合为企业和群众视角的"一件事"，大幅度缩减群众和企业办事环节、申请材料类别、办理时间和跑动次数，实现企业和群众办事由"多地、多窗、多次"向"一地、一窗、一次"转变，切实推动企业和群众办事减材料、提效率、升体验。面向政府管理侧，通过平台建设运营等，开展数据分析工作，深入洞察市场需求、城市建设进展、民生服务等方面，并基于洞察情况精准制定政策、优化资源配置、提高资源利用效率。针对公安、城市管理、应急管理、市场监督管理等执法工作，利用区一体化公共数据底座实时获取各类执法数据，如治安状况、交通违章、环境污染、食品安全等，实现精准监管和执法管理工作，提高相城区公共治理能力，有效保障社会稳定安全。

（四）服务底座建设，统筹项目开展

相城区委、区政府高度重视一体化公共数据底座建设情况，建立了书记挂帅、各部门"一把手"为小组成员的底座建设工作领导小组。同时苏州市大数据集团迅速响应，成立了相城区一体化公共数据底座专班，负责具体底座建设开发工作。相城区底座工作领导小组和专班成员充分考虑市本级一体化公共数据底座的建设运营状况，结合相城区实际情况，积极参考借鉴浙江、广东、重庆等地区以及苏州市本级底座建设运营的经验，优化改良建设方案和项目推进方案，针对项目建设运营过程中存在的难点、痛点多次开会讨论进行组织协调，并在项目建设后期开展百日攻坚工作，持续解决项目推进问题。通过定期举办部门应用路演活动，促进底座建设与应用平台建设的深度融合，持续提高各部门对底座建设的重视程度，鼓励各部门积极参与底座建设工作，共同推动相城区一体化公共数据底座建设。

案例点评

相城区深入学习贯彻习近平总书记关于网络强国的重要思想，全面落实"四个走在前""四个新"重大任务，围绕建设数字苏州目标，通过开展相城区一体化公共数据底座项目，打通市区数据互通，个性化建设相城区三库，赋能数字相城驾驶舱等项目建设工作，实现了项目建设降本增效，数据流通共享，更有效提升了社会民众办事效率和政府工作管理能力，是深刻践行"权为民所用、情为民所系、利为民所谋"的有力举措。

吴江区公共数据标准和质量协同共治

【引言】 党的十八大以来，以习近平同志为核心的党中央高度重视数据基础建设，就加强数字中国建设作出一系列重大决策。数据资源是数字中国建设的关键要素，数据的高质量供给和高效利用是充分释放数据要素价值、支撑数字中国高质量发展的内在要求，加强公共数据的高质量供给已成为数据要素流通的关键环节。

【摘要】 吴江区大数据管理中心在多年公共数据建设成果的基础上，以提升公共数据高质量供给和促进公共数据高效利用为目标，以制度引领、标准先行、质量管控为手段，围绕核心资源实施数据标准和数据质量的全方位、全流程闭环管理，构建多元参与、多方协同的数据治理体系。相关工作实施后，有效推动了公共数据管理由粗放式向精细化转变，破解了公共数据管理过程中机制不健全、标准不统一、供需不顺畅、质量不准确等难题，提升了公共数据的供给质量，促进了吴江乃至长三角地区公共数据的高效利用。

【关键词】 数据标准；数据质量；高质量供给

扫码看VR

吴江区以数据标准和数据质量为抓手，贯彻落实公共数据责任制，建立数据标准可执行、数据质量可感知、数据问题可追溯、问题责任可落实的数据管理和运营体系。自 2021 年相关工作实施以来，共计评测 228 个高频共享资源，发现 670 万个质量问题，问题修复率 93.05%，数据准确率较之前提升了 12.95%，数据资源申请次数增加了 35.52%。高质量的公共数据供给，为一网统管等数据要素流通场景提供了保障。本项目荣获 2022 年中国信通院第六届数据资产管理"星河"案例，多次接待长三角地区相关部门来吴江交流学习，并受邀在长三角数据共享专班会议进行实践分享。

一、建设背景

党的十八大以来，以习近平同志为核心的党中央高度重视数字中国建设工作。党的二十大擘画了全面建成社会主义现代化强国，以中国式现代化全面推进中华民族伟大复兴的宏伟蓝图，对提高数字中国建设水平作出战略部署，提出新的更高要求。党中央、国务院前瞻性认识到基础数据资源在数字中国建设中的核心作用，印发了《数字中国建设整体布局规划》《国务院关于加强数字政府建设的指导意见》《关于构建数据基础制度更好发挥数据要素作用的意见》《全国一体化政务大数据体系建设指南》等政策文件，强调公共数据是基础要素资源，亟须夯实数字基础设施和数据资源体系两大基础，实现数据资源规模和质量加快提升、数据要素价值有效释放的愿景目标。

党的十九届四中全会将数据列为新型生产要素之一，充分彰显了数据资源的重要性。数据已成为国家战略性资源，大量基础性、关键性的数据掌握在政府手中，这些数据是巨大的"创新财富"，在保障国家秘密、商业秘密和个人隐私的前提下，加强公共数据共享、加快公共数据开放、深入开展数据开发利用，有利于释放数据红利、激发创新活力、创造公共价值，有利于深入实施国家大数据战略、推动落实创新驱动发展战略，有利于加快数字经济发展、实现经济高质量发展。

吴江区在过去公共数据底座建设过程中，存在着数据标准不一、数据更新不及时、数据不正确、问题修复困难等问题，这些错误的数据不但增加了后期治理的工作量和成本投入，也严重影响数据价值发挥，甚至会给管理带来负面作用。数据标准化和数据质量提升工作势在必行，主要体现在以下四个方面：

（一）数据质量优劣影响政府管理决策的效率和正确性，需要实现从"量"到"质"、从"建设"到"应用"的转变；

（二）公共数据是上层数据应用和业务创新的基础保障，随着数字政府建设深入推进，跨部门、跨系统、跨层级、跨区域之间的数据共享需求日益增多，数据应用的深度和广度日益提升，而高质量的数据是业务协同的共性需求；

（三）经过多年建设和发展，公共数据的发展进入全面提升阶段，高质量、高价值的数据是数据价值释放的前提条件；

（四）数据质量是数字政府建设的必经之路，不完整、不规范、不准确、不唯一、不真实等低质量的数据不仅浪费了传输和存储的资源，也会给数据价值挖掘带来一定阻碍。

在此背景下，吴江区引入公共数据标准和数据质量管理的专项工作，以此提升全区数据质量，深化数据应用。

二、功能运用

（一）数据要素标准化管理平台，促进"一数一源一标准"落地实施

依据相关标准规范，结合吴江区实际情况，综合采用线分类法、面分类法及混合分类法多维度相结合的分类方法，建立吴江区数据元分类框架。以吴江区大数据平台为基础，以数据应用场景和信息化建设需求为导向，全面梳理核心数据元，并以数据实际应用和数据基础特性为依据，在国家标准、行业标准、地方标准、团体标准以及业务规范的基础上，制定公共数据元标准规范。

以公共数据元标准为基础，以数据要素标准化管理平台为支撑，以信息化项目建设为抓手，建立标准现状评估、贯标执行、落地稽核、任务整改的全流程贯标管理，统一公共数据在业务部门之间、业务和技术之间、统计指标之间的认识和口径，消除数据不一致。结合贯标稽核工作，促进数据标准的落地和执行。建立统一的、权威的数据元标准，保障大数据平台、业务系统的建设标准化，消除多系统之间的差异。

（二）数据质量智能化管理平台，构建闭环管理工作流程

数据质量智能化管理平台主要依据国家标准、地方标准、行业标准和职能部门业务规范，构建标准化的质量规则、场景化的监测模型和流程化的管理制度，定期和实时监测数据质量，落地问题数据的标准化管理流程。其核心功能包括标准管理、规则库管理、质量智能探查、质量模型定义、智能修复、工单修复、问题分析、评估报告、知识库以及质量考核等模块。

数据质量智能化管理平台提供全方位的数据质量评估能力，包含 5 大类 13 小类规则，覆盖完整性、规范性、准确性、一致性、时效性等维度，对数据进行全面质量评估。平台充分运用数据挖掘、数据分析、人工智能等相关技术，实现海量信息异常数据的监测和人工智能修复机制，并提供问题数据发现、派发、追踪、管理、考核的闭环工作流程，规范问题处理机制和步骤。

三、做法成效

（一）建章立制，强化统筹管理

针对目前公共数据在归集、汇聚、共享、开放、应用等环节制度规范缺失的问题，吴江区结合行业发展趋势和本地实际情况，以国家、省、市相关公共数据管理制度为指引，建立健全公共数据管理的工作制度和规范，构建数据标准和数据质量管理体系，推进数据管理工作的规范化和精细化，构建事前贯标、事中管控、事后评价的长效工作机制。针对公共数据标准和质量管理过程中的痛点和堵点，先后发布了《数据质量管理办法》《数据质量管理实施细则》《数据标准管理办法》《数据标准管理实施细则》《数据质量考核制度》等规章制度，细化工作流程、明确责权机制，形成统一规划、统一标准、统一考核的公共数据标准和质量管理体系，打造了多元参与、多方共治的数据治理模式。

（二）有标贯标、无标立标，推进数据标准落地

在历年政府信息化建设过程中，业务隔离、管理主体不同、缺少顶层规划等问题，导致公共数据标准不统一、标准分散甚至于标准缺失，这类问题阻碍了公共数据的共享和应用。高效整合跨部门、跨系统、跨层级、跨区域的公共数据，提升公共数据标准化水平，已成为公共数据管理过程中的突出问题。吴江区在资源目录普查的基础上，深化推进"一数一源一标准"全生命周期治理，逐步实现了数据全生命周期的标准化管理。截至目前，吴江区已完成建设和归集数据资源目录3 559个，梳理核心数据元1 518个，并在国家标准、地方标准、行业标准、团体标准以及部门业务规范的基础上，制定全局公共数据元标准200个。将数据标准和数据质量管理贯彻至信息化项目建设过程，将标准应用和数据质量评测作为信息化项目验收的重要依据，促进数据标准落地和数据质量源头管控。

（三）稽核整改，构建数据质量闭环管理

针对公共数据管理过程中问题难发现、难追溯、难修正、难考核的问题，在规章制度的指引下，结合"一数一源一标准"的建设成果，针对高频共享数据的归集层、治理层、应用层实施全方位的数据质量稽核，深度挖掘各个层级的数据质量问题，将数据质量管理工作融入公共数据流通的各个环节，构建发现问题、派发问题、追踪问题、解决问题、综合评价的闭环工作流程，确保质量问题可跟踪、可查询、可定级、可考核、可量化，常态化开展数据质量提升行动，推进公共数据精准、高效、权威共享，保障公共数据的高质量供给。截至2024年3月，

共计评测228个高频共享资源，发现670万个质量问题，问题修复率93.05%，数据准确率较之前提升了12.95%，数据资源申请次数增加了35.52%。在项目实施过程中，在技术质量规则基础上，深挖业务规则，积累了3 622多个数据质量规则，覆盖完整性、规范性、准确性、一致性、时效性等维度，为后续赋能全区数据质量管理提供了帮助。

此外，在项目实施期间，组织全区相关单位进行52次培训，以月为周期出具34份数据质量评估报告，逐步提升了全区机关干部的数据质量意识，营造了良好的质量文化。

案例点评

数据标准和质量是数字政府、数字经济的基础支撑，如何保障公共数据高质量供给是公共数据价值释放的关键环节。本项工作以高频共享数据资源为切入点，在全区资源大普查的基础上，实施"一数一源一标准"的公共数据管理模式，在规章制度和数据标准的基础上，构建标准实施、问题发现、问题解决的闭环工作流程，将数据标准和质量管理工作融入信息化建设以及数据采集、汇聚、共享、开放的全生命周期，通过事前监测、事中控制、事后考核常态化数据质量管理工作，大幅度提高数据质量，促进公共数据的高质量供给，推进数据价值的释放。

张家港市政务大数据平台

【引言】 习近平总书记指出，"要全面贯彻网络强国战略，把数字技术广泛应用于政府管理服务，推动政府数字化、智能化运行，为推进国家治理体系和治理能力现代化提供有力支撑。"总书记的重要讲话、重要指示，深刻阐明了数字政府建设的实践路径。畅通公共数据流通交换，加强数字技术应用，对推进数字政府建设、提升政府治理能力意义重大。

【摘要】 张家港市政务大数据平台是构建我市数字政府的重要信息基础设施，也是健全一体化公共数据资源体系的重要载体，张家港市牢牢把握数字政府建设要求，持续完善政务大数据平台建设，不断提升政务大数据平台数据归集、共享交换等能力。整合归并各类共享交换通道，确立大数据平台的唯一共享交换主干地位，做好与上级政务信息资源级联对接工作。推进政务大数据整合。建立完整有效的公共数据目录体系，依托我市政务大数据平台发布、常态化更新，并根据数据目录整合汇聚各部门数据资源。推动公共数据共享共用。建立权威高效的公共数据共享运行机制，加强与数据需求和供给部门的业务衔接，满足部门各类数据共享需求，推动各类公共数据共享应用。

【关键词】 政务大数据平台；数据归集；数据共享

扫码看VR

张家港市政务大数据平台于 2018 年正式上线运行，并于 2020 年进行了核心功能的升级，如今已成为全市唯一的公共数据共享交换平台，平台不仅持续优化数据归集、数据共享开放、数据治理等功能，还根据实际需求增加了级联交互、供需对接等多样化功能。同时加强与数据需求和供给部门的业务衔接，推动各类公共数据共享应用，丰富数据共享应用场景，形成了跨部门、跨区域、跨层级的数据资源共享共用格局。

一、建设背景

从社会发展史看，人类先后经历了农业革命和工业革命，现在正在经历信息革命。党的十九大提出建设网络强国、数字中国、智慧社会，党的十九届四中、五中全会分别提出推进和加强数字政府建设，党的二十大再次强调要"加快建设网络强国、数字中国"，国民经济和社会发展"十四五"规划和 2035 年远景目标纲要将数字政府建设单列为一章，擘画了数字政府蓝图。

数据资源体系是数字政府建设的底座，对数字政府建设发挥着基础支撑作用。当前公共数据归集共享过程中，由于流动性大、存储分散、涉及主体多等特点，存在许多风险和挑战，长期受到数据共享难的困扰，制约政府数字化转型效能的充分发挥。为健全数据资源体系，张家港市以数据为核心，聚焦数据方便、高效、安全、共享，建立健全公共数据共享协调机制，打造公共数据基础支撑平台，推进公共数据归集整合、有序流通和共享。通过平台能力的建设，提供不同的数据共享服务形式，满足不同类型的数据共享服务需求。同时，积极推动公共数据资源开放和开发利用，充分释放数据要素价值。

二、功能运用

张家港市政务大数据平台基于公共数据归集、数据共享交换、数据开放、数据治理等要求,建设目录管理、资源管理、资源共享、数据治理、级联管理等功能,是服务全市各部门进行公共数据归集汇聚、共享交换、开发利用、融合治理的基础平台,是智慧城市的基础性、关键性能力底座。

(一)目录管理

政务信息资源目录是实现政务信息资源共享和业务协同的基础,是各政务部门之间信息共享的依据。目录管理包含目录分类、目录编制、目录审核及发布、目录修改、目录下线等功能。简要流程如下图:

```
目录编制 → 目录审核及发布 → 目录维护
```

目录编制:提供政务信息资源注册功能,注册信息内容包含信息资源名称、信息资源简称、信息资源摘要、信息项、信息资源提供方、信息资源格式、更新周期、共享属性、开放属性等核心元数据,以及应用场景分类、主题信息分类等扩展元数据。

目录审核及发布:对预编制的目录进行审核,确保部门提交的资源目录的正确性和完整性,审核通过后发布该目录。

目录维护:提供已发布目录的目录修改、目录下线,历史目录维护管理等功能。

（二）资源管理

资源管理模块包含数据归集、资源注册、资源管理等功能。简要流程如下图：

数据归集 → 资源注册 → 资源管理

数据归集：提供实施和管理数据归集业务的能力，在线将数据从部门业务库同步到数据中心前置库。支持归集节点管理、各类数据源管理、文件归集管理和接口归集管理等功能。

资源注册：挂接已发布目录对应的各类资源（库表资源、文件资源、接口资源），实现资源与目录关联。支持库表、接口、文件等多种类型资源注册；在挂接库表资源时支持对库表资源选择，完成目录信息项与库表资源字段映射管理，提供信息项的新增、删除、修改等功能，避免目录注册信息项与实际归集库表资源信息项不匹配。

资源管理：针对已挂接目录的资源，提供资源的查询，以及上线、下线、授权等管理功能。

（三）资源共享

资源共享为用户提供数据资源申请和订阅能力，主要包括：资源申请、申请审核、资源订阅、申请情况查看等功能。简要流程如下图：

资源申请 → 申请审核 → 资源订阅 → 申请情况查看

资源申请：提供资源查询和申请功能，根据库表、接口、文件等不同资源类型，填写资源申请表，资源申请表至少应包含申请人、联系方式、使用期限、用途说明等内容。

申请审核：对数据需求方提出的资源申请需求进行审核。

资源订阅：通过审核后，部门可根据申请资源类型进行订阅。如果是申请库表或文件资源，订阅后平台自动生成和执行数据交换任务，将订阅库表、文件资源推送到申请部门前置库中；如果是申请接口资源，订阅后平台将自动对申请方进行授权。

申请情况查看：查看本部门申请其他部门资源情况，以及各类资源被其他部门申请情况，同时提供相应的快速续约、放弃申请和撤销申请功能。

（四）数据治理

为用户提供数据治理能力，包含数据标准管理、元数据管理、数据质量管理、数据治理流程管理等功能。

数据标准管理：对相关数据标准规范文件进行分析和结构化，形成一系列数据元、标准代码和常用规则等成果供后续数据治理过程使用。

元数据管理：为更有效帮助用户理解数据关系和相关属性，对数据全生命周期的描述信息采取数据采集、存储、加工和展现等方式，实现元数据的模型定义并存储。

数据质量管理：数据质量管理主要包含对数据完整性、准确性的分析和管理，并对数据问题进行跟踪、处理和解决，提高数据质量。

数据治理流程管理：实现不同业务数据的接入、清洗、融合、发布等功能。简要流程如下图：

数据接入 → 数据清洗 → 数据融合 → 数据发布

数据接入：将数据从部门资源库环境接入到数仓归集层，便于在数仓中进行后续治理工作。

数据清洗：分为数据修复和数据过滤两阶段。数据修复阶段通过对各个字段关联标准的数据元进行归类，生成标准表。数据过滤阶段通过自定义相应的过滤规则，筛掉不符合规则的行记录，处理后生成基础表。

数据融合：根据实际需求，可融合多张表形成融合表。

数据发布：将数据从数仓基础层发布到发布库，通过发布库输出标准数据。

（五）级联管理

级联管理分为上行和下行两部分。级联上行用于将本市公共数据目录、资源以及交互反馈信息推送至上级共享交换平台。级联下行主要用于获取上级目录、资源并展示在本级大数据平台，便于需求部门查阅和申请。主要模块包括目录分类级联上报、资源目录级联上报、共享资源级联上报、数据异议上行下行、开放目录用数申请和反馈信息级联等。

（六）数据供需对接

供需对接作为政务信息资源目录和交换体系的重要补充，面向部门提供根据实际业务需要进行数据需求登记的功能，由平台进行数据需求分发，数据提供方进行需求审核。需求确认通过后数据提供方可编制相关目录供需求方申请。

三、做法成效

（一）健全公共数据管理体系

制定并落实《张家港市政务信息资源共享管理暂行办法》《张家港市首席数据官制度建设实施方案》等政策文件，在全市层面建立起首席数据官制度，明确各部门首席数据官负责统筹推动本机构数据全生命周期治理体系健全、提升数据资源共享开放水平，加速政府数字化转型进程。指导各单位建立公共数据专人负责制，设立受单位首席数据官领导的单位数据管理员，负责本单位公共数据清单梳理、数据编目、资源挂接、使用审批等具体工作执行。

（二）推动公共数据全量归集

组织各部门梳理编制政务信息资源目录，依托市政务大数据平台规范管理政务信息资源目录，汇聚公共数据资源。目前已编制并发布政务信息资源目录 5 000 多条，归集公共数据 22 亿条。整合汇聚使用场景广、频率高的基础数据，形成人口、法人、空间地理、信用信息、电子证照五大基础库。其中，人口库归集户籍人口和流动人口相关数据 9 亿条；法人库归集企业、个体户、社会团体等组织相关数据 5 000 万条；电子证照库归集身份证、营业执照、驾驶证等电子证照；空间地理库归集时空基础数据、规划管控数据、资源调查数据等时空信息资源；信用库归集法人和自然人信用数据 600 万条。积极推进省级数据回流共享工作，做好与上级平台对接，丰富我市公共数据资源，目前已推动社会保障、医疗保障、生态环保、企业登记等省平台数据回流。

（三）推进公共数据共享和开发利用

建立权威高效的公共数据共享运行机制，加强与数据需求和供给部门的业务衔接，推动各类公共数据共享应用，形成跨部门、跨区域、跨层级的数据资源共享共用格局。目前通过政务大数据平台成功支撑37个部门594项数据需求，为产业用地监测、工企评价、产业创新集群高质量发展扶持等30多个公共数据应用场景提供了丰富的数据支撑，典型示范应用场景如下：

市教育局"入学一件事"场景。通过对接户籍人口、不动产登记信息等数据，切实提高义务教育阶段学校入学办理效率和服务水平。

市医保局"医保智慧眼"特殊人群医保待遇监管场景。融合各部门提供的特殊人群数据，全面深度分析挖掘，实现对医保基金使用全环节、全流程、全场景监控。

市审批局政务服务管理平台。以大数据支撑互联网政务服务，通过调取人口、法人、电子证照等基础数据，全面取消身份证、营业执照等复印件提交，提升群众办事获得感和审批服务效率。

市应急局应急管理综合应用平台。通过对接企业各类数据和水务、气象等物联网数据，实现从不同层面对企业主体的精准化监管和对我市安全生产及自然灾害的实时监测、提前预警。

市生态环境局智慧生态平台。充分调用政务大数据平台能力，完成生态环境数据精准高效交换、清洗、治理，实现生态环境数据标准化，有效提升管理水平。

市指挥中心社会治理现代化指挥平台。与政务大数据平台全面打通，为各类事件处置分析、联动指挥提供了坚实的数据支撑，提高了管理人员和网格员工作效率。

同时，积极推动组建苏州市大数据创新应用实验室，激发数据创新应用活力，促进数据要素产业创新发展。"政务数据在普惠金融领域应用创新研究实验室"和"张家港政务数字安全体系创新联合实验室"均入选首批苏州市大数据创新应用实验室。

（四）推进公共数据资源供需对接

建立公共数据共享供需对接机制，明确供需对接的工作体系、保障体系、平台载体，以及数据需求梳理、需求确认、数据对接等具体流程。加强数据供需协调能力，明确数据需求方需提供数据需求清单，根据实际需要评估是否组织召开公共数据供需协调会。目前，已指导开展产业用地更新监测平台、工企高质量平台、格次赋分系统供需协调会等会议，并支撑后续数据交换，为满足部门数据共享需求、高质量推进信息化项目建设提供了制度保障和数据支撑。

（五）推动公共数据开放

建立公共数据开放工作机制，明确各单位公共数据开放工作由专人负责具体执行，确保公共数据开放工作有序推进。积极推动各部门参考各地优质数据开放清单，按照"应开放尽开放"原则，将不涉及国家秘密、商业秘密和个人隐私的公共数据，逐步纳入开放范围，不断扩大数据开放的规模，并做好公共数据开放目录编制和资源挂载。指导各单位做好开放数据质量管理和常态化更新维护，并建立需求响应和使用审批机制。目前我市已在苏州开放平台开放公共数据资源400多个，通过持续推动政府数据向社会开放，释放数据要素价值。

📖 案例点评

> 张家港市坚持政务大数据统筹规划、统一标准、应归尽归、全面共享、有序开放、安全可控的原则，通过构建全市唯一的公共数据共享交换平台，健全公共数据资源体系，实现了公共数据统一汇聚、统一交换，打通数据孤岛，为各部门业务系统提供丰富的数据，支撑各部门开发多元化应用场景，赋能政府科学决策、业务流程优化、政务服务提质升级，有效提升了数字政府运行效能。

昆山市数字昆山公共智慧底座

【引言】 党的十八大以来，习近平总书记围绕数字中国、网络强国、智慧社会等数字化发展作出一系列重要论述，特别是在党的二十大报告中提出"要加快建设数字中国""要加快发展数字经济，促进数字经济和实体经济深度融合""要打造宜居、韧性、智慧城市"等明确要求，为数字化发展指明了前进方向、提供了根本遵循。2023年2月，党中央、国务院印发了《数字中国建设整体布局规划》，明确了"夯实基础、赋能全局、强化能力、优化环境"的战略路径。公共智慧底座作为城市信息化项目、数据的基础底座，为城市数字化转型提供了坚实基础。

【摘要】 昆山市域面积931平方公里，承载着超300万的人口和相应的公共配套，面临着远超同类城市的经济体量和治理压力，急需以数字化转型为高质量发展赋能增智。同时，建设网络强国、数字中国等一系列党和国家重大部署，也对昆山的数字化建设提出了新的要求。然而在推进数字化的过程中，遇到了资源利用低效、数据共享困难、系统缺少整合等问题。为此，昆山于2021年底在全国县域范围内率先建设公共智慧底座，统一各类数据标准规范，汇聚全域信息、视频、算法等数据要素，有效破除了"数据孤岛"等问题，让原本分散的数据充分汇聚、高效流动，赋能各类智慧场景应用建设，为数字昆山建设提供有力支撑。

【关键词】 基础支撑；数据汇聚共享；赋能场景建设

扫码看VR

三年前，昆山在全国县域范围内率先建设数字昆山公共智慧底座，通过对信息化项目的系统梳理与各类数据标准的规范统一，汇聚全域信息、视频、算法等数据要素，赋能各类智慧场景应用建设，最大程度发挥数据要素价值。目前，公共智慧底座已经建成数据湖、CIM、人工智能等7大功能模块，入选江苏省数字政府创新发展百项案例汇编，获评2022年数字苏州优秀案例，获得第二届长三角数据开放创新应用大赛"市域一体化"赛道三等奖。

一、建设背景

昆山人口规模大、市场主体多，社会治理领域一直面临着"小马拉大车"的现实困境。

（一）治理能力"不匹配"

昆山931平方公里的土地上，承载了3万多家工业企业、100多万户市场主体、300多万人口，面临着远超同类城市的经济体量和治理压力，社会治理"人少事多"矛盾一直十分突出，亟须通过数字化改革为高质量发展赋能增智。

（二）数据信息"不互通"

各个单位投入了不少资金搞信息化建设，但由于缺乏全局思想，大多只从解决本部门业务需求出发，单打独斗、各自为政，导致数据采、用、管的标准化规范化程度较低、数据治理利用水平不高、数据流动共享不足、系统整合集成困难，不仅管理能力"不匹配"的问题没有根本解决,还带来了"数据烟囱""信息孤岛"等新问题。

(三) 政务服务"不便民"

看似各单位都开发了相应的应用平台,但由于开发过程缺少问题导向、需求思维,加之后期运维迭代不够,市民群众反映不好用也不想用,数字化改革落地的"最后一公里"问题还没有解决好。

二、功能应用

目前公共智慧底座已建成了七大能力平台:数据湖、人工智能、物联感知、CIM、视频综合、昆链、统一应用。

(一) 数据湖

数据湖具备处理超大规模数据所需的存储和计算能力,能提供多模式的数据处理能力和数据管理能力。全量汇聚各部门数据资源,构建生产安全、城市治理、经济管理、便民服务等主题库,完善各类应用专题数据库,逐步引入互联网、运营商、产业等社会化数据,融合形成"数据资源湖"。通过将各类数据资源进行清洗、脱敏、脱密、运算,并制定公共数据开放清单促进公共数据开放,形成"数据资产湖"。增强全量数据感知、核心数据抽取、精准数据建模、海量数据集成、跨网数据开发、综合数据监控等大数据硬核能力,高效支撑各类场景应用,建立大数据资源管理平台。当前,数据湖已实现上下各级数据对连,纵向已和苏州市级共享申请平台对接,共级联7万余个资源目录,横向打通了全市65个部门的数据交换通道,为各区镇各部门提供资源发布与共享支撑。

（二）CIM 公共服务

CIM 是指城市信息模型，依托建筑信息模型（BIM）、地理信息系统（GIS）等技术，整合城市地上空间、室内室外、历史现状未来多维信息模型数据和城市感知数据，构建贯穿城市建设、运行、管理的基础平台。公共智慧底座创建了一套 CIM 标准体系，建立平台管理标准、数据接入标准和平台开放标准；建设了一个 CIM 数据专题库，存储空间地理信息数据、矢量白模、中心城区倾斜摄影模型等基础数据，供基础平台调用；开发了一个 CIM 基础平台及 CIM 模拟分析引擎，实现对 CIM 模型及专题数据的管理，为各部门开发 CIM＋应用提供支撑。同时，基于 CIM 基础平台提供二次开发能力，提供疫情防控、防汛排涝、燃气应急等示范应用，为各区镇各部门提供 CIM 赋能，助力多个业务系统的快速搭建。

（三）人工智能公共服务

以市云计算平台的计算能力和数据湖的数据能力为基础，打造人工智能技术算法池，对外提供统一的能力输出。建设人工智能公共服务平台，打造面向内部创新和外部生态合作的能力开放运营体系，高效赋能前端。建设人工智能运营管理平台，采取统一认证的接入管理方式，提供能力开放的通用标准接口，为前台各单位的业务需要快速提供火力支援和个性化智能服务。建设人工智能算法训练平台，对算法技术的持续深化、特定需求进行大规模的模型训练。平台由模型训练管理和训练资源管理组成。建设人工智能公共服务引擎，采用高并发、高复用、可按需伸缩的分布式架构，可支撑多算法模型使用场景，并提供高性能的算力处理能力，解决算法模型在技术输入、输出处理的算力瓶颈，对外提供统一标准、对内提供灵活调度的公共服务引擎。

（四）昆链公共服务

昆链是指在昆山范围内使用的区块链，即一种按照时间顺序将数据区块以顺序相连的方式组合成的一种链式数据结构，并以密码学方式保证的不可篡改和不可伪造的分布式账本。建设昆链公共服务平台，依据各部委办局可信数据共享建设的要求，提供数据上链服务和可信数据共享服务，并通过模型超市、数据接入标准和平台开放标准，全方位助力用户高效、敏捷地使用昆链公共服务平台。建设昆链运营管理平台，主要面向技术人员，提供可视化运营管理和运维服务。针对区块链底层的配置、部署和运营提供一键式操作，使区块链服务便于维护和使用。建设昆链区块链引擎，以昆链区块链引擎为基础服务，提供区块链技术支撑、整链搭建能力、区块链应用部署能力和区块链运行监控能力，支持昆链快速部署和按需扩展。平台已接入电子合同存证模型、大闸蟹溯源模型、人才信息存证模型、处方模型、哈希模型等多个共享模型。

（五）物联感知公共服务

物联感知公共服务运用射频识别技术（RFID）、传感微纳等传输方式及物联网技术推动市级海量物联感知终端统一接入、集中管理和感知数据共享利用。编制一套物联数据采集标准，统一物联数据资源目录，规范设备接入标准和数据开放标准。建设物联基础管理平台，实现对接入的海量感知设备进行统一的管理和各类参数信息协同配置，提供设备生命周期管理、边缘网关管理、协议管理、证书管理、物模型管理等。建设物联公共应用平台，包含质态总览、运行监控、设备一张图、资产管理等功能。平台已接入 32 类感知设备 21 万余台，接收设备上报业务数据共计 1.9 亿余条。

（六）视频综合公共服务

建设视频综合公共服务平台门户，实时展示视频综合相关业务的新动态，了解全市视频监控建设整体情况，自动动态监测及动态发出各接入单位视频监控的报修、新建、改造等工作。建设视频平台，基于统一的视频接入协议，以雪亮工程视频平台作为下级域，将全部视频监控共享到视频综合公共服务的视频汇聚平台，为各行业视频监控业务提供高效易用、可靠灵活的解决方案。建立全市视图库平台，开发视图库标准协议，提供汇聚、转发、存储服务，支持各业务平台将有价值的图片或视频片段长期存储。平台已为 12 个区镇及委办局、5 个上级单位共享视频资源累计 26 万余路，为巴城镇、应急局等 10 余个单位提供视频系统建设能力支撑。

（七）统一应用公共服务

统一应用公共服务平台主要对各应用系统提供统一的公共服务能力，是解决系统间业务融合、数据共享、标准一致、流程协同、技术兼容的重要载体。统一应用公共服务汇聚全市共用的一些基础支撑功能，包含公共智慧底座总门户、统一身份认证、全市资源一张图、数据质态、运行质态、绩效考核、电子签章、云管平台等统一公共服务。

三、做法成效

（一）汇聚全域数据，推动高效流通共享

全量汇聚各单位数据资源，打造数据、地图、视频中台等系列公共服务，提供多模式的数据处理和管理能力。累计打通65个部门的数据交换通道，汇聚超230亿条数据；连接感知设备近7万台、视频超30万路，平均每平方公里监控达472路，密度位居全国县域首位；累计支撑各类应用场景调用17.2亿次。同时确立公共智慧底座政务信息资源共享的唯一主干地位，坚持"共享为原则、不共享为例外"，及时全量推送、共享数据，库表累计交换79.2万次、数据量达324TB。全面升级昆山市公共数据开放平台，新增20个部门超200条开放数据，并试行公共数据开放责任制，推动各单位扩大开放数据主题领域，累计新发布数据集超500项。

（二）组件共建复用，推动项目集约建设

公共智慧底座打造了公共、开放、集约的统一平台，实现基础设施、数据资源和公共应用支撑体系共建共享，有效降低项目的建设和运维成本。通过整合全市算法、模型、数据库等7大类资源，加工形成组件超150个，打造供全市调用的"组件箱"，有力支撑数字化应用集约高效建设。据不完全统计，公共智慧底座通过开放共享，提升资源利用效能超50%；通过扎口项目管理、统筹云资源使用，平均单个项目节省资金超30%，累计节约建设成本超2亿元。

（三）赋能场景建设，推动业务流程重塑

通过归集数据、治理数据、利用数据，公共智慧底座为昆山各类智慧场景建设提供了有力支撑。截至目前，已经赋能"昆如意""牡丹停""畅行昆山"等400多个数字化应用。比如，"鹿路通"城市服务总入口注册用户超710万，日均活跃人数超30万，集成住房、出行、医疗等领域便民服务场景超360个，已经成为企业和群众"找得到、用得好、离不开"的工作、生活"好帮手"。"畅行昆山"智慧交通服务平台全量掌握每日60万辆进出昆车辆情况，极大提升监管覆盖面和精准性，2023年超载超限案件查处量同比增长4倍，平均超限率下降63.5%，新增建设渣土车智慧管理应用场景。"牡丹停"智慧停车应用整合全市停车资源、实时掌握泊位信息、提供便捷停车服务，目前已接入停车设施607处、总泊位超15万个，注册用户超23万，日均订单量超25万单，有效提升城市停车的数字化、便利化水平，相关建设经验在陕西、吉林等地得到复制推广。"昆如意"企业服务总入口集成47个部门100余项企业服务功能、1 300余个应用场景，依申请政务服务事项办理不见面率97.6%，网办率99%，有效擦亮"昆如意"营商服务品牌。

案例点评

> 如何打破"数据烟囱""信息孤岛"，推动数据高效流通、共享共用，最大程度发挥数据价值？昆山通过打造数字昆山公共智慧底座，打通数字基础设施大动脉，畅通数据资源大循环，数据共享开放需求普遍满足，数据要素有序流通、高效配置，数据安全保障能力显著提升，全面支撑全领域、全主体、全周期数字化改革需求。

常熟市"虞政通"平台助力政府高效移动协同办公

【引言】 习近平总书记在主持中央全面深化改革委员会第二十五次会议时,强调"要全面贯彻网络强国战略,把数字技术广泛应用于政府管理服务,推动政府数字化、智能化运行,为推进国家治理体系和治理能力现代化提供有力支撑"。常熟市以提高政府工作人员办公效率为出发点,大力推动政府数字化改革,通过构建一体化应用集成支撑体系,开发建设"虞政通"平台,有效提升了政府数字化履职能力。

【摘要】 为解决政府工作人员的移动协同办公问题,常熟市于2020年启动"虞政通"平台建设。平台基于专属钉钉技术框架,一是构建全市统一政务通讯录,实现文件资料传输本地化存储。二是打造政务类移动应用统一入口,接入了"办公平台""一网统管"等移动办公应用,提供一站式移动协同办公能力。

"虞政通"平台作为常熟市政府工作人员主要办公工具,使用对象涵盖常熟市党政机关、直属单位、国企、群团等各类政府机构人员。平台聚焦功能实用、业务创新、安全可靠,通过数字化改革手段切实解决政府人员工作中遇到的难点痛点问题。

【关键词】 移动办公;协同;实用

扫码看VR

"虞政通"平台由常熟市大数据管理局承建，目标定位于打造常熟统一的一体化移动协同办公平台。平台功能突出实用、创新、安全，能够有效提高人员办公效率、提升部门工作效能。经过三年多的推广和使用，平台已成为常熟市政府工作人员最重要的移动办公工具，同时也是常熟市用户数量最多、使用粘度最高的政府数字化平台，该案例成功获评"2023年数字苏州优秀案例"。

一、建设背景

（一）难找人

政府部门通常会定期整理和印发纸质通讯录，但通讯录的人员信息无法做到及时快速更新。政府人员在开展工作交流时，经常需要打听对方姓名、电话、职务，申请添加好友等，既费时又费力，很难做到高效沟通、快速协调。

（二）难监管

在线通信、文档共享是工作过程中必需的沟通协作功能。政府人员普遍会使用微信等第三方工具进行工作交流，但因其身份的特殊性，工作信息与个人生活信息混在一起可能会存在信息安全隐患。另外，政府较难监管此类第三方应用，也无法管控使用人员的操作行为，所以在一定程度上存在内部数据泄露或被盗取的风险。

（三）难整合

随着政府数字化建设推进，为提高服务效能和行政效率，各部门新建了众多政务类移动应用（APP、小程序等），这些应用不仅增加了工作人员的使用负担，同时也带来了建设重复投入、入口不统一、数据不共享、工作效率降低等一系列问题。近年来各地已陆续开展政务类移动应用整合工作，防治"指尖上的形式主义"，以减轻"工作人员指尖上的负担"。

综上考虑，常熟市大数据管理局充分发挥统筹协调作用，以解决问题为导向，以公共数据底座为基础，强化核心应用支撑，打造了常熟市移动协同办公"虞政通"平台（以下简称平台），有效地打通"堵点"、解决"难点"、消除"痛点"，推动了政府内部流程创新再造，提高了工作人员办公效率，提升了政府部门工作效能。

二、功能运用

（一）聚焦基础通信功能，解决部门交流联系"沟通不便"

基于专属钉钉技术，运用即时通信和在线政务通讯录等基础功能助力部门间交流联系。其中即时通信具备消息发送、文件传输、视频会议、群聊群发等，可完全整合替代微信、腾讯会议、云盘等第三方应用功能；在线政务通讯录能够清晰展现全市党政机关组织架构，各单位管理员负责及时维护本单位机构和人员信息，保证其信息准确性。工作人员可快速跨部门查询个人信息（包括姓名、部门、职务、办公电话、手机号等），无须添加好友即可进行消息发送、文件传送、语音通话，极大地提高了跨部门工作的沟通效率。

（二）聚焦专属安全管理，解决移动办公工具"使用管理"

管理方式上，常熟市委机要局、市委网信办、市大数据管理局三部门联合发文，确立平台作为"政府移动办公平台"的官方定位，同时明确平台使用要求和注意事项，不得传输涉密类文件，不得向无关人员泄露通讯录信息等。**技术管控上**，一是配置专用存储服务器部署于常熟市政务云机房，通过安全接入网关实现传输文件直存本地。二是设置通讯录安全权限，对手机号码中间5位进行"＊"处理，并自动记录一天内查看手机号码超过5人的行为。三是内部群成员一律显示真实姓名，禁止内部群消息转发外部，同时开启全局水印，防止截屏、拍照导致信息泄露无法溯源等问题。

（三）聚焦移动应用集成，解决手机政务应用"渠道过多"

作为部门移动应用的总入口，在政务类移动应用建设整合方面，配套制订《"虞政通"平台移动应用接入管理暂行办法》，为各部门移动应用接入提供统一接入标准、技术支撑和政务云服务器，保障接入移动应用的稳定、高效、安全。一方面，新建移动类应用原则上不允许另外单独建设，统一基于平台进行模块化开发；另一方面，以"应接尽接"为原则，接入各类存量政务移动应用，并逐步整合清理，以一站式应用集成来解决政府人员工作中来回切换各类应用的窘境，提高工作人员的办公效率。平台支持统一通知、统一待办、OA自定义审批等功能，工作人员无需重复登录，通过统一应用工作台即可开展各类业务，实现部门间移动协同办公。

三、做法成效

（一）注重功能实用

1. 强化基础性功能

平台建设前充分调研各部门政府工作人员的功能需求，找准了移动协同办公普遍存在的问题定位；平台建设时经市场多个主流系统功能选型，确认政府移动协同办公平台所必备的支撑能力；平台推广时经多部门工作人员反复试用，及时了解用户反馈并解决功能问题。目前平台的基础性功能已基本解决了政府工作人员移动协同办公不便的问题。

2. 丰富拓展性功能

为进一步提高平台实用性，常熟市大数据管理局率先基于平台开发"办公平台""文件报送""会议签到"等拓展性功能。各部门、板块协同配合，持续打造各类实用功能，多措并举拓宽使用场景，充分发挥了平台的公共应用支撑能力。

目前平台用户单位已达121家，用户总数23 479人，接入市级、部门和板块各类移动应用53个，工作日日活接近16 000人，充分印证了平台的功能实用性。

（二）注重理念创新

1. 工作流程创新

政务通讯录实行电子化管理，由各部门管理员及时在线维护，保证其实时准确，完全替代了传统纸质通讯录的维护管理方式。市监、城管、文体旅等部门基于平台 OA 审批功能进行工作流程设计，实现了外出请假、会议预定、装备领取等工作的数字化审批，创新了工作模式，提高了审批效率。

2. 业务能力创新

以平台为载体，开展政务类移动应用整合清理，集约化开发移动功能模块，充分体现了平台资源复用、数据共享、高效协同等重要作用。平台的统一工作台实现单点登录，方便工作人员使用一个 APP 开展各项工作任务，提高办公效率和服务效能。

（三）注重系统安全

1. 本地化文件存储

平台具备专属钉钉最新技术和安全管控功能，能够实现组织内文件的本地化存储，降低政府内部数据泄露或被盗取的风险。

2. 通讯录分级管理

平台基于政务通讯录组织架构，构建了部门分级管理体系，对平台用户准入实行严格管理。各部门管理员负责审核维护本单位工作人员的信息，管控通讯录查询范围，保障平台安全规范使用。

3. 电脑端信创适配

平台已完成电脑端信创适配，实现了软件的安全可控，信创版本完全满足各"芯片＋操作系统"组合的信创电脑安装。平台信创版本功能与 WIN 版本基本保持一致，成为常熟市各部门信创电脑上最基础的定制化办公软件。

案例点评

"虞政通"平台坚持以解决问题为导向，以公共数据底座为基础，通过统筹规划设计、打造实用功能，切实解决了政府工作人员的移动协同办公问题。平台建设理念创新、技术方案成熟、运行使用稳定、用户体验良好，有效构建了移动政务一体化应用集成和支撑体系，契合数字政府建设提升履职服务能力的思路和方向，属于"切口小、方法巧、效果灵"的数字化改革应用，可方便周边板块借鉴。

太仓市政务资源自助超市

【引言】 习近平总书记明确指出,"推动实施国家大数据战略,加快完善数字基础设施,推进数据资源整合和开放共享,保障数据安全,加快建设数字中国,更好服务我国经济社会发展和人民生活改善"。太仓市从全局出发,着眼长远发展,主导规划并设计建设"太仓市政务资源自助超市",汇聚全市政务资源,加强政务资源的共享和开放开发,强化统筹授权使用和管理。此举打破了数据孤岛,推进了部门间的互联互通,助力了资源服务模式的创新和优化。

【摘要】 太仓市政务资源自助超市依托"数据底座、指标管理、超市服务""标准规范、制度规则、安全防护"的"三横三纵"架构体系,实现"五个一"的政务资源标准服务,包括"一本账管理"、"一站式浏览"、"一揽子申请"、"一体化服务"以及"一套闭环管理流程",有效推动了资源服务模式的创新和优化。

【关键词】 数字政府;政务资源;开放共享

扫码看VR

太仓市政务资源自助超市由太仓市大数据管理中心建设，依托政务资源管理的"三横三纵"架构体系，实现"五个一"的标准服务，提高了政府部门之间协作效率的同时，助力了资源服务模式的创新和优化。一是创新打造政务资源服务组件超市，在数据信息、公共服务的基础上以场景为导向进行二次开发，统筹建设通用组件及业务组件，为部门业务应用提供即开即用的服务；二是融合实现标准规范与建设实践双轮驱动，编制《数字法人标签建设指南》地方标准，坚持以标准为引导，促进了政务资源的深度融合，优化了政务资源的管理和服务体系，提升了政务资源的利用效率和便捷性，加速了政务数字化转型。该项目获评中国软件评测中心发布的2023年数字政府五十佳优秀创新案例。

一、建设背景

（一）大数据时代要求加强政务数据共享

以习近平同志为核心的党中央准确把握信息时代发展大势，围绕加快建设网络强国、数字中国，就加强数字政府建设作出一系列重大决策、实施一系列重大部署。党的十九届四中全会强调，"推进数字政府建设，加强数据有序共享，依法保护个人信息"。习近平总书记在中央财经委员会第七次会议上指出："我们要乘势而上，加快数字经济、数字社会、数字政府建设，推动各领域数字化优化升级。"加强政务数据的有效治理和高效利用是数字政府建设的关键环节，政务数据开放也是数字化改革的关键变量之一。

（二）一系列国家政策明确深化政务数据共享

《中共中央 国务院关于构建更加完善的要素市场化配置体制机制的意见》首次将"数据"与土地、劳动力、资本、技术等传统要素并列，提出要加快培育数据要素市场，指出要推进政府数据开放共享、提升社会数据资源价值、加强数据资源整合和安全保护。政府数据开放已经成为我国的重要战略：2015年，国务院印发《促进大数据发展行动纲要》，明确提出"加快政府数据开放共享，推动资源整合，提升治理能力"。2016年，中共中央办公厅、国务院办公厅发布《国家信息化发展战略纲要》，要求"推进政务公开信息化，加强互联网政务信息数据服务平台和便民服务平台建设，提供更加优质高效的网上政务服务"。2020年3月，中共中央、国务院下发《关于构建更加完善的要素市场化配置体制机制的意见》，阐述了政府数据开放共享对于培育数据要素市场的重要作用。2021年6月通过的《中华人民共和国数据安全法》对政府数据安全与开放提出了具体的要求。2021年12月，中央网络安全和信息化委员会发布《"十四五"国家信息化规划》，提出要加快政务数据开放共享和开发利用，打造服务型政府。2022年3月，中共中央、国务院《关于加快建设全国统一大市场的意见》提出，要加快培育数据要素市场，建立健全数据开放共享，推动数据资源开发利用。

（三）政府部门间信息共享的现实难题亟待解决

随着我市各部门信息化项目建设的逐步推进，政务数据总量快速增长。但一段时间以来，数据多方采集、流通不畅、缺乏统一标准以及数据安全等问题，导致了"数据孤岛"现象普遍存在。部门存在"不愿开放、不敢开放、不懂如何开放、不会有效利用"等多重难题，急需构建一个集中的数据共享平台，完善政务数据共享开放体系，以最大限度地发挥数据的潜在优势。需要大数据部门牵头，推动实现政务信息化共建共用，通过优化数据流通机制和提高数据标准化水平，解决数据孤岛问题，加强部门间的协同工作，提高政府部门工作效率，为我市的数字化治理和智慧城市建设提供坚实的基础。

二、功能运用

（一）汇聚全市政务资源，推动政务数据应开尽开

建立数据共享机制、统一技术标准，提升部门开放政务数据的积极性。建设数据共享平台、数据中台、视频联网、物联感知、地理信息等基础支撑平台，汇聚全市数据资源、地理信息资源、政务云资源、视频资源、政务事项、算法仓资源、法人标签、物联网资源等资源信息，并通过各部门自主数据运营管理和大数据管理中心预警监管，确保资源的有效管理和持续更新，维护了资源超市的数据鲜活性和准确性，实现全市各类政务资源"一本账管理"。

（二）打造"闭环管理"流程，确保部门共享资源及时性

制定制度规则，打通项目管理与资源共享闭环流程，以资源自助超市为枢纽，从项目管理源头入手，治理资源共享的全过程，实现资源的高效流转。具体而言，自主超市链接共享交换等各大公共服务平台实现资源入库入表，在项目终验前设置前置环节，有效倒逼部门及时共享信

息资源，确保政务资源目录和资源及时上架，最后通过资源超市发布服务，形成"一套闭环管理流程"。

（三）提供自助申请服务，缩短资源申请审批时间

将汇聚的各类政务资源上架到自助超市展示，实现政务资源"一站式浏览"，这种模式使用户能够像浏览网上商城一样，轻松查找所需的政务资源。对接市统一身份认证系统、市电子签章系统，用户可以自主访问并获取所需的政务资源，通过一个全面的线上流程完成自助式申请与审批，让用户享受"逛淘宝"一样的线上自助式购买、一条龙配送的服务，真正做到"一揽子申请"。

（四）提供智能化服务，优化用户使用体验

自助超市采用智能检索和自然语言处理（NLP）技术使政务资源的搜索和处理变得更加迅速和精准，显著提高了用户的体验感。同时，利用图谱推理技术构建政务资源的知识图谱，实现资源之间的关联和智能推荐，提高政务资源的利用效率。考虑到不同部门的技术能力和需求多样性，自助超市提供一系列技术接口和服务，如应用程序编程（API）接口、在线查询功能、数据在线下载等，确保所有用户都能便捷地访问和利用这些资源。多种智能化服务实现了平台"一体化服务"的模式。

（五）打造数字资源组件服务，提升部门开发效率

统筹考虑重复建设和部门开发能力不足两大问题，发挥大数据部门的资源优势、技术优势，提升大数据赋能水平，在数据信息、公共服务的基础上，以实际应用场景为导向进行二次开发，统筹建设高效通用组

件,沉淀业务组件,提高已有资源的利用价值。这些组件旨在为部门业务应用提供"即开即用"的解决方案,大大简化技术应用流程,实现组件资源的自助化,提升全市项目建设集约化水平,促进政府部门信息化建设水平的提高,推动政务数字化转型。

三、做法成效

(一) 优化了政务资源的管理和服务体系

自助超市依托政务资源管理"三横三纵"架构体系建设,形成了政务资源的开放共享管理体系。其中"三横"包括数据底座、指标管理、超市服务:数据底座打造了数据共享平台、数据中台、视频联网、物联感知、地理信息等基础支撑平台;指标管理是通过各部门自主数据运营管理和大数据管理中心预警监管,维护资源超市的数据鲜活;超市服务是提供各类政务资源信息、智能化搜索引擎和自助申请服务模式。"三纵"包括标准规范、制度规则、安全防护:坚持标准引领,以标准化促进政务资源深度融合,通过编制《数字法人标签建设指南》《物联网接入规范》《信息化项目全周期全要素管理规范》等规范引导项目建设;制度规则是融合信息化项目全周期全要素管理,实现资源共享全流程的闭环管控,从制度上保证资源超市数据的及时性,通过部门共享考核保证资源超市的数据鲜活性;安全防护是全方位注重云网安全与数据安全,数据隐私保护,引入安全加密技术,保护用户个人信息和数据安全等。

(二) 提高了政务资源的利用效率和便捷性

平台构建了我市政务资源有序开放与流通使用的新局面,畅通了部门间的供需渠道，为全市政务资源管理带来了显著的改善。全市政务资源的一站式浏览，全面梳理了政务资源底账，部门可根据需求自主检索所需资源，并进行自助式申请，大幅提高了资源的利用效率，提升了申请流程的便捷性和时效性。截至目前，政务资源自助超市已经整合并开放了多种资源类型，涵盖了 55 841 类数据资源、60 类地理信息资源、62 112 路视频资源、60 类算法仓资源、4 166 类物联网资源、15 589 类政务事项、319 类法人标签。此外，平台还提供 52 类专业化的组件服务，进一步扩展了政务自助服务的功能和覆盖范围。

（三）助力了部门开发能力的提升

为进一步提升自助超市的功能性，重点打造了数字资源组件服务模块，以满足部门的复杂开发需求，有效解决了过去存在的重复建设问题和部门开发能力不足的挑战。组件服务模块基于现有数据信息和公共服务，结合实际场景需求进行二次开发，形成了"低耦合高复用"的技术组件。这些组件既包括适用于多种情景的通用组件，也包括针对特定业务需求设计的专业组件，从而为各部门提供了即开即用的高效服务。同时，组件具备高度的灵活性和可定制性，能够满足不同部门的各种需求。截至目前，已成功开发并上架了 52 类组件服务，涵盖了电子签章组件、短信服务组件、短信通知＋车牌 AI 识别服务组件、残疾人＋社保数据服务组件等。

（四）实现了标准规范与建设实践双轮驱动

在建设资源超市的过程中，太仓市不仅着力于技术和服务的提升，同时也注重标准的制定和完善。充实完善数字政府领域标准化建设，编制《数字法人标签建设指南》地方标准,坚持标准引领,以标准化促进政务资源深度融合。《数字法人标签建设指南》标准规范建设列入"2023年江苏省数字政府标准化技术委员会39项项目重点清单",入选苏州市地方标准立项名单。这些成就标志着太仓市在标准化道路上的坚定步伐,同时也展示了标准化与实践相结合的强大动力。

(五)提供了可复制可推广的经验

政务资源自助超市建设是数字政府升级建设的重要组成部分,也是政府数字化转型的一项重要工程。政务资源自助超市的成果可以在不同地区进行推广,通过共享经验和技术,推动其他地区建设类似的自助超市,提高政务服务水平。通过数据集成、资源共享、智能服务等方式可以提供高效、便捷的政务资源服务,促进政务资源的开放、共享和利用,推动政府的数字化转型。

案例点评

> 太仓市政务资源自助超市的建设主要是为了解决政府部门之间信息孤岛、资源封闭、信息不对称、重复建设等问题。该工程旨在通过完善政务资源管理和服务体系,在保护数据安全的基础上,促进政务数据的共享、开放和使用,挖掘政务数据的潜在价值,提高政务资源的利用效率和便捷性,实现政务资源的一体化管理,推动政务数字化转型。

苏州工业园区智能中枢

【引言】 在数字化发展浪潮中，以数字化驱动生产生活和经济社会发展的作用日益凸显。习近平总书记指出："信息化为中华民族带来了千载难逢的机遇。"信息化是我国现代化建设的重要战略支撑。当前形势下，苏州工业园区智能中枢的建设对于推动园区数字化转型高质量发展具有重要意义。依托智能中枢，能够打破部门壁垒和信息孤岛，实现数据资源的统一管理和共享利用；以应用场景为牵引，优化政务服务，全面提升政务运行效能，推动园区政府向决策科学化、精细化和民主化的新型政府运行形态迈进。

【摘要】 苏州工业园区智能中枢围绕《苏州市推进数字经济和数字化发展三年行动计划（2021—2023年）》《苏州工业园区数字政府建设"十四五"发展规划》《苏州市数字化改革总体方案》总体要求，通过数据和公共能力复用，实现数字政府集约化建设的新目标，提高政府智慧化服务水平和群众办事满意度，推动政府职能转变和服务型政府建设。

2023年智能中枢在架构治理、数据治理、能力建设等方面实现全面提升。在统筹规划领域，累计对60多个数字政府项目出具架构治理统筹建议，复用能力80多项，复用率达到100%；数据资源层面，构建统一的数据资源池，完成21个局办113个系统产生的6 000多类政务数据资源的汇聚，累计支撑34个部门290余个场景用数需求；公共能力方面，统筹建设五大类16项通用能力，形成公共能力建管运一体化体系；推动苏州工业园区开展4项一体化转型，即政务服务"一网通办"、政府运行"一网协同"、城市治理"一网统管"和经济发展"一网提优",由此衍生出 X 个无限发展的智慧场景。

【关键词】 数字政府;数据资源;公共服务

扫码看VR

2021年开始,苏州工业园区率先开展数字政府建设的全面推进,统筹规划智能中枢系统化建设,现已形成"数据中台+技术中台+业务中台"三大中台体系,搭建起了基础设施"一云承载"、数据资源"一池融通"、公共能力"一体赋能"、服务感知"一端智联"的城市智能中枢。目前智能中枢赋能园区局办覆盖率超90%,数次入选"数字政府特色评选创新案例""数字政府典型案例",多项应用经验在国家及省市层面广泛推广。

一、建设背景

(一)政策导向,夯实底层技术高效推动数字政府建设

坚持以习近平新时代中国特色社会主义思想为指导,深入学习贯彻习近平总书记考察苏州工业园区重要讲话精神,以中央政策为引领,全面落实网络强国、数字中国、数字政府、数据要素重大战略部署,明确数字化发展方向,强化底层技术建设,切实贯彻江苏省、苏州市、工业园区三级政策要求。江苏省"十四五"规划要求"共性信息基础设施集约化一体化建设,统一基础支撑";苏州市推进"平台技术赋能",要求"形成一体化的共性服务体系,强化技术赋能";工业园区强调数据资源"一池融通"、公共能力"一体赋能"。

(二)意识引领,集约化共享化理念驱动数据价值释放

随着数字政府建设进程的不断推进,集约化、共享化的数字化理念正在各级单位逐渐形成。在此数字化思想浪潮下,各级机关正在加速破

除"部门墙""数据孤岛"所带来的桎梏,加速推动基础设施集约化、数据共享化建设,以发挥协同效应、挖掘数据价值。

(三)技术革新,新兴技术深化应用赋能数字政府场景

新兴技术的日益发展、逐渐成熟,使得数字政府从体验、效率、合规等多方面改善或重塑原有业务模式成为可能。新兴技术的持续应用探索可支撑数字政府将全空间、全要素、全过程数据进行融合应用,支撑数字政府进行全流程一体化的"人机融合"数字化转型。

二、建设目标

苏州工业园区智能中枢的建设目标是构建一个全面、高效、智能的数字化转型基础平台,以支持政府、企业和社会的数字化转型需求。具体目标包括:一是依据公共数据"聚、通、用"统一管理机制,实现数据资源一池融通,盘活政务数据资产,深化数据开发应用;二是以场景驱动构建共性应用服务,基于园区智能中枢实现跨领域业务的服务重用,为政府智能决策提供有力支撑;三是统一门户体系,为不同用户提供不同界面的信息呈现、服务供给与交流互动的多元渠道;四是构建一体化运营赋能服务体系,形成高效协作的一体化组织体系,提升部门间沟通协作效率,确保数字政府建设有序推进,保障数字政府长效稳定运行。

三、主要做法

一是组建创新中心领导小组。由园区大数据管理局指导，新建元数科牵头组建"数园区"创新中心（以下简称"创新中心"）。

创新中心下设统筹规划组、数据开发利用组、基础设施保障组三个小组。在数字政府建设过程中，遵循"管运分离、以运促优、以评增效"的数字政府一体化建运宗旨，提高数据统筹和能力复用，降低资源总拥有成本（TCO）；强化多源数据汇聚整合和数据源头治理，推进数据融合应用，充分发挥数据要素价值；强化技术赋能和安全保障，深化应用成效，实现智能中枢能力"可看、可用、可管、可监督"，确保能力持续稳定可靠运行。

二是健全高效管理制度，完善统一运营体系。深化智能中枢建运一体化，构建完善全领域、全方位的科学管理与运维运营标准规范体系。根据智能中枢整体技术服务特性，编制并发布《苏州工业园区数字政府技术架构治理指南》，确认了数字政府建设任务中需遵循的架构原则，有效提升智能中枢在统筹集约方向上的作用。依托智能中枢现有功能运行状态，编制并发布《苏州工业园区智能中枢事故处理应急预案》等6份规章，在管理制度层面有效保障智能中枢稳定运转，长效赋能数字政府场景应用。通过整合现有技术流程的规范化管理，编制相关标准规范35份，在操作规范层面，让中枢运营团队在数据和能力赋能工作中有章可循，有规可依。

依托智能中枢门户搭建统一的运营服务台，形成统一能力申请入口。完整的中枢运营体系，使日常技术运维运营服务能够规范化推进。

组建运营团队，履行架构治理、文档规范编制、咨询服务受理、智能中枢品宣、赋能成效分析等常态化技术运营职能，构建中枢运营支撑能力，实现服务的快速响应，平均受理时长缩短至 1~2 个工作日，保障数据资源和公共能力能用、好用、高效用。在信息架构统筹、超算能力申请及非数字政府任务资源申请等事项处理中，与云网团队形成了联合评审机制，有效保障智能中枢整体架构的稳定性。同时与数字管家、一网通办、经济大脑 3 个业务运营服务台，建立了规范化的联动协同机制，解决了遇到问题沟通不畅的问题，从而使各局办对于智能中枢的诉求得到及时响应。

三是开展全局架构治理评审，强化统筹集约化建设。 为强化数字政府建设任务的统筹集约化建设，有效提高资源的利用效率和能力的复用性，优化资源共享，持续开展架构治理工作，累计对 60 余个项目提出了架构治理意见，复用能力 80 多项，复用率达到 100%。此外，通过架构评审，从各项目方案中识别出政策库、企业风险预警模型等公用数据产品以及知识中心、知识图谱、智能客服、埋点能力等公共能力，为强化智能中枢通用能力提供重要依据。

四是推进数据攻坚行动，深化园区公共数据"一数一源"。 发布《苏州工业园区公共数据"聚通用"攻坚行动方案（2023 年度）》，大力推进公共数据"聚通用"攻坚行动。围绕数据"聚通用"关键环节，以"统筹协调、问题导向、场景驱动、安全可控"为原则，聚焦数据汇聚不充分、供需对接不顺畅、部分数据质量待提升、数据应用不深入等问题攻坚克难，明确重点任务，以场景带动数据汇聚整合、源头治理、高效共享、融合应用，让数据充分流动起来，实现"有数可用""有数好用""数尽其用"。

分批次完成园区公共数据梳理和确源，编制并发布《苏州工业园区公共数据资源汇编》，涵盖了 20 个部门、38 个在用系统、97 个子应用的共计 296 个公共数据资源。构建公共数据"一本账"可视化应用，并集成至"数园区"移动端，方便首席数据官（CDO）及时掌握数据攻坚进展和部门数据资源动态，数据每周进行更新迭代，以确保准确性和时效性。

五是持续强化中枢通用能力，促进一体化融合。智能中枢目前通过建设与整合，共形成五大类 16 项通用能力，其中技术中台 12 项，数据中台 4 项，充分结合用户反馈与场景创新需求，强化中枢通用能力，使综合服务能力得到全面提高。全面升级湖仓一体平台，基于云原生、存算分离的湖仓架构，支持批流一体的实时数据采集、湖仓一体的多模数据存储、敏捷数据开发、主动数据治理。增加对图片、文件、视频等非结构化数据的计算及数据的实时计算能力，提供全面、智能的数据管理和分析能力，助力业务持续发展；上架视频共享交换平台，已完成汇聚 2.7 万路视频监控，赋能重点区域安全保障、校园门口视频告警识别、智慧社区等多个场景；升级统一身份认证，提供统一接入管理、统一注册认证功能，满足用户一次注册即登录所有相互信任平台的需求，对于不同实名认证等级予以不同事项办理权限、登录风险触发机制，新增人脸识别认证，进一步强化服务的安全性和准确性；优化光学字符识别（OCR）图像识别能力，完善结婚档案与离婚档案的识别等 27 类模型，帮助档案中心将近 10 万份结离婚纸质档案转换成结构化数据。技术层面的持续投入与创新是强化智能中枢能力的基石，不断跟进和采用最先进的信息技术，确保中枢具备强大的数据处理、存储、计算能力，注重技术的融合与创新，将不同技术模块有机结合起来，形成更加高效、智能的技术体系，充分满足园区"十四五"规划中对于平台型数字底座的建设要求，向公共能力统一调度、支撑业务协同与敏捷创新的目标迈出了坚实的一步。

四、典型场景

（一）经济大脑

苏州工业园区"经济大脑"基于园区智能中枢能力，全面汇聚经济类数据，形成经济领域的数据大脑底座，以"经济数据"驱动"智能场景"和"智中枢"，赋能"业务创新"。从微观企业、中观产业、宏观经济三个层次建立经济管理信息化体系，赋能政府侧，服务市场侧，深化政企交互；以一系列信息化系统为工具，辅助提升政府经济治理能力，优化营商环境。

智能中枢通过数据治理、加工，建成3个经济类专题，上线应用模块24个，共对接部委办局14家，联通经济相关信息系统15个，梳理信息资源460个，确认经济专题数据字段6 960余个，治理数据300万条，归集经济类数据1.5亿条。打通了数据获取链路，形成园区经济大脑专题库的数据共享应用场景。

（二）防汛指挥

系统以"数据共享、各司其职、协同作战、高效指挥"为工作思路，以"资源共享、力量整合、手段集约"为设计理念，通过复用智能中枢地理库（1个底图，行政区划、社区、供水管网、污水管网、雨水管网合计 5 个图层）、融合通信功能、短信网关、500 余路监控视频画面、政务统一用户体系、870 万条水位计监测数据等能力，实现防汛形势"看得见"、风险隐患"能监测"、人员物资"高效指挥"，汇聚防汛多维度数据资源，绘制多领域的防汛排涝全景图，建成集防汛感知、防汛管理、指挥调度、监测预警于一体的"沉浸式""一体化""集约型"防汛排涝决策指挥信息化平台，解决防汛形势掌控滞后、监测缺失、指挥调度不顺畅等问题。

（三）生物医药

生物医药产业信息化项目提供苏州工业园区医药相关数据，应用在企业信用、许可稽查、药械研发、税务等领域，实现园区医药从研发、生产、销售到使用的全阶段信息覆盖。同时提供全新领域和维度的业务数据，给予园区医药行业辅助研判主题模型数据支撑。

智能中枢提供机器人流程自动化（RPA）服务，依托其全天候自动运行的功能，从国家药品审评中心等网站采集园区内企业药品、医疗器械证书的审批进度等关键信息数据，并定期刷新新增数据，为生物医药产业信息化项目提供了大量准确、有效、可信的数据。协助生物医药产业信息化项目改善了以往数据时效性不强、人为比对易错等问题，进一步提升了日常监管的能效。

（四）"救这么办"

为深入推进民生服务领域数字化转型，苏州工业园区创新打造"救这么办"智慧救助信息平台，有效提升困难群众救助的高效化、精准化。在线上，平台通过"政策找人、监测预警、一键申办"，方便困境人群在线办理业务；在线下，构建了"救助管家"团队，为困境人群提供"政策上门、资源链接、个性定制"的温情服务。"救这么办"是数字化转型浪潮下的社会救助新模式。

智能中枢数据治理团队协调对接了各项业务数据，协助打造了匹配模型，支撑匹配模型自动匹配符合政策条件的人群，让平台能够主动发现符合政策帮扶条件的困难群体。当前，智能中枢已汇聚园区强制隔离戒毒人员清单、失踪人员清单、机动车车辆注册登记信息等高价值数据，让更多的困难群众有机会得到救助，实现救助业务从"被动服务"到"主动服务"的转变。

五、经验启示

业务牵引，场景驱动。坚持以应用场景需求为平台建设导向，以数字政府专班为牵引，以技术平台能力为支撑，为打通跨部门、跨层级的政务流程改造提供技术服务能力。以苏州工业园区范围内各委办局为服务对象，持续优化和建设"一网通办""一网统管""经济大脑"等全区全域业务场景应用。基于人工智能、大数据等先进技术，打造场景化的系统模块开发模式，让数据多跑路，让系统多思考，创新服务流程，快速赋能各类应用，实现场景落地"短平快"的新路径，推动场景驱动数字化发展的新模式。

统筹规划，集约建设。遵循集约化建设原则，探索数字政府一体化建运体系，配套建立相关标准规范与管理制度，实现全区公共数据、公共能力共建共享共用。沉淀数字身份、电子证照、电子签名、信用服务等多类业务支撑能力，打造城市一体化智能敏捷支撑平台，推动公共能力建设标准统一、技术统一和能力统一，缩短信息化项目建设周期，减少信息化建设中的重复建设和资源浪费。着眼于数字政府建设远景，在科学合理的总体设计框架下，针对政府信息系统建设现状，引入架构治理理念，构建架构管控体系与项目管理并行的矩阵管理模式。

建运一体，以用促建。 以系统建设为基础，打造数据、能力赋能双团队，聚焦数据治理、数据共享、公共能力集成等常态化工作，提升数字政府建设过程运营服务质量，通过平台建设驱动服务运营发展，结合服务运营成效引导平台建设需求，不断探索数字政府服务的建设运营一体化新模式，为供需双方打通协同工作链路，灵活应用实现智慧化的城市治理新目标。

案例点评

> 苏州工业园区智能中枢是苏州市工业园区数字化改革的总基石，高质量支撑数字化改革工作推进。通过建立智能中枢，政务信息流通和处理效率大幅提升，一方面实现了行政审批流程的简化和加速，在提升园区公共事务的便捷性和透明度等方面取得了阶段性成效；另一方面数字化改革通过优化资源配置，能够更有效地解决民众关心的教育、卫生、交通等公共服务问题，提高民众的生活质量。

第二篇 推进数字经济系统建设

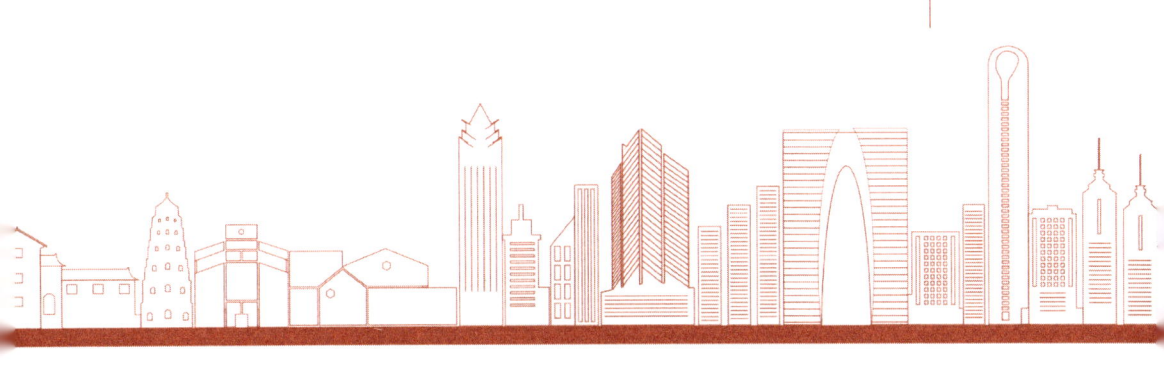

苏州市"作物云"管理平台

【引言】 粮食安全是"国之大者"。党的十八大以来,党中央高度重视国家粮食安全,始终把解决好十几亿人的吃饭问题,作为治国理政的头等大事,加快推进农业农村现代化,实施国家粮食安全战略,坚持藏粮于地、藏粮于技,全方位夯实粮食安全根基。习近平总书记指出:"调动农民种粮积极性,关键是让农民种粮有钱挣。""要稳定和加强种粮农民补贴","要加强农民农业生产技术和管理能力培训,促进管理现代化。"

【摘要】 2023年以来,相城区围绕"农户方便、基层减负、服务高效"工作目标,依托"遥感+AI+移动互联网"新技术,接入智能病虫测报设备和田间气象测报站,实时获取田间病虫及气象数据,进一步优化农情分析模型,打造农业生产管理服务新模式。**补贴精细化**。推动数据"线上走",核查周期从原先的1个月缩短至1周,核查准确度近100%,通过"全程无接触"式核查,大大减轻农户和基层工作量。**服务精准化**。2023年,首次实现面向全区189个生产主体的个性化水稻栽培指导,为农户提供气象信息、栽培指导、病虫草防治等指导服务,全年累计服务2 700余户次。**农情实时化**。融合系统获取的"人""地""物"三类信息,引入专家团队数据分析,结合高频次遥感和AI分析,提供覆盖全区的农情调度服务和精细到个人的农技指导。2023年实现水稻从播种到收割的全周期农情监管、指导。

【关键词】 遥感+AI;农情监管;一照成图

扫码看VR

2023年以来，相城区秉承"把技术送至田间地头，把服务落实到每个农户"的服务理念，依托"遥感＋AI＋互联网"等技术应用，开启了"一照成图"人工智能技术的相城新实践。目前作物云管理平台已在相城区农业补贴核查、农技服务、农情调度三项业务中全面应用，打造农业生产管理服务新模式，成功入选全国2023数字农业农村新技术新产品新模式优秀项目。

一、建设背景

（一）农业补贴核查要求

粮油方面惠农补贴种类较多，且各项补贴的要求不一，难以做到一次核查、全项通用。在补贴申报和实际核查中，存在填报内容多、田块区位指向不明确、面积核查不精准，核查周期较长等问题。作物云平台的实践应用可以有效提升核查的及时性、精准度和覆盖率，同时也在一定程度上避免了补贴面积不实、虚报、瞒报等问题的发生。

（二）农技服务指导要求

基层缺乏专业的农技人员，农技服务特别是栽培指导服务的到位率还需进一步提升。农业生产主体众多，尤其是粮油生产方面，年龄偏大、学历偏低，农技及时、准确下乡有困难。作物云平台的实践应用可以有效扩大技术服务覆盖面，提高服务精准度，避免无效指导。

（三）农情调度及时性要求

近年来，各级各部门对农情调度的精准度和及时性要求普遍提高，部分乡镇板块因农技人员配备不足,难以精准、高效地完成一些紧急的农情调度事项,比如农田的倒伏、大棚的垮塌等情况,且部门农情调度工作需来回反复、工作量大、准确性要求高。作物云平台的实践应用,在收获进度、灾情调度等农情调度方面有着便捷、精准、高效的强大优势,极大地提升了工作效率。

二、功能运用

相城区利用"遥感＋AI＋移动互联网"新技术开发作物云管理平台,打造"1234"功能特色管理新模式。**"1"即"1部手机"**,指农户只需要在一部手机上安装专用APP,就可以实现信息上报、面积核定和服务获取。**"2"即"2张照片"**,指农户仅需从不同角度在自己种植的田块拍2张照片上传、在线确认,系统即可自动生成查验报告。**"3"即"3类信息"**,指通过农户上传的照片,结合卫星影像,AI智能处理,系统可获取地块种植农户、地块具体位置和种植面积、作物类别和实时长势情况等"人、地、物"三类信息。**"4"即"4个适时"**,指平台可提供四个方面的适时指导服务,包括适期播栽、适情管理、适熟估产、适时收获,精准服务农业生产管理的关键环节。重点运用于以下六个方面:

(一)补贴核查

通过将补贴核查从"田地查看—农户确认—抽查"模式创新为"自主拍照—智能分析—全程无接触"的新模式,实现核查效率、核查精度质的飞跃。

（二）单产提升

通过掌握每一个生产主体的产量，助力适度规模经营决策。

（三）农情服务

通过掌握每一个生产主体生产全过程，因地制宜、因人施策，为每一个农户量身定制生产指导和建议。

（四）农情调度

通过建立作物播栽、成熟预测、收割进度管理等的有机联系，将农情调度从"上报和掌握"为主变为真正的"决策和调度"。

（五）农业保险

在种植业政策性保险方面，做到"按图承保""科学理赔"，规避"替代性风险"等问题，实现种植业保险精准承保理赔，保障农户权益。

（六）"非粮"治理

掌握每块耕地的全生命周期和地块责任人，将管理方式从"事后发现监管"模式转为"全年常态化监管"，将管理目标从"完成整治任务"转为"真正消灭非粮化"。

三、做法成效

目前作物云管理平台已在相城区农业补贴核查、农技服务、农情调度三项业务中全面应用。

（一）实现农业补贴精细化

充分激发涉农补贴新效能，推动数据"线上走"，动员农户在日常农事活动中进行田间拍照，将农户变为数据"采集员"，农业农村部门以农户涉农补贴申报形式获取种植作物种类和面积等信息。对包括不规则田块、零星小面积田块在内的农田实施精准核查，核查类别已覆盖耕地地力保护补贴、稻麦良种补贴、水稻生态补偿、稻谷补贴、耕地轮作补贴、规模蔬菜补贴等涉农补贴。核查周期从原先的1个月缩短至1周，核查准确度近100％，通过"全程无接触"式核查，大大减轻农户和基层工作量。

（二）实现农技服务精准化

建立区—镇—村三级联动管理机制。实时统计农户拍照情况、核查情况、签字情况，各镇、村进度实时更新。2023年，相城区首次实现面向189个生产主体的个性化水稻栽培指导，为农户提供气象信息、栽培指导、病虫草防治等指导服务，全年累计服务2 700余户次。

（三）实现农情调度实时化

坚持"让技术落地，让数据为生产服务"。融合系统获取的"人""地""物"三类信息，引入农科院、农校等院所农业专家团队对采集数据进行专业分析，结合高频次遥感和AI分析，提供覆盖全区的农情调度服务和精细到个人的农技指导，实现农情调度服务数据化、实时化和农情指导服务个性化。2023年，实现水稻从播种到收割的全周期生长过程监测。包括作物长势监测、产量分析、收获进度以及灾情调度。如作物出现倒伏，平台可对倒伏比例、产量损失进行测算，为农户申请保险理赔提供依据。

案例点评

相城区紧紧围绕"农户方便、基层减负、服务高效"工作目标，秉承"把技术送至田间地头，把服务落实到每个农户"的服务理念，通过创新应用"遥感＋AI＋移动互联网"技术，提升全域粮食生产监管水平和服务管理能力。2023年，继小麦农情调度系统在相城区试用并取得良好效果后，继续拓展在水稻生产上的应用，接入智能病虫测报设备和田间气象测报站，实时获取田间病虫及气象数据，进一步优化了农情分析模型，提升了分析精度，并对作物长势进行分级，更加生动直观，一目了然。实现了粮油作物的全周期农情遥感，精准掌握农情状况，包括农事进度、作物长势、产量评估、灾情分析等，形成了《2023年相城区水稻产量估测报告》和《2023年相城区水稻成熟度监测报告》，为精准施策提供有力支撑。2023年秋播以来，深化"遥感＋AI＋互联网"的技术应用，初步建立了一套惠农补贴数字化核查流程，让农户享受补贴"少跑路、不跑路"。强指导纾农困，单产提升有支撑。依托拍照APP采集小麦的播种、施肥、打药等农事信息，因苗、适情、适时提供有效的个性化农技指导服务，满足种植户单产提升的需求。

高新区苏高新集团招财猫招商应用

【引言】 习近平总书记指出"积极培育新能源、新材料、先进制造、电子信息等战略性新兴产业，积极培育未来产业，加快形成新质生产力，增强发展新动能。"在全国两会期间参加江苏代表团审议时，他强调要牢牢把握高质量发展这个首要任务，因地制宜发展新质生产力。招商引资作为地方经济发展的"源头活水"，已成为加快发展新质生产力的关键之举。苏州苏高新集团有限公司作为高新区直属国有企业，牢牢把握发展新质生产力重大任务，积极谋划利用数字化技术赋能招商引资建设，持续做大项目增量、做优产业变量，打造招商引资"新引擎"，助力区域产业质效提升。

【摘要】 "招财猫"为苏高新集团自研开发的招商管理数字化应用。其开发从招商一线需求入手，基于对载体、客户、业务、入驻企业的标准化管理，利用数字孪生、大数据等技术，系统实现从项目挖掘、跟进洽谈到签约落地的招商业务全流程管理，对载体去化进度实时掌握。通过招商资管平台（Web端）、数字孪生可视化（Pad端）等多功能模块，实现载体去化统计即时化、项目源跟盯系统化、报表统计数字化、载体展示方式可视化，促进一线招商工作高效便捷。

【关键词】 招商引资；数字孪生；全流程管理

扫码看VR

2023年12月，苏高新集团有限公司（以下简称"集团"）招财猫应用上线运行。目前已在集团招商中心全面推广使用，覆盖集团招商条线40多名工作人员，形成招商项目进展清晰、招商人员工作结果明确、招商数据分析智能的高效办公系统以及面向招商客户的载体可视化展示端口。

一、建设背景

（一）国资国企改革发展需要

《苏州高新区国资国企改革发展"十四五"规划》提出，高新区国资国企改革发展工作虽然取得了诸多成效，但同时也存在一些问题短板。当前国企创新发展活力有待激活，国企资源整合、板块联动协同仍需加强，存量资产利用率和质效有待提升。"十四五"规划指出，在科技创新赋能增效的环境下，全球科技革命加速演变，高新区国资国企需要加快创新载体建设，加快盘活存量资产，将现有潜力转化为可持续的发展优势，同时推动业务创新、模式创新、管理创新，通过增量带动存量，培育新的产业增长点，增强发展后劲。

（二）激活招商数据要素价值

苏高新集团作为苏州高新区管委会直属的国有独资企业，总资产规模超1600亿元，开发各类存量载体可租售面积265.10万平方米，自持面积201.23万平方米，包括工业载体项目22个，办公载体项目11个，商业载体11个，共计44个载体。经过多年的招商运营，载体、客户、业务、入驻企业的数据量不断累积，庞大的数据信息无法及时掌控、实时共享，调整工作方式、分析统计数据的需求不断增加，急需数字化手段进一步挖掘数据要素价值。

（三）瞄准解决招商一线痛点

集团招商体系经过多年积累和发展形成详尽的规章制度、标准的业务流程，但随着集团招商业务不断发展，招商数据量进一步累积，原本散落在各子公司的招商团队，现也全部集结到集团，成立集团招商中心统一管理。对于集团管理者来说，各成员企业的存量、在建载体信息无法实时掌控，招商业务人员经常面临载体信息繁杂多样、项目匹配工作量大、资源共享不畅、招商数据记不住、带看周边环境不全面等痛点问题。传统的招商管理方式已经不足以满足管理需求，倒逼招商方式与招商工具的提升，运用数字化赋能招商减负增效的需求突出。

二、功能运用

（一）招商载体全景展示，打造招商立体名片

招财猫 Pad 端定位面向招商客户的载体展示端口，建设**数字孪生可视化平台**。针对招商项目无法有效呈现信息的问题，数字孪生可视化平台可以将空间可视化技术与完善的平台管理融合，将招商资源与信息进行空间可视化与集中展现。发挥 BIM 技术对可视化招商的助推作用，对各企业存量、在建等各类载体，建设招商 BIM 模型，拍摄载体 VR 视频、全景图片，导入建筑、房源、客户、合约等各类现有数据，实现数

字孪生,形成一个信息准确、查询快捷、立体可视的招商"数字名片"。

(二)移动端应用便捷业务一线,项目匹配"一键可寻"

为一线业务人员配备 Pad 端、微信小程序端,将海量载体信息装进"百科全书",可直观、清晰、实时查询房源的方位、面积、租赁状态、入驻企业等信息,快速匹配项目需求,实现"一机在手,招商无忧"。日常招商场景中,招商人员可通过 Pad,现场展示交通区位、生活商圈等周边配套,以及建筑景观、结构参数等,具备园区漫游功能,辅助招商项目更加快速、直观、透明地体现自身价值,向客商推介载体情况,全面展示载体优势,使意向客户能够清晰了解招商项目的有效资源,完成客户对房源的各方面诉求,并助力客户做出决策,使项目推介更加高效、便捷。

(三)招商情况实时更新,实现业务全过程管理

招财猫 Web 端定位为招商业务全过程管理平台,建设**招商资管平台**,包括意向客户跟进管理、载体去化情况监控、智能报表生成三大模块。针对招商报表工作无数字化工具支撑的问题,招商资管平台可以将项目源及载体资产信息维护工作融合到统一平台上,实现招商项目源、载体资产维护统一管理。实现载体、项目源信息登记录入及跟踪,实现载体资产、项目源跟进、项目源落地信息数据报表导出,实现载体单元信息的楼书推荐,满足招商部门复盘统计的需求,实现集团招商工作全生命周期管理。从招商推介、项目接洽、载体带看,到意向客户转成交客户等招商全场景数字化赋能,招商热力图实时掌握,推动管理决策和服务的协同化和智慧化。

三、做法成效

一是摁下招商"快捷键"。 招财猫应用目前正在推广使用阶段，已上线9个载体BIM，通过Pad端方便展示可视化模型，小程序展示三维全景图片，移动端与后台联通，可实时全方位查询载体情况，提升内部信息共享效率；另一方面，写实风建模效果出色，突破时间与地域限制，随时随地在线招商，为一线商务洽谈、房源预选、载体考察、项目推荐提供了便利。

二是构建招商"一盘棋"。 项目搭建统一招商载体管理平台，集成房源信息与招商项目源，强化招商信息时效性把控，实现载体去化统计即时化。重要项目实时进展可查，招商人员业务情况可查，系统管理招商线索，提升项目源转化率，形成客户资源数据沉淀，实现项目源跟盯系统化。

三是跑出招商"加速度"。 通过招商标准化管理，让每个载体的招商项目落位情况一目了然，掌握各项目跟进、成交数据等业务成果，并实时显示去化数据，报表分析在线生成，减轻人为数据统计工作量，帮助招商人员集中精力招大引强。

招财猫目前已覆盖集团全部招商载体，已成交客户1 787条数据，集团正在研发招商与企业服务、园区运营的共享数据，覆盖更多产业园、商业载体，可实时追踪租售企业情况更新并协助招商项目跟进记录，做到心中有"数"；挖掘已入驻企业数据资源，拓展产业链招商、"以商引商"，释放乘数效应。

案例点评

苏高新集团招财猫招商应用坚持以数字化技术赋能招商引资工作提质增效,帮助一线招商人员有效提升招商工作效率和服务水平,助力管理人员提升招商决策与管理效能,为集团一体化协同推动高质量招商引资提供强有力支撑,为区域新质生产力发展贡献更多国企力量。

姑苏区企业服务网

【引言】 习近平总书记指出要"完善政策执行方式，加强政策协调性，推动各项优惠政策精准直达，切实解决企业实际困难。"政府要提升服务的普惠化、便利化、精准化水平，助力中小企业强身健体，提升核心竞争力。汇聚更多优质服务资源，推出更多服务产品，加强线上线下联动，持续助力企业高质量发展。

【摘要】 姑苏企服网着力提升企业对政策的知晓度，可在网上找到企业申报各类产业项目的通知公告、申报链接，根据申报指南，一键跳转至各类产业网站。同时由"智能政策中心"集中展示姑苏区产业扶持政策，并可链接查询相关国家级、省、市级产业政策。

【关键词】 产业政策宣传；企业申报；政策计算器

扫码看VR

2021年，姑苏区升级打造了姑苏区企业服务网，成为宣传政策资讯、搭建沟通桥梁的重要数字化平台，为行政审批、科技、工信等政务网站提供有效软支撑。

一、建设背景

2021年，为积极响应苏州市"政策计算器"号召，以及加大对"4+3"产业扶持政策体系的宣传力度，姑苏区着力提档升级了姑苏企服网，依托原有的项目申报通知指南模块和新建设的智能政策中心，整合集成发改、科技、工信、商务、金融等多部门各层级惠企政策，方便该领域企业了解到自身能享受的所有政策，从"点菜式"服务向"端菜式"服务转变。

二、功能运用

（一）一站式展示资讯政策

姑苏区企业服务网是展示我区产业类政策和通知指南的资讯平台，已接入"惠姑苏"APP，汇集了全国政策新闻资讯，姑苏区各部门申报项目的通知和公告、申报指南、申报链接跳转等模块。通过数字科技应用等手段进一步丰富了企业服务功能，优化企业用户体验。本平台为开放网站平台，无需注册用户即可浏览和获取信息。

（二）智能政策展示中心

该中心是为缓解企业家政策知晓难的问题而打造，着力实现惠企政策精准自主匹配，目前集成涵盖了国家级 497 条、省级 173 条、市级 130 条以及区级 7 个领域的产业扶持政策。企业可以通过姑苏区企业服务平台和"惠姑苏"APP 企业端入口进行查找使用，也可订阅自身领域可享受的产业政策。

（三）打造惠企宣传窗口

围绕"政策找企业、企业找政策"的诉求，发布发改、商务、科技、工信、人才资源等条线惠企政策、项目申报通知，并与人力资源、金融服务、行政审批等业务办理平台实现跳链，推动资源共享，进一步优化数字化服务企业的途径。

三、做法成效

（一）有效畅通获取政策渠道

本网站是我区企业一站式获取产业类项目申报通知和指南的窗口网站，目前网站总查询量 2 174 269 次，年点击量 392 081 次，日均点击量 1 074 次。

（二）系统展示产业扶持政策

智能政策中心作为我区企业享受本地产业政策的"政策库"，以及国家级、省市级相关产业政策的"蓄水池"，从 2024 年 1 月上线至 2024 年 5 月 31 日，总查询量 119 705 次，总点击量 21 392 次，日均点击量约 140 次。

（三）推动形成部门惠企合力

姑苏企服网已接入"惠姑苏"APP，并与人力资源、金融服务、行政审批等实际办理业务的申报平台友好互链，实现资源交互，推动形成部门惠企合力。

案例点评

> 姑苏企服网有效缓解姑苏区企业提出的"政策多却不好找，政策好但看不懂"的难题，全面提高产业政策的知晓度和获取政策、申报通知的便利度，打通政企信息通路，快捷精准为企业提供产业服务。

吴中区苏州机器人工业大脑

【引言】 习近平总书记在中共中央政治局第三十四次集体学习时强调，要促进数字技术与实体经济深度融合，赋能传统产业转型升级，催生新产业新业态新模式，不断做强做优做大我国数字经济。行业工业大脑是数字技术与产业链融合的产物，建设行业工业大脑是推动产业智能化升级、实现高效运营和创新驱动的重要引擎。

【摘要】 苏州机器人工业大脑是全市工业大脑"1+N"平台体系的第一批行业细分大脑之一，由信通院江苏研究院牵头建设，主要包括机器人工业大脑门户、公共服务平台和数据中心三个部分。目前机器人工业大脑已经收录全国近1000家、苏州近400家机器人上下游企业的信息，上线各类工业软件、硬件制造、解决方案、技术服务等功能组件近20个，展示交流本土企业获得的发明专利、行业标准等接近300条，并接入全区近10个政策、金融、创新、人才等企业服务接口。机器人工业大脑是吴中在行业级工业互联网方面的重要探索，它实现了企业、平台、协会、服务商、政府等多方的线上沟通与协作，促进了本土机器人产业供需对接、应用拓展、协同创新和行业生态的形成。

【关键词】 工业互联网平台；机器人产业；工业大脑

扫码看VR

苏州机器人工业大脑建设旨在通过融合贯通政府产业基础数据、行业公共数据、企业共享数据等，打破机器人产业、市场、创新等固有边界，重塑产业组织形态和资源配置模式，支撑政府精准决策和产业精细治理，实现全市机器人全产业链的智能化协同发展。当前，在政府端，工业大脑已经实现了产业数据展示与分析、企业服务相关接口集成，企业端则实现了供需对接、联合攻关等功能。

一、建设背景

（一）时代背景：机器人应用领域进入爆发期

进入21世纪以来，随着科技的迅猛发展，特别是人工智能、大数据、云计算、物联网等关键技术的突破，全球迎来了第四次工业革命。这场革命的核心特征是数字化与智能化的深度融合，推动着生产方式从传统制造向智能制造转变。在这样的大环境下，机器人产业迎来了前所未有的发展机遇。首先，人口老龄化促使企业寻求自动化解决方案以维持竞争力；其次，消费者对产品个性化、品质及交付速度的需求提升，倒逼制造业向更加灵活、高效的生产模式转型；再者，智能机器人、协作机器人等新型产品不断涌现，拓宽了机器人应用领域，从传统的汽车制造、电子装配，拓展到医疗健康、家庭服务、仓储物流等多个行业。

（二）政策背景：国家省市不断出台支持政策

2021年，工信部等十五部门印发《"十四五"机器人产业发展规划》，提出面向各类制造业、采矿业、农业、服务业等领域需求，加快推进机器人应用拓展。2024年4月17日,江苏省工业和信息化厅牵头制定了《江苏省机器人产业创新发展行动方案》,提出到2025年,我省机器人产业链规模达2000亿元左右,机器人核心产业规模达到250亿元以上,成为全国机器人产业创新发展和集成应用高地,培育5家具有国际竞争力的机器人企业、新增10家以上省级以上专精特新企业、遴选50个标杆示范机器人应用场景,重点制造业领域机器人密度(每万名员工使用机器人台数)达到500台/万人以上。

(三)工作背景:苏州市机器人产业全国领先

2023年,苏州完成规模以上工业总产值4.43万亿元,位居全国工业地级市首位。庞大的工业经济规模和全球领先的工业体系,为机器人产业的发展提供了广阔的市场和良好的发展基础。苏州市已经成为我国机器人产业最为突出的城市之一,已连续两年位居"中国机器人城市综合排名榜"前三,机器人企业数量、产值规模等均位居全国前列。吴中区是全市机器人产业的领头羊,2023年吴中区集聚机器人产业链相关企业超350家,机器人产业链规模突破600亿元,同比增长15.6%,已形成上游核心零部件、中游本体制造与下游集成应用较为完整的产业链条和发展格局。下一步,吴中区将坚持"产业强区、创新引领"发展战略,倾力打造"全国机器人产业集群第一区"。

二、功能运用

吴中机器人工业大脑构建起"1+4+5"的服务体系。"1"指的是"一个可视化大屏",即机器人产业链信息数据界面;"4"指的是"四个数据库"，包括全国机器人企业库、能力组件库、技术成果库、专业服务商库等；"5"指的是"五个平台"，包括新闻资讯平台、活动发布平台、供需对接平台、成果转化平台、企业服务平台等。

（一）一个可视化大屏：监测产业前沿，展示本土特色

通过产业地图、产业链图谱、重点企业名片、品牌产品展厅和产业监测预警等功能，为企业和政府部门提供决策参考。一方面，实现全市机器人龙头企业、链上企业、产业布局、重点产品等相关信息"一屏全展示"；另一方面动态更新全国、全市各类机器人企业的最新产值、增速等宏观经济数据和上市企业的年报数据。

（二）四个数据库：数据驱动服务，赋能行业发展

建立全国机器人企业库，辅助企业寻找链上合作伙伴和政府筛选招引对象。通过集成多元智库分析与统计数据，系统性编录涵盖设计、研发、制造到应用等全链条重点企业的基本信息，形成地方特色供应商数据库。数据库将实施企业环节与地理区域双维度分类，不仅促进区内产业链条的紧密合作与协同发展，还为地方政府量身定制招商策略，吸引优质项目落地。

建立能力组件库，促进"机器人＋"应用推广。面向全市各行各业建立综合性数字化转型服务平台，提供硬件制造、工业软件、技术服务和解决方案等各类企业联系方式，加速机器人产品在苏州其他行业的推广应用。全市所有有转型升级需求的企业可以在平台上寻找对应类型的服务商，获取服务商的基本信息、主要产品介绍、产品报价和联系方式。

建立技术成果库，实现发明专利、行业标准、研究报告和知识课程等技术信息一站浏览。 从国家知识产权局爬取区内机器人企业近年获得国家发明专利的具体情况，便于企业在线转让和购买相关专利成果，实现发明专利资源化、资产化。收集国内外机器人领域出台的标准规范，分为吴中企业主导、苏州企业参与、国外其他标准等三类。汇集国内权威产业咨询机构的公开研究报告、龙头企业年报、政府相关规划等资料，深度解读机器人行业发展现状和未来发展方向。汇聚海量机器人行业教育资源，从基础理论到前沿技术，涵盖机器人设计、编程、人工智能应用、机器视觉、自动化控制等多元化内容。

建立专业服务商库，便于企业获取高质量服务。 提供本地权威金融、会计、法律、咨询、高校、科研院所、产业载体、行业协会等配套服务商的检索目录，企业可以在线浏览每个服务商的基本情况、擅长业务方向、成功案例等，并提交详细需求信息，待服务商确认后开展下一步线下对接。

（三）五个平台：搭建生态链条，促进跨界融合

搭建新闻资讯平台，实现前沿信息实时更新。 实时发布机器人行业国家政策、专家言论、智库报告、龙头动态等消息，并对仿生机器人、人形机器人、"AI＋机器人"等行业热点开展专题跟踪。

搭建活动发布平台，实现国内外机器人行业展会活动在线报名。 收集包括中国机器人大会、韩国机器人科技展等国内外行业展会信息，以及苏州市机器人协会、浙江省机器人协会等行业协会举办的线下活动信息，提供线上统一报名通道。

搭建供需对接平台，实现企业需求精准对接。 平台为吴中本地机器

人企业的研发、生产、供应链、采购、销售、管理、服务等各类需求提供对接服务，助力机器人企业形成更密切的集群协作关系。机器人企业可以登录平台录入详细的需求名称、类型、具体要求、报价、有效时间等信息。其他上下游企业、相关科研院所、专业服务商也可以在需求大厅内进行需求筛选，获取需求方的联系方式，开展后续对接工作。

搭建成果转化平台，实现重大技术难题"揭榜挂帅"。政府部门、行业协会或机器人企业根据产业发展需要，广泛征集技术难题或创新需求，通过工业大脑平台公开发布，形成"榜单"，明确技术要求、预期目标、支持政策和激励机制，打破传统科研管理的界限，集中力量攻克制约发展的关键技术瓶颈。

搭建企业服务平台，实现"一站式"便捷办事。集成全市相关平台资源，提供政策、金融、创新和人才等四大服务接口。政策服务平台包括省中小企业公共服务平台、苏州企服平台、吴中企业通等；金融服务平台包括吴中增信基金融资服务平台、苏州大数据交易所等；创新服务平台包括信通院工业互联网创新中心、机器人行业标准研制中心等；人才服务包括一个机器人行业专家库和机器人产业培训中心。

三、做法成效

（一）打造新兴机器人行业知识中枢

机器人产业因应用领域的广泛性而展现出多样化的技术根基，例如，工业机器人领域多源于自动化技术的深厚积累，而服务机器人则更多受到家电行业人性化设计与用户体验优化的影响。这使得无论是政府决策层还是企业，都面临着全面深入了解这一行业全貌的挑战，这不仅限制了政策制定的有效性，也阻碍了企业把握发展机遇，精准定位自身技术革新方向。

机器人工业大脑的出现，为解决这一难题提供了创新思路。它作为一个集成化的信息平台，通过大数据技术与智能分析手段，广泛搜集并整合了全国范围内的机器人行业新闻资讯、深入研究报告、最新政策规划以及行业内外的创新成果。这一平台的构建，不仅为政府、企业、学术机构及普通公众提供了一个一站式、系统化的学习与研究入口，还通过数字化手段，有效降低了信息不对称，促进了知识的广泛传播与深入理解。

当前，机器人工业大脑已经收录了全国近1 000家机器人企业基本信息、200多个最新关键专利成果、100多个重要行业标准。近期还将建立涵盖人形机器人、仿生机器人等各个前沿领域的100多个权威研究报告文本和30多个课程。这一举措启示未来应当更加重视并利用数字化技术，在面对交叉性、新兴行业时，采取更为高效、全面的研究与宣传策略。

（二）实现机器人企业线上供需对接

机器人产业链相对较短，行业内部特别是龙头企业的上游整合能力不足，中小企业则面临信息闭塞、资源获取受限的困境，供需信息不对称成为制约其成长和创新的重要瓶颈，阻碍了整个机器人行业生态的健康发展与效率提升。

机器人工业大脑通过构建开放的信息交流与合作平台，为中小企业开辟了一条崭新的发展路径，不仅提供了高效的需求发布与检索机制，让中小企业得以直接对接到最适配的供应商、技术合作伙伴甚至是潜在客户，还促进了行业内技术资源、市场信息的共享与流动，为协同创新和技术攻关搭建了桥梁。

当前，机器人工业大脑已经集成了全市超过10个政策、金融、人才、创新服务功能接口。未来，平台将进一步对接全市100多个信息化服务平台，并每年发布20个以上"揭榜挂帅"活动，促进行业各类企业、科研机构、专家个人等主体开展联合技术攻关。这一经验启示出，公共服务平台不应限于简单的信息匹配，更要深化服务内涵，提供定制化的技术支持、市场咨询、融资对接、政策解读等一系列增值服务，形成全方位、多层次的支持体系。

（三）围绕新场景推动机器人新应用

当前，机器人行业正步入前所未有的应用爆发期。随着科技的精进及成本的可控，机器人已成功跨越传统制造业的局限，广泛涉足医疗、家居、教育、物流、农业等诸多领域，展现了前所未有的普及度与渗透力。在医疗健康领域，机器人协助精准手术、康复治疗；智能家居中，它们化身生活助手，提升居住体验；教育娱乐板块，寓教于乐的机器人丰富了学习与休闲方式；物流配送行业，无人车与无人机革新了货物运输；而在农业领域，智能机械臂与自动化设备正变革传统耕作方式，推动精准农业的发展。

机器人工业大脑正成为推动机器人应用边界不断拓展的关键力量。首先，平台汇集了丰富的机器人产品信息与应用案例，为全市各类制造业、服务业需求方提供一站式检索服务，精准匹配合适的应用场景与解决方案，加速机器人技术在不同行业的应用落地。其次，平台整合上下游产业链资源，包括零部件供应商、软件开发商、系统集成商等，为机器人企业提供从研发设计到市场推广的全方位服务支持。

试运行期间，机器人工业大脑已经成功促成超过 10 个供需对接案例。未来，平台预计每年将推动形成 500 个以上的供需对接案例，并评选出 20 个典型行业解决方案加以应用推广。这启示出公共服务平台应建立高效的信息共享机制，为行业参与者提供一个透明、实时的数据交流中心，并通过论坛、在线研讨会、资讯推送等形式，促进知识传播，加速技术与市场需求的对接。

案例点评

> 苏州机器人工业大脑作为核心信息枢纽，深度融合了国内外前沿技术成果，优化了全市机器人产业链资源配置。平台增强了技术互动与创新协作，加速了先进机器人技术的商品化进程，为吴中乃至更广泛区域内的机器人产业发展注入了强劲动力，打造了一个集技术革新、资源共享与市场拓展为一体的高效生态系统。

相城区数据要素产业公共服务平台

【引言】 数据要素作为新质生产力，是数字中国、数字经济、数字社会发展的核心驱动力。习近平总书记多次强调要加快发展数字经济，促进数实深度融合，打造数字产业集群。国家陆续出台"数据二十条"、《"数据要素×"三年行动计划（2024—2026年）》等重要文件，特别是随着国家数据局挂牌成立，数据基础制度、基础设施、开发利用、安全保障等各项工作加速推进。

【摘要】 数据流通利用基础设施建设在当前信息化、数字化时代具有极其重要的意义，不仅是国家大数据战略实施的物质基础，也是推动经济社会发展的关键支撑。为强化数据要素驱动、破局苏州数据流通困境，相城区建设数据要素产业公共服务平台，作为面向社会的一体化、全流程数据流通基础设施，提供数据授权、加工利用、使用计量、产品上架、流程审批、过程监管、信息公示等一站式运营服务功能，支撑公共数据在安全合规前提下实现授权审核、加工开发、流通应用，创新打造数据要素"内外双循环"流通模式和"价值共创"运营模式，沉淀制度体系、平台体系、技术体系、运营体系等全方位经验，有效推动苏州数据要素市场建设，赋能产业数字化发展，为全国数据基础设施建设和数据要素开发流通提供先行经验和方法。

【关键词】 数据要素流通；数据基础设施；公共数据运营

扫码看VR

苏州是制造业大市，具有实体经济规模大、产业体系完备、创新动力强、数字化转型需求大、数据市场需求旺盛等特点。相城区开发的数据要素产业公共服务平台面向各类数据要素场景，扎实构建数据要素流通的硬支撑，支持数据要素的高效利用和高质量运营，以公共数据为牵引推动数据开发创新，实现公共数据赋能产业转型发展，最大化发挥数据要素乘数效应。

一、建设背景

（一）国家、地方高度重视数据要素布局，积极推动公共数据开发利用

数据作为新型生产要素，是数字化、网络化、智能化的基础，深刻改变着生产方式、生活方式和社会治理方式，受到国家战略层面高度重视，《中共中央 国务院关于构建数据基础制度更好发挥数据要素作用的意见》《"数据要素×"三年行动计划（2024—2026年）》等国家文件，以及《苏州市数据条例》等地方文件，指出要建立数据基础制度和标准规范，夯实数字基础设施和资源体系，以推动数据资源开发利用。其中公共数据有基础性、关键性、权威性、丰富性，具有极大的开发利用价值，《中共中央 国务院关于构建数据基础制度更好发挥数据要素作用的意见》明确指出推进实施公共数据确权授权机制，建立公共数据资源开放收益合理分享机制，《苏州市数据条例》《苏州市公共数据运营工作方案》《苏州市公共数据授权运营管理办法（试行）（征求意见稿）》也进一步推动公共数据开发利用。

（二）当前数据要素流通面临供给获取难、开发应用难、安全合规难等客观难点

在数据汇聚方面，公共数据有效供给不足，数据采集汇聚自动化水平较低、供给范围有限、供给动力不足、共享开放质量差。在开发应用方面，一是行业差异大，系统集成效率低，数据开发利用需要多源数据融合利用，同时对开发者的技术、算力、开发环境有较高要求；二是技术差异大、系统对接程度低，由于存在多个独立系统平台，数据结构和接口多样化，数据开发的不安全性、复杂性和成本提升；三是供需对接弱、应用场景落地难，目前数据要素市场分工粗放，缺乏协同合作和深度融合，且单一孤立应用难以服务实际场景的需要，缺乏创新场景。在安全合规方面，安全需求强度不一，安全防护水平差距大，存在权属纷争、数据滥用、监管缺失、数据泄露等合规风险，数据基础设施建设需进一步夯实。

（三）苏州加快推进数据要素市场体系建设，具备创新数据流通应用的工作基础

在市委、市政府的重视指导下，依托苏州大数据交易所、苏州大数据开发者创新中心的建设发展，构建"场景需求牵引数据加工，数据加工促进数据供给"的工作机制。通过打造行业服务型交易所、强化资源技术和行业运营能力、建设数据要素生态体系，奠定了苏州数据要素市场体系建设的扎实业务基础。其中苏州大数据交易所坚持以行业场景需求为牵引，推进数据资源汇聚，组建专业服务能力，有效搭建数商、场景间高效合规流通保障机制；苏州大数据开发者创新中心为开发者提供

开发工具、数据资源、算力调度、合规服务、市场推广等运营服务，构建行业、区域创新中心分中心，提供精准供需对接和本地化服务，组建行业创新联合体，培育第三方专业服务机构。

二、功能运用

（一）聚焦合规安全，打通多源数据供给渠道

相城区数据要素产业公共服务平台的数据供给子平台，涵盖数据资产流通变现全过程，提供运营管理、数据资产管理、安全管理、隐私计算管理等数据资产运营工具集，满足域内部署开箱即用、与数据资源中心安全隔离、对业务数据无侵入、一键接入流通平台的要求。

搭建数据资源安全合规的流通空间，利用搭建隐私计算技术，通过隐私计算节点实现与主节点的连通，满足与其他数据持有方融合计算需求，支持跨区域、跨行业、跨机构不同类型数据的高效接入，以及企业、科研机构、数据交易服务机构等主体接入。突破安全合规数据供给渠道缺失、数据供给利益保障不足、多方数据跨域开发不畅等数据流通低迷的问题，实现产线一次性建设、数据自动化加工、资产持续性累积，保障相城区流通数据与生产数据安全隔离，让数据有价值、可流通、可管理。

（二）聚焦可信便捷，打造多元产品加工模式

相城区数据要素产业公共服务平台的加工子平台是平台的开发模块，利用区块链、联邦学习、数据沙箱、同态加密、安全多方计算等创

新技术，在"原始数据不出域，数据可用不可见，数据可控可计量"的前提下供各类数据开发工作使用，提供入驻、勘验、授权、开发、测试、发布等完整数据开发服务，主要包含数据授权运营工作台、场景管理、审批管控、授权开发、产品管理、元件管理、资产管理、跨域联通、开发者管理、流通安全等功能模块，满足开发方数据挖掘、数据加工开发、数据研究等需求。

平台打造空中开发、本地开发、隐私计算开发、大数据开发等多类型数据产品研发体系，提供联邦建模、隐匿查询、隐匿集合求交、模型调试、特征工程、算子管理等多元化数据加工能力，为数据开发者提供丰富的开发服务能力和开发配套工具。用户可以基于在线开发调试算法，通过简单的配置提交在线隐私计算任务并发布成可被调用的 API 服务，通过画布拖拉拽引，用丰富的算法组件进行建模，提供模型预测在线服务，方便开发者快速试错。

（三）聚焦场景创新，打造一站式运营服务工具

相城区数据要素产业公共服务平台的产业服务子平台是平台的运营模块，以公共数据为牵引形成数据汇聚和应用的统一通道，为各方参与者提供完善的服务和支持，打造多元化、一站式公共数据运营服务能力，支撑供需对接、需求挖掘、场景创新、活动组织等运营工作，通过深入对接产业发展场景需求、精准匹配数据产品，打通数据开发利用和交易流通全链路。

产业服务子平台主要包含场景对接、供需撮合、合约签订、产品订购、线上交付等功能。支持供需双方线上撮合协商、签署交易合约，在线接收到产品请求上架的申请信息后，进行申请信息审核，完成数据产

品上架，并针对产品交付使用进行计量，可以依据计量数据与合约约定支付规则计费结算。实现将数据产品应用到不同场景中，有效提升数据流通技术、产品和服务创新能力，实现内循环提升、外循环流通，促进产业发展，推动实体经济与数字经济的深度融合。

（四）聚焦存证溯源，打造数据资产快速登记服务

相城区数据要素产业公共服务平台的登记服务子平台实现对数据资产的确权登记，提供数据资产登记、受理、审核、公示、发证等全流程服务，包括首次登记、许可登记、变更登记、转移登记、注销登记、证书制作、证书发放以及电子证书查看等功能，提供合规、全面、安全、可追溯的系统支撑，确保数据资产登记过程的可控和可信。

（五）聚焦交易保障，打造数据在线交易空间

相城区数据要素产业公共服务平台的交易服务子平台通过打造交易门户，提供数据产品目录、数据需求发布、数据产品挂牌、数商入驻、交易指南以及数据产品登记上架、交易合约备案、交付过程备案及监管保障等功能。在交易准备、交易事前、交易事中、交易事后阶段确保数据流通与交易的合规、有效，保护交易参与方的合法权益，减少数据交易参与方的合规顾虑。

三、做法成效

（一）构建数据框架，建设一体化数据基础设施

相城区数据要素产业公共服务平台创新设计数据基础设施平台框

架，包括数据供给系统、数据工厂系统、服务商城系统、登记服务系统以及交易服务系统五大模块，支持数据汇聚、数据产品开发、产品交易等服务。目前主要模块已完成框架建设，整体应用系统已完成一期版本开发工作，正在开展一期版本试点运行以及功能迭代工作。同时平台基于先进的技术保障，如隐私计算、联邦建模等新技术，打造数据资产接入、计量对账等特色应用模块，具备前瞻性、易用性、可用性等特点。此外平台也构建了一整套安全可信的数据体系基础框架，正在设计基础设施、数据、应用、运维、安全等相关业务、管理、技术的运营管理规范，规范数据资产编目、开发、登记、交易等工作，依托平台保障数据资源和数据产品应用的安全合规流通。平台入选工信部2023年大数据产业发展示范名单，并于2024年中国数字经济产业发展大会期间发布上线。

（二）汇聚数据资源，打造数据要素集聚资源池

通过全面夯实公共数据底座，依托内网直连、企业双授权、数据共享交换等机制框架以及政务平台等数据汇聚通道，打造"政务＋企业＋个体"大数据底座，积极推动公共数据、征信数据、社会数据等资源汇聚。公共数据方面，对接社保、公积金、信用、婚姻登记、企业奖惩、人口等政务数据资源目录，已覆盖13个政务部门，形成16类数据主题和5 699项数据字段，其中包括企业相关的企业纳税、社保缴纳、水电气等近200亿条，基本实现苏州市活跃企业全覆盖；征信数据方面，汇聚企业投资、用工、经营、财务、资产、融资、发展、司法、评价、处罚等十大类政府部门和公共事业单位数据资源，已覆盖85个政府部门和公共事业单位、87.76万户企业，数据总量达10.2亿条；社会数据

方面，已对接全球专利数据、卫星数据等，全国工商数据、产业数据、跨境电商数据等，省市级电力数据、身份校验等数据资源目录，并与全国多家数据交易所互认互通数据产品，通过共建行业平台、数据托管、接口调用等方式，合作数商企业289家，形成数据资源目录2414项，实现互认数据产品1000多个。

（三）深挖业务场景，构建多样化数据产品服务

从行业场景需求出发，联合主管部门、头部数商、行业龙头，组建行业创新联合体，梳理数据应用场景，累计发布数据应用场景超100个。同时在金融服务等典型场景率先推进数据产品开发应用，与60余家金融机构及科技企业联合开展数字金融创新研发，推出科创指数贷、风险预警、免申即享等数字金融产品。其中代表性产品如：（1）创新科创指数贷，依托企业知识产权、研发投入等数据，构建"科创指数"评价体系，全面量化企业的科创属性和成长潜力，为科技型企业融资发展提供有力支撑；（2）智能风险预警，根据企业特性设定指标阈值，深度嵌入金融机构风险管控业务流程，全市贷款不良率较三年前下降了0.9%；（3）免申即享线上信贷融资产品，为符合条件的10万户中小微企业提供主动授信额度，助力小微企业获得"免申请、零跑腿、快兑现"资金支持服务。

（四）打造行业试点，拓展数据运营服务创新域

结合区域实际情况，率先选择聚焦金融、医疗、工业、交通等信息化程度高、数字化需求迫切的优势行业，推动数据要素流通应用试点建设，尽快跑通业务模式、打造示范案例。与市卫健委达成战略合作，积

极开展"数据要素×医疗健康"试点项目，依托卫生健康工作基础、医疗健康数据资源条件和生物医药产业基础，面向医疗健康数据流通痛点堵点，探索体系创新和场景应用。目前已完成试点工作方案编写，向国家发展改革委汇报并获得积极反馈，正在省市层面进行工作协调和方案优化。同步已在商业保险、临床科研等细分场景联合医疗卫生机构、行业企业、服务商启动试点运营项目，预期2024年内可率先聚焦三个典型场景开展运营并跑通模式，同步搭建医疗健康数据流通体系，争取国家和省市级试点机会和课题项目。

（五）完善机制设计，推动公共数据授权运营

在研究过程中深入开展相关法规和政策分析，系统梳理国家及江苏省市有关公共数据授权运营、开发利用的法规和政策，立足苏州，对管理办法的制定提供上位法依据和方向参考。并且联合业内专家开展对标研究，对上海、浙江、成都等省市各行业领域的授权运营实践经验进行研究，了解授权运营的授权方式和程序、运营单位的资质要求和管理规范等内容，形成《公共数据授权运营调研报告》，为苏州市管理办法的制定提供参考。同时，开展公共数据开放和开发利用、公共数据授权运营等研究，正在开展苏州市公共数据授权运营专区方案设计，推进公共数据授权运营工作。并且深入研究开放数据的编目、申请、获取、利用、质量、安全等系统性规定，参与《苏州市公共数据开放分类分级指南》地方标准的研制，目前已经进入苏州市地方标准立项环节。

案例点评

相城区立足相城数据要素市场发展现状和优势,打造具备相城特色、安全可信的数据要素流通环境,破局当前数据"不愿开放、不敢开放、不会开放"的情形,推进数据交易与重点产业融合、公共数据与社会数据融合、行业应用场景创新与数据要素市场培育融合,发挥数据要素乘数效应,推动数字经济和实体经济深度融合,赋能产业创新发展。

吴江区苏州纺织化纤产业大脑

【引言】 习近平总书记指出，发展新质生产力是推动高质量发展的内在要求和重要着力点，必须继续做好创新这篇大文章，推动新质生产力加快发展。数字化转型能够加速高质量发展动力变革、方向变革、能力变革和效率变革，成为发展新质生产力和推动高质量发展的必然选择。细分领域推动产业大脑建设作为一项产业数字化的创新举措，将进一步带动系统性的数字化变革，推进现代化产业体系建设，不断塑造发展新动能新优势。

【摘要】 为贯彻市委、市政府以数字化改革推动产业转型升级，大力推广"产业大脑＋智能工厂"模式，加快发展数字经济新业态的指示要求，聚焦工业企业智能化改造、数字化转型、网络化联接工作，市工信局积极实施工业大脑"1＋N"平台体系试点建设。纺织化纤产业大脑由吴江区人民政府揭榜承建，本土重点平台企业主导，引入中国工业互联网研究院、中国纺织工业联合会、国家先进功能纤维创新中心三个国家级科研院所、协会、创新平台参与建设。并依托省级工业互联网平台"纺织云"，聚焦企业"优化管理、技术创新、拓展销售、降低能耗"等诉求，实现"产能监测、工业数据资源确权登记、打通数据壁垒、碳效自动结算"四大特色成效。

【关键词】 纺织化纤；产业大脑；数字化改革

扫码看VR

纺织化纤产业大脑通过集成先进的信息技术，为纺织化纤行业提供了智能化决策支持。其应用场景涵盖了生产调度、质量控制、市场预测等多个环节，有效提升了产业效率和竞争力。后续也将继续加强产业大脑的推广和应用，为纺织化纤产业的高质量发展贡献力量。

一、建设背景

随着新一轮科技革命和产业变革的加速推进，数字化转型已成为全球产业发展的必然趋势。纺织化纤产业作为国民经济的重要支柱产业，也面临着升级焕新的迫切需求。纺织化纤产业大脑应运而生，不仅成为企业数字化转型的重要载体，更是推动纺织化纤产业高质量发展的关键举措。

（一）从时代背景来看，当前全球经济正处于深度调整期，国际竞争日趋激烈

纺织化纤产业作为传统制造业，面临着成本上升、资源环境约束加剧等多重挑战。同时，消费者对于纺织品的需求也日益多样化、个性化，传统生产方式已难以满足市场需求。因此，纺织化纤产业亟待通过数字化转型，提升生产效率、降低成本、增强创新能力，以适应新时代发展要求。

（二）在政策背景方面，国家高度重视纺织化纤产业的数字化转型工作

近年来，国家和地方相继出台了一系列政策措施，为纺织化纤产业大脑的建设提供了有力保障。例如，江苏省重点推动的智能化改造数字

化转型智能化网联，鼓励企业加强技术创新力度和加大数字化智能化绿色化投入。地方政府也积极出台配套政策，支持纺织化纤产业大脑的落地实施。这些政策的出台，为纺织化纤产业大脑的发展提供了良好的政策环境。

（三）在工作背景上，纺织化纤产业大脑的建设得到了企业和行业的积极响应

众多纺织化纤企业认识到数字化转型的重要性，纷纷加大投入，开展智能化改造。同时，行业组织也积极发挥作用，推动产业大脑的共建共享。通过企业、行业、政府等多方的共同努力，纺织化纤产业大脑的建设取得了显著成效。

综上所述，纺织化纤产业大脑的建设是在时代背景、政策背景和工作背景的共同推动下进行的。它不仅是纺织化纤产业转型升级的重要途径，也是推动数字经济发展的重要力量。未来，随着技术的不断进步和应用场景的不断拓展，纺织化纤产业大脑将在推动纺织化纤产业高质量发展方面发挥更加重要的作用。

二、功能运用

纺织化纤产业大脑主旨是服务于企业，帮助企业解决自身解决不了的问题，通过充分了解企业在从研发到服装整个产业生产过程中的诉求，建设包括产业数据仓和工业互联网的两大基础能力服务平台，为企业提供能力组件、知识图谱、应用方案、前沿技术等数字化方案，帮助企业在行业洞察、产业链构建、企业创新方面数字赋能，助力企业快速

实现数字化转型。通过大量数据的接入，引用大数据、智能算法、大模型等前沿技术赋能企业创新，实现纺织产业集群的智能化协同发展。平台采用了1+1+1+N的架构：搭建1个能力中心、深化1个工业互联网、共建1个产业数据仓、创新N个应用场景。平台主要包括以下功能：

（一）亿企查

1. 信息查询与商业关系理清。提供全面的企业信息查询服务，包括企业工商信息、风险信息、知识产权、财务信息以及企业关系等。这使得企业能够迅速了解合作伙伴的基本情况，理清商业关系，降低合作风险。

2. 风险预警与决策支持。可以实时更新企业风险信息，如失信记录、法律诉讼等，帮助企业及时发现潜在风险，为决策提供有力支持。

3. 市场拓展与商业机会发现。亿企查的数据覆盖面广，可以辅助企业发现潜在的市场机会，挖掘新的商业合作伙伴，从而拓展市场。

（二）出口通

1. 市场定位与策略调整。海关数据可以帮助企业了解不同国家和地区的纺织品需求情况，从而更精准地定位目标市场。根据进出口数据的趋势变化，企业可以调整市场策略。

2. 产品优化与研发。通过对进口纺织品的分析，企业可以了解国际市场上的新产品、新技术和新趋势，为自身的产品研发和创新提供灵感。

3. 成本控制与定价策略。进出口数据中的价格信息可以帮助企业了解纺织品的国际市场价格水平，为制定合理的定价策略提供依据。

4．风险预警与应对。海关数据可以揭示贸易壁垒、汇率波动等风险因素，企业可以据此提前制定风险应对策略。

5．合作伙伴选择与供应链管理。通过分析不同国家的进出口数据，企业可以选择更合适的贸易伙伴，优化供应链布局。

（三）知识库

1．提升生产效率。通过纺织产业知识库，企业可以便捷地获取和分享行业内的最佳实践、技术更新和工艺流程优化等方面的知识。

2．促进创新研发。知识库中的丰富资源可以为企业研发部门提供灵感和参考，推动新产品、新技术的开发。

3．降低运营风险。纺织产业知识库中包含了对行业标准、法规政策、市场趋势等方面的深入分析。

4．加强供应链管理。知识库中的信息可以帮助企业了解供应商、原材料和市场情况，优化供应链管理。

（四）能力组件商城

1．资源整合与优化配置。商城聚合了纺织产业中的各类能力组件，包括但不限于原料供应、设备采购、技术服务、市场营销等多个方面。这使得企业能够在一个平台上实现资源的整合和优化配置。

2．技术更新与升级。汇聚了大量的技术能力和创新成果，包括新型纺织材料、智能化生产设备、绿色环保技术等。企业可以通过购买或合作的方式，快速引入先进的技术和设备，提升自身技术水平。

3．降低成本与提升品质。通过商城采购组件，企业能够享受更加透明和公正的价格机制，避免不必要的中间费用。组件供应商往往经过严格筛选，具备较高的品质保证，有助于企业提升产品质量和客户满意度。

4. 拓展市场与建立合作。商城不仅为企业提供了采购渠道，也为企业之间搭建了一个交流与合作的平台。企业可以在商城中寻找合作伙伴，拓展销售渠道。

（五）条码互通

1. 提高工作效率。通过条码互通，企业能够实现快速、准确的数据录入和传输，避免了传统方式下烦琐的手工操作。

2. 减少错误率。条码互通可以确保数据的准确性和一致性，减少了人为因素导致的错误，提高了数据的可靠性。

3. 优化生产流程。企业能够实时跟踪和监控生产过程中的各个环节，及时发现和解决潜在问题，优化生产流程。

4. 提升库存管理。实时掌握库存情况，实现库存的精准管理，避免库存积压和浪费，降低库存成本。

5. 强化供应链管理。有助于企业加强与供应商、客户之间的信息交流和协作，实现供应链的透明化和高效化，提高供应链的响应速度和灵活性。

6. 促进决策支持。通过收集和分析条码数据，企业可以获得更多有价值的信息，为决策提供有力支持。

（六）织造互联

1. 实现设备的全面连接和信息共享。打破企业内部的信息孤岛，使得各部门之间能够实时获取和共享生产数据。

2. 提高生产效率。通过设备的互联互通，企业可以实现生产过程的自动化和智能化，减少人工干预，提高生产线的稳定性和连续性。

3. 有助于提升产品质量。通过对设备状态和生产数据的实时监控，企业可以及时发现潜在的质量问题，并采取相应的措施进行纠正。

4. 有助于优化资源配置。通过对生产数据的分析，企业可以了解设备的运行状态和产能情况，从而合理安排生产任务和设备调度，避免资源浪费和闲置。

5. 增强企业的竞争力。通过实现生产过程的数字化、网络化和智能化，企业可以提高自身的信息化水平，为未来的智能化生产打下基础。

（七）产能共享

1. 提高产能利用率和生产效率。纺织企业之间通过共享产能，可以使闲置的产能得到充分利用，避免资源的浪费。

2. 降低成本和风险。产能共享可以降低纺织企业的固定成本，减少设备投入和人力成本。

3. 促进供应链协同和优化。纺织企业产能共享有助于加强供应链上下游企业之间的协同合作，实现信息的实时共享和资源的优化配置。

4. 推动创新和转型。产能共享模式鼓励纺织企业之间的合作与交流，促进技术、管理和市场等方面的创新。

5. 增强市场竞争力。通过产能共享，纺织企业可以更加灵活地应对市场变化和客户需求，提高产品的质量和交付速度。

三、做法成效

纺织化纤产业大脑作为推动行业智能化转型的重要引擎,通过集成先进的信息技术,实现了对纺织化纤产业全链条的智能化管理和优化,取得了初步的成效。

(一)构建智能化产业管理体系

1. 数据集成与共享。通过建立统一的产业数据仓,实现纺织化纤产业各环节数据的集成与共享。这不仅可以消除信息孤岛,提高数据使用效率,还能为后续的智能化决策提供支持。

2. 智能化决策支持。利用大数据、云计算等技术,对纺织化纤产业的生产、销售、市场等数据进行深度挖掘和分析,为企业提供精准的决策支持。这有助于企业快速响应市场变化,提高竞争力。

3. 协同化生产管理。通过引入物联网、工业互联网等技术,实现对纺织化纤产业生产过程的实时监控和协同管理。这不仅可以提高生产效率,还能降低生产成本,提升产品质量。

(二)强化政策引导与企业参与

1. 政策引导。政府通过出台一系列支持政策,为纺织化纤产业大脑的建设提供了有力保障。这些政策不仅为企业提供了资金支持,还通过税收优惠、项目扶持等方式,降低了企业的建设成本。

2. 企业参与。纺织化纤企业是产业大脑建设的主体,他们的积极参与是项目成功的关键。通过引导企业加强技术创新和智能化改造,可以推动产业大脑建设的深入开展。

3. 产学研用深度融合。引入中国工业互联网研究院、中国纺织工业联合会、中国先进功能纤维创新中心等机构,加强产学研用之间的合作与交流,推动技术创新与产业应用的紧密结合。这有助于将最新的科技成果转化为实际生产力,推动纺织化纤产业的创新发展。

(三)推动数字化转型与智能化升级

1. 数字化转型是趋势。随着信息技术的不断发展,数字化转型已成为各行业发展的必然趋势。纺织化纤产业作为传统制造业的重要组成部分,也应加快数字化转型的步伐,以适应新时代的发展要求。

2. 智能化升级是方向。智能化升级是纺织化纤产业实现高质量发展的关键所在。通过引入智能设备、智能系统等技术手段,可以提高生产效率、降低成本、提升产品质量,增强企业的市场竞争力。

3. 注重数据安全与隐私保护。在推进纺织化纤产业大脑建设的过程中,要注重数据安全与隐私保护。通过加强数据安全管理、完善隐私保护政策等措施,确保产业大脑在合法合规的前提下运行。

案例点评

> 纺织化纤产业大脑项目成功解决了行业面临的智能化水平低、生产效率不高、市场响应慢等问题,大幅提升了产业竞争力。该项目的实施对于推动纺织化纤产业转型升级、实现高质量发展具有重要意义,不仅提升了行业的技术水平,也为企业创造了巨大的经济价值,为行业的可持续发展奠定了坚实基础。

张家港市工业互联网平台

【引言】 习近平总书记指出："发展新质生产力是推动高质量发展的内在要求和重要着力点。"作为以数字化、网络化、智能化为特征的新型生产方式，工业互联网是支撑工业智能化发展的关键基础设施，是加快新型工业化进程的有力抓手，是加快发展新质生产力的重要驱动力量。工业互联网通过对人、机、物、系统等全面连接，构建起覆盖全产业链、全价值链的全新制造和服务体系，为产业转型升级和高质量发展提供了实现途径。

【摘要】 张家港工业互联网平台以"1125"发展计划为核心目标，通过创建**一个**长三角重点工业互联网样板平台，着力打造**一个**腾讯云城市工业云标杆基地，积极构建"智能制造加速器、数字经济发展新引擎"**两大**核心功能，逐步建设集应用体验、成果展示、创新孵化、培训教育、工业大数据**五大**中心于一体的工业互联网创新发展基地。平台积极打造行业标杆，带动产业链上下协同发展；创新网格化运营，打通"最后一公里"难题；积极招引优质服务商，为广大中小企业提供看得见、摸得着的技术路线；开展"蓝领"技能培训，夯实技能人才成长基石。

【关键词】 工业互联网；智能制造；智转数改网联

扫码看VR

为抢抓智能制造、工业互联网快速发展的风口，2019年由张家港市政府、张家港经开区、腾讯云和江苏腾瑞智联数字科技有限公司四方共建腾讯云（张家港）工业云基地，共同打造集应用体验、成果展示、创新孵化、培训教育、工业大数据五大中心于一体的张家港工业互联网创新发展基地。2020年6月平台正式上线，荣获工信部新一代信息技术与制造业融合发展试点示范项目、工业互联网试点示范项目，省重点工业互联网平台、工业互联网发展示范企业、智能制造领军服务机构、工业互联网平台服务商等荣誉。

一、建设背景

（一）工业互联网为新型工业化提供强劲动力

习近平总书记指出，新时代新征程，以中国式现代化全面推进强国建设、民族复兴伟业，实现新型工业化是关键任务。工业互联网作为新一代信息通信技术与工业经济深度融合的关键基础设施、新型应用模式、全新工业生态，是新工业革命的重要基石，是数字技术和实体经济深度融合的关键支撑，是新型工业化的战略性基础设施和发展新质生产力的重要驱动力量。新一轮科技革命和产业变革蓬勃发展，为新型工业化开辟了巨大的增长空间，也要求我们必须牢牢把握高质量发展首要任务，加快推动工业互联网创新发展，因地制宜发展新质生产力。

（二）工业互联网有力支撑制造业"智改数转网联"

工业互联网通过构建起覆盖工业全要素、全产业链、全价值链连接的全新制造和服务体系，促进数据要素价值充分释放，推动要素资源在更大范围内实现更高效率、更加精准的优化配置，为制造业"智改数转网联"提供了必备基础条件。作为数字化革命的引擎，工业互联网加快了企业转型升级步伐，助力企业以数字化、智能化转型更好地支持决策、改善运营、优化供应链、改进产品和服务，并催生出平台化设计、智能化制造、网络化协同、个性化定制、服务化延伸、数字化管理等六大新模式新业态，实现企业生产经营降本、提质、增效、绿色、安全。

（三）工业互联网平台开启智能制造新篇章

为贯彻落实中央、省和苏州关于加快产业数字化、数字产业化战略部署，结合张家港工业经济转型升级的现实需求，张家港率先提出打造市级工业互联网平台，统领全市智能制造快速发展，全面迭代传统产业智造升级、赋能新兴产业、探索数字经济发展。2020年6月，由张家港市政府、张家港经开区、腾讯云、腾瑞智联四方联合共建的工业互联网平台正式上线。2021年4月，张家港工业互联网平台成果展示中心正式对外开放，展厅分为综合展示区、资源对接区、案例体验区和多功能服务区4个区域，面积达1 100平方米，截至目前共接待来自省、市各级政府领导，中国中小企业协会、中国机械工业联合会、上海工业互联网协会等行业组织，以及各类企业参观调研，人数超3 000人次。

二、功能运用

张家港工业互联网平台分为两期，一期项目以构建张家港工业云基础设施即服务（IaaS）、平台即服务（PaaS）工业云底座为基础，搭建工业互联网平台基础功能，提供云服务和基地展示功能，对接腾讯工业生态资源，融入张家港特色产业，为政府和企业提供公共性基础性技术服务；二期项目增设安全运营中心、物联接入标准化及监测管理平台等模块，确保平台的高安全性和高稳定性。

一是夯实底层架构。以腾讯云 TStack 专有云管平台、天眼云镜监测平台、蓝鲸运维平台及腾讯云企业级分布式数据库（TDSQL）为底层技术支撑，形成服务器集群56台，完成瑞联工业互联网专有云平台的独立服务器集群及 IaaS 层、PaaS 层基础网络架构，实现专有云服务器集群监测可视化、虚拟资源管理与监测、数据资源存储与汇聚等功能，支撑起张家港工业互联网平台的业务运营。

二是强化技术支撑。以完善网格化运营服务体系为抓手，对规上企业进行信息化能力全覆盖普查，通过诊断、评级、培训活动等方式，逐步提升企业的信息化能力和建设维度，并建立企业画像库。以物联网设备接入体系为技术支撑，强化平台的数据采集、数据分析和数据应用能力，对上云设备进行统一标识、上云数据统一管理，对接企业画像库、政策库、供应商库、产品库以及运营工作执行库，形成平台多维度的分析及信息化评估能力，为智能化改造和数字化转型需求进行快速匹配和精准推广，并逐步形成行业协同的上下游产业链，实现产业链快速匹配，构建起功能更完善、更灵活的运营管理平台。

三是完善产业生态。以云市场、云应用、学习培训、产业分析及云门户等组件为基础，完成软件即服务（SaaS）门户体系建设。结合张家港产业生态，积极构建张家港工业专有云，统领全市智能制造发展新高地。张家港工业互联网平台不仅具备简单的远程存储空间，更是产业信息流动的载体。通过活跃的应用、数据接入能力及供应链的协同能力，实现产业数据的汇聚；依托腾讯云生态，平台除计算、安全、AI 智能等技术支撑能力之外，还具备社交流量、金融等产业服务能力。

四是深化智造赋能。充分链接本地资源和腾讯生态资源，构建工业互联网生态资源体系，降低中小微企业信息化门槛和成本。以瑞联工业互联平台为载体，研发、上线一批专精特优的工具类应用，用轻量级微服务降低中小微企业技术门槛。目前，平台部署工业 APP 应用超 300 个，上架服务商产品涉及标识解析、物联监控、供应商关系管理（SRM）、生产执行系统（MES）以及生产制造管理、供应链管理、研发设计、仓储物流、运营管理等相关领域工业 APP。

三、做法成效

以"助力企业智能制造、推动企业上云、构建产业互联"为核心功能，深度融合大数据、物联网、人工智能等先进技术手段，聚焦张家港市"4+4"重点产业链（冶金新材料、先进高分子材料、智能高端装备、高端纺织等 4 条特色优势产业链，以及新能源、特色半导体、生物医药及高端医疗器械、数字经济等 4 条新兴领域产业链），积极推动 5G＋工业互联网、工业互联网＋产业园区等行业解决方案的应用，为企业提供"政策＋解决方案＋应用落地"一站式"智改数转网联"咨询服务和技术服务。截至目前，平台注册用户 3 317 家，引入生态服务商 108 家，推动企业上云超 2 000 家，接入设备上云 10 939 台。

一是以点带面，全面助推行业发展。持续推进工业互联网在化工、纺织、冶金等领域的创新融合发展，以陶氏、国泰、沙钢等龙头企业为试点，探索智能化改造典型场景应用，以标杆效应形成行业覆盖，为张家港产业集群高质量发展注入强劲动力。目前，已在工业互联网＋产业园区、供应链协同、产融合作等领域取得初步成效，持续导出数字化项目超 300 个。其中，面向化工行业的"工业互联网＋安全生产"整体解决方案，入选工信部 2022 年工业互联网平台＋安全生产试点示范；以扬子江国际化学工业园为样板的化工园区智慧管理方案，入选中国石油和化学工业联合会"智慧化工园区适用技术"目录，并在镇江、连云港等地多个园区复制推广；以东华能源为试点的企业安全生产管理信息化平台，入选工信部第一批财政支持中小企业数字化转型试点平台；以永钢集团为试点的低倍组织数字化检测项目，获评苏州市新一代人工智能应用场景示范项目。

二是先行先试，创新网格化运营建设。强化工业互联网"最后一公里"接入能力，成立平台专职运营团队，搭建"区镇—办事处—村社区"网格化智能制造服务体系，深入企业一线调研数字化转型难点、痛点，逐一对接企业需求。并根据需求制定有效的数字化方案，为企业提供诊断、评级、申报、培训交流、参观游学、会议会展、政策解读等"一条龙"数字化服务，持续激发企业数字化意愿和潜能。运营模式和成效被新华社、人民日报等多家主流媒体深度报道。目前，已开展惠企政策进企业等工业互联网服务活动超 30 场，服务中小企业智能制造诊断 218 家，获评省星级上云企业 228 家，实施"智转数改网联"项目超 300 个。

三是精准招引，完善服务生态体系。聚焦中小微企业发展，针对中小微企业技术能力薄弱、资金不足的实际问题，降低企业信息化门槛和成本，引入优质生态合作伙伴，上线一批专精特优的工具类应用，以轻量级、微服务降低信息化技术门槛。目前，平台已上架标识解析、物联监控、SRM、MES等工业应用，覆盖生产制造管理、供应链管理、仓储物流、运营管理等领域。开展工业企业"上云上平台"活动，降低中小微企业的信息化成本，为企业直接节省成本超千万元。

四是智力支撑，夯实技能人才底色。 为强化工业互联网平台人才支持能力，平台积极发挥生态资源优势，推动"工业＋教育"协同发展，为本地企业提供"智改数转网联"、新工种紧缺工种产业技能培训，赋能产业工人职业技能提升。一方面，推出"工赋大讲堂"品牌课堂，免费为企业提供风控管理、成本管理、税务管理等实用课程，赋能企业经营管理人员数字化素养提升；另一方面，针对"先导产业""苏州制造"等新兴产业、互联网营销师等新职业，以及"智改数转网联"相关紧缺工种，组织系统性、周期性培训课程，赋能企业人才岗位技能培养，已开展网络信息安全管理员、计算机程序设计员等技能人才项目制培训超300人次。

案例点评

> 腾讯云（张家港）工业云基地是全国县级市首个腾讯工业云基地，是腾讯工业互联网平台助力制造业全面升级的新实践。作为推进新型工业化的探索实践，张家港工业互联网平台借助腾讯先进技术能力，围绕核心标准、技术、平台，加速布局工业互联网，构建智能制造、数字驱动的智能工业发展新生态，为张家港提升产业链现代化水平、推动经济高质量发展，提供了有力支撑。

昆山市沪光汽车电器汽车零部件产业链协同平台

【引言】 在习近平总书记关于推动制造业高质量发展、加强产业链供应链稳定的重要讲话和指示精神的指导下，沪光汽车电器积极构建汽车零部件产业链协同平台，旨在通过数字化、网络化、智能化等手段，提升产业链的协同效率和市场竞争力，从而实现以创新驱动发展，加快转型升级，推动产业向中高端迈进。

【摘要】 随着汽车市场的快速发展和技术的不断创新，汽车零件的开发和生产已成为一个复杂而庞大的系统工程。在这个过程中，如何有效地整合各方资源，提高开发效率和质量，成为摆在企业面前的一个重要课题。在此背景下，沪光汽车电器借助现代信息技术手段，构建了汽车零部件产业链协同平台，实现了采购方与供应商的零部件开发、认可、变更方面的上下游协同，并将产业链中关于零部件协同的各维度协同进行覆盖，搭建更全面完善权威的零部件库，为产业链协同及汽配产业链生态服务做数据基础。同时注重发挥政府引导作用和企业主体作用，加强与上下游企业的合作与交流。通过政策引导和支持，鼓励企业加大研发投入和创新力度；通过市场机制和企业间的自发合作，形成利益共同体和责任共同体，进一步推动了汽配产业链的高质量发展和可持续发展。

【关键词】 零件开发；零件认可；零件变更；零件协同

扫码看VR

2021年，昆山沪光研发的汽车零部件产业链协同平台发布上线。此平台的解决方案在2022年获评"国家级工业互联网APP优秀解决方案"。该平台面向汽车零部件企业，针对零部件开发、零部件认可及零部件变更等提供有效管理工具。采购端和供应商端可通过该系统对零部件的开发，认可及变更过程及过程文件进行管理。

一、建设背景

近30年来，随着全球汽车行业的发展，以中国和拉美为代表的新兴市场成为过剩生产能力追逐的对象。这些跨国企业在进入中国的同时，也带来了他们的海外供应商，同时也开发了大量的中国本土供应商。同时，跨国公司生产和销售活动的地区化布局进一步带动了汽车工业的全球化进程。另一方面，跨国汽车公司的竞争方式也由过去的精细化管理，如精益生产方式，实施企业资源计划（ERP）/制造执行系统（MES），向产业链和价值链的整合与再配置转变，而其操作必然以供应链为载体。在这样的大环境下，零部件供应商面临怎样的挑战呢？由于整车厂纷纷按照价值链的原理对自身的制造供应链进行重组，而将大量的非核心业务剥离和外包，结果把越来越多的零部件制造和装配责任推给了独立的一级供应商，并且提高了对所有供应商在服务和响应时间上的要求，迫使供应商必须做到：

1. 能够快速响应来自整车厂的需求预测和生产计划变化（源头是整车厂对于市场的预测和实际销售行情）；

2. 在流程和技术改进上做出投资，以确保其下游供应链上信息传递的准确性（从上往下优化整条供应链）。

这就造成全球汽车行业存在以下问题：

1. 协同效率低，与供应商协同过程中数据质量无法保证，造成协同效率低下。

2. 供应商考核难，信息分散无法量化，体系建设不完整。

3. 数据关系不集中，供应商资料与零件库脱离，过程资料缺失统一的管理系统。

现代的企业制造正在经历一场转变，传统的以产定销的模式（初步确定市场需求后大批量生产并努力营销，在市场变化迅速的今天常常处于被动）正在被以销定产的模式（企业的规模生产可以根据市场的变化而变化，在市场的变化中赢得先机）取代。这种以销定产的模式又称为大规模定制，是为了满足用户的多样化需求从大批量生产方式发展而成的一种现代生产模式。这一方法要求整车厂和上下游合作伙伴一起，保持高度同步。可以发现，汽车行业的大规模定制对传统生产涉及的价值链进行了延展，从原来的"制造订单"为起点延伸到"开发订单"为起点。

大规模定制下的汽车行业信息系统模型以协同工作为核心，由产品与工艺的协同设计平台、供应链的协同规划与响应平台和分布协同的售后服务平台构成。

二、功能运用

（一）上下游零件开发协同

零部件开发是汽车零部件行业对市面上多家潜在供应商提供的零部件进行信息收集和考核，选出最符合要求的零部件作为原材料，并用于生产的过程。通过调研发现，现在汽车零部件产业链多企业均缺失此类管理平台，导致作业难度增加，协同效率低下，数据精准度低。故通过搭建零部件开发系统，满足汽车零部件行业对项目所需零部件原材料进行在线源头管理，分散式信息收集、评估和资质确认等需求，既是产业链的需求，也是行业的诉求。

零部件开发系统采用任务方式对协同内容及进度进行管理。采购方开发负责人通过对潜在供应商下发任务，潜在供应商通过对任务中的开发项信息进行填写或者提报，实现信息线上管理。采购方开发负责人负责对结果进行审核，审核通过即被写入数据库。

新开发零部件通过新建零件，维护零件基本信息后，可对零部件发起任务。在发起任务操作中，需要选择该零件的开发方式，其中开发方式决定了该零件所需开发的开发项。在开发方式的配置上，实现了开发方式与开发阶段及开发项的关联。

潜在供应商选择，潜在供应商是就现有合格供应商进行选择，选择多个供应商，选择后，发起任务，会同时生成多个开发任务。每个供应商收到一份开发任务，负责对各自的开发任务进行应对和信息提报。

在开发任务中，将功能简化至最简单的提交与审核操作，减少供应商的烦冗操作。

供应商和采购方均在零部件开发任务中看到该对应的开发任务，任务信息同步。供应商可对开发结果进行提报。上传后，采购方的开发负责人可对上传结果进行审核。供应商通过任务，可以看到该开发项的审核结果。

审核通过的开发项会写入零部件库，在库中保留最终结果。在任务中保留过程结果及审核记录。

(二) 上下游零件认可协同

零部件认可是汽车零部件行业对零部件原材料资质管理的过程，是采购方向供应商端收集零部件资质材料的过程。由于市面上缺失此类协同平台，部分业务仍然停留在线下作业。零散的系统功能导致部分业务线上，部分业务线下，数据混乱，易出错。直接在零部件库中进行更新，降低了底层零部件库的安全性，且变更中间过程版本不能在系统中保留。故零部件认可协同的应用，从根源上避免了线下信息来回传达过程带来的版本混乱和信息传达错误，同时提高了采购方与供应商端在零部件认可工作中的工作效率。

(三) 上下游零件变更协同

零部件变更影响范围可大可小，如何将各类型的变更进行线上管控是重点研究方向。协同平台引进了流程配置引擎来协助完成零部件变更的上下游协同，复杂的正向逆向审核均可被灵活配置并执行。同时，对变更类型进行配置，不同变更类型选择不同的审批流进行流转。对变更的进度控制灵活，对变更的任务可实时掌控。

三、做法成效

(一) 零件开发协同实施成效

昆山沪光所有的零部件开发协同均通过平台进行线上协同。目前至少 6~7 家开发供应商在协同平台进行数据及文件交互。通过开发协同,产生零部件的标识的开发过程资料不少于 100 份,且均进入国家标识库;提升了采购方零部件部门、产品开发、项目部及采购部在零部件开发方面的工作效率,降低了供应商反复提交及邮件来回的频率,降低了沟通成本。

(二)零件认可协同实施成效

昆山沪光所有的零部件认可工作均通过平台进行线上协同。目前至少 6~7 家供应商在协同平台进行数据及文件交互。通过开发协同,已为主机厂的至少 70 个项目做基础数据支撑。产生零部件的标识的开发过程资料不少于 300 份,且均进入国家标识库。将烦冗的零部件认可工作任务化、流程化,极大地提高了采购方认可负责人的工作效率。同时多维度的统计为管理层提供了决策依据。

(三)零件变更协同过程降本增效

协同平台有助于减少采购端在零件变更验证过程中的线下数据流通,提升部门间协同效率,且进度和结果对供应商可见。目前至少 6~7 家供应商通过协同平台进行数据交互,提升了供应商与采购方关于变更进度及结果的沟通效率,降低了沟通成本。

📖 案例点评

> 昆山市沪光汽车电器汽车零部件产业链协同平台的建设,将产业链上的各个环节紧密联系在一起,形成了一个高效、协同的产业链生态系统,这不仅提高了产业链的整体效率,还可以促进技术创

新和产业升级，提升整个产业链的竞争力。通过协同平台的建设，可以实现资源的优化配置和共享，降低生产成本，减少浪费，推动产业的可持续发展。同时，协同平台还可以促进不同企业之间的合作与交流，形成利益共同体和责任共同体，共同推动产业的健康发展。总之，汽车零部件产业链协同平台的建设对于解决产业链中的问题、提升产业链整体竞争力、推动产业可持续发展、响应市场需求变化以及促进产业数字化转型等都具有重要意义。

常熟市创新"市采通"平台赋能中小微企业出海

【引言】 习近平总书记指出:"中国将推动跨境电商等新业态新模式加快发展,培育外贸新动能。"2021 年 7 月 9 日,国务院办公厅印发《关于加快发展外贸新业态新模式的意见》,对跨境电商、海外仓等六种新业态新模式提出多重支持举措。市场采购贸易方式作为外贸新业态,降低了参与外贸门槛,激发了市场活力,对中小微企业赋能显著。

【摘要】 自 2016 年 9 月获批国家第三批市场采购贸易方式试点以来,常熟市积极贯彻新发展理念,致力于构建符合本地实际的模式,着力打造集外贸综合服务与高效监管为一体的企业端综合服务平台——"市采通"。通过与市场采购贸易联网信息平台对接,形成联网信息平台政府监测管理、"市采通"平台服务经营主体的**"双平台"模式**,将企业准入、价格管控、简化归类等市场采购贸易监管服务与组货拼箱、报检通关、免税申报等外贸服务进行模块化、数字化、一体化集成。既落实了"风险可控、源头可溯、责任可究"的监管要求,又有效解决了中小微外贸企业无票合规出口难题,开辟了中小微外贸企业出口新通道,逐步建立了"政府引导、企业自主、市场运作"的新模式。

【关键词】 中小微企业;外贸新业态新模式;一站式服务

扫码看 VR

2019 年，常熟在全国 31 个市场采购贸易方式试点中率先打造企业端综合服务平台，赋能中小微企业低门槛出海，实现主管部门对碎片化贸易的高效监管，成功打造市场采购贸易"江苏模式"。几年来，平台累计服务两万余家中小微企业，服务出口 700 亿元，被商务部认定为地方稳外贸稳外资典型经验做法，入选中国改革地方全面深化改革典型案例。

一、建设背景

（一）行业发展需求强烈

随着互联网对跨境贸易的不断渗透，外贸业务逐渐呈现"小额、高频"趋势，跨境电商和市场采购贸易等外贸新业态以"小批量、多批次、快反应"的特点直接触达海外采购商和消费者，正快速成长为外贸稳增长的新动能。数据显示，2023 年以中小微为主的民营企业保持中国第一大外贸经营主体地位，进出口总额占中国外贸总值的 53.5%。

（二）上级政策导向明显

2016 年 1 月苏州获批跨境电子商务综合试验区，2016 年 9 月常熟服装城获批国家第三批市场采购贸易方式试点。近几年，国家层面先后出台《关于加快发展外贸新业态新模式的意见》《关于推动外贸稳规模优结构的意见》等一系列政策文件，为苏州外贸新业态创新发展提供了重要支撑。

（三）企业痛点亟待破解

外贸新业态发展过程中，海量中小微企业面临无票合法出口难、出口实务操作难、小微合规税负高等痛点难点；同时，海关、外汇、税务等职能部门也面临不少监管难题。因此，提供商户注册、采购备案、收汇结汇、免税申报等一站式服务的"市采通"平台应运而生。

二、功能运用

（一）开辟"一站式出口"新路径

从组货拼箱到联动创新的4.0时代，"常熟模式"的核心在于自主研发的"市采通"平台。平台运用专业技术，对接市场采购贸易联网信息平台、国际贸易"单一窗口"等，为中小微企业提供商户备案、组货拼箱、通关申报、收汇结汇、免税申报、出口信保等一站式出口综合服务，积极引导中小微外贸主体通过平台合规出口、依法完税，全面解决中小微企业出口难题，大大提高了市场采购贸易的便利化、规范化水平，促进当地外贸新业态产业集聚发展。例如，通过"市采通"平台，商户在办理"贸易外汇收支企业名录"登记后，可在属地银行开立本外币结算账户，并按机构统一管理，在手机端完成收结汇，真正实现"自己开户自己收汇"。

（二）探索"双业态融合"新模式

常熟以"市采通"平台为核心载体，利用市场采购贸易政策优势，通过与跨境电商头部收款平台"PINGPONG"合作，开通跨境电商收款功能，帮助跨境电商企业合法合规收汇。并积极与国际物流、船运公司开展合作，从出口报关和资金结算两个维度，实现跨境电商与市场采购贸易的实质性融合，打造"通关—物流—结汇—完税"的完整业务闭环，为跨境电商提供合规、安全、快捷的出口新通道，开辟了"市场采购＋跨境电商"新模式。截至目前，以市场采购贸易方式出口跨境电商货物超4亿美元。

（三）实现"融入式监管"新突破

外贸新业态具有品种多、批量小、批次多等交易特点，传统的贸易监管手段难以实现全覆盖。常熟积极适应外贸新业态发展需要，对接联动企业端"市采通"平台和政府端"市场采购贸易联网信息平台"，将职能部门监管要求融入平台运行，通过专项端口查询分析、更迭完善管理要素，有效解决碎片化贸易监管难题，实现"风险可控、源头可溯、责任可究"。例如，要求企业在拼箱组货作业过程中上传现场照片和视频，由后台风控人员分析判断货物是否侵权、是否单货一致，有无夹带夹藏禁止或限制出口类产品，同时结合现场监装、视频监控和随机抽检等措施，实现精细监管。

（四）构建"联动式发展"新格局

省委省政府多次将"市采通"平台作为全省新业态新模式重点平台推广，着力打造市场采购贸易"江苏模式"。在省委省政府支持下，常熟积极推动市场采购贸易全省拓展联动，服务省内非试点区域中小微企业货物便捷快速出口，并形成了由江苏省商务厅统筹，海关、税务、外管等各级监管部门信息共享协同监管的机制。截至目前,省内联动出口额达 24 亿美元。同时,"江苏模式"以企业为中心,将平台化运营、贸易数字化和平台经济相结合,为全国其他试点发展提供了新经验。

三、做法成效

(一)政策优势有效释放

"市采通"平台自 2019 年 10 月上线以来,累计服务中小微企业超 2 万户,在全国 101 个口岸实现常态化通关,货达 168 个国家和地区,累计出口超过 100 亿美元。2023 年,"市采通"平台服务出口 35 亿美元,占江苏其他贸易出口总值的 74.9%,成为江苏外贸新业态发展重要抓手。

(二)"双业态"有效融合

平台积极探索市场采购贸易和跨境电商融合发展,开辟"市场采购+跨境电商"新模式,利用市场采购贸易政策优势,通过引入物流、金融等增值服务,为跨境电商打造合规、安全、快捷的出口新通道,实现跨境电商与市场采购贸易两种外贸新业态的"实质性融合",服务跨境电商出口数据超 4 亿美元。

(三)国内联动有效推广

平台自 2021 年 6 月开始在省内联动推广,已对接连云港东海水晶城、徐州玻璃制品产业带、镇江丹阳眼镜城等 6 个园区、10 个专业市场及产业带,备案外贸公司110家,落地8个省内联动服务中心,累计出口额超24亿美元。同时,作为全国市场采购贸易试点首创企业端综合服务平台,"市采通"平台成功输出至广西凭祥、云南瑞丽、江西景德镇、重庆、新疆乌鲁木齐等6个试点城市。

案例点评

常熟市创新打造集外贸综合服务与高效监管为一体的"市采通"平台,开辟了中小微外贸企业合规出口新通道,建立了"政府引导、企业自主、市场运作"的"常熟模式",让更多中小微企业享受国家试点政策红利,助力"苏州制造""江苏制造"扬帆出海。

太仓市新亚科技智慧冷链生态服务平台

【引言】 国家《"十四五"冷链物流发展规划》对"十四五"时期冷链物流发展作出全面部署，是推动当前和今后一个时期冷链物流高质量发展的顶层设计和系统指引。《规划》提出，在产地，建设一批产地冷链集配中心，推广"移动冷库＋集配中心（物流园区）"等新模式，提高产地冷链设施利用效率和农产品产后商品化处理水平。在城市，建设一批销地冷链集配中心，集成整合流通加工、区域分拨、城市配送等功能，引导存量冷链设施资源集中，优化城市冷链设施布局。

【摘要】 新亚科技公司的"智慧冷链生态服务平台"以服务智慧冷链数字基础设施、产业链智能制造为核心，为生态圈上下游客户提供一体化的行业解决方案，解决了冷藏冷冻类商品在生产、贮藏、运输、销售到消费终端前的各个环节的网络、安全、节能、保鲜、数据采集、绿色低碳等问题，填补数字冷链领域国内短板，达到国内领先水平、国际先进水平。

【关键词】 冷链物流；生态服务平台

扫码看VR

苏州新亚科技公司自主研发智慧冷链生态服务平台，有效推进企业智能化改造和数字化转型，并在提升本地区冷链物流行业的智能化水平方面发挥出积极作用。该平台集成了物联网、大数据分析等先进技术，实现了对冷链全过程的实时监控、智能预警和资源优化配置。应用场景广泛，涵盖食品储藏、运输、销售等各个环节，特别适用于需要严格温控的农产品和生鲜食品。自上线以来，平台已成功服务多家冷链物流企业，显著提高了运营效率，降低了能耗成本，保障了食品安全，荣获"江苏省重点行业平台"，并被认定为苏州智改数转示范项目。

一、建设背景

（一）时代背景

随着全球经济的快速发展和人民生活水平的不断提高，对于食品品质和安全性的要求也在不断上升。冷链物流作为保障食品安全、提升物流效率的重要环节，其市场需求日益增长。《中国冷链物流行业市场前瞻与投资战略规划分析报告》的数据显示，冷链物流市场规模持续扩大，预示着巨大的市场潜力和发展空间。

（二）政策背景

国家层面对冷链物流行业的重视程度不断提升，相继出台了《"十四五"冷链物流发展规划》等政策文件，旨在推动冷链物流行业的高质量发展。这些政策为冷链物流行业的数字化转型提供了政策支持和方向指引，为智慧冷链生态服务平台的建设提供了良好的政策环境。

(三) 行业背景

当前，冷链物流行业在快速发展的同时，也面临着一系列挑战，如信息化水平不高、资源配置不合理、能耗成本较高等问题。智慧冷链生态服务平台的建设，正是为了解决这些问题。通过集成先进的物联网技术、大数据分析等手段，提升冷链物流的智能化水平，实现资源的优化配置，降低能耗成本，提高行业整体效率。同时，冷链物流行业作为能源消耗较大的行业，其节能减排的任务尤为迫切。智慧冷链生态服务平台通过智能控制技术，有效降低冷库的能耗，减少对环境的影响，符合绿色发展的要求。

(四) 技术背景

物联网、大数据、人工智能等新兴技术的快速发展，为冷链物流行业的数字化转型提供了技术支撑。通过这些技术的应用，可以实现对冷链物流过程中的温度、湿度等关键参数的实时监控，实现对冷库设备的智能控制，提高制冷效率，降低能耗，实现冷链物流的智能化管理。

(五) 市场需求背景

随着消费者对食品安全和品质的要求不断提高，市场对冷链物流服务的需求也在不断增长。智慧冷链生态服务平台的建设，能够为冷链物流企业提供更加高效、安全、环保的服务，满足市场对高品质冷链物流服务的需求。

综上所述，智慧冷链生态服务平台的建设，是响应国家政策号召、满足市场需求、解决行业痛点、促进环保目标的必然选择。通过平台的建设和应用，将有力推动冷链物流行业的数字化转型，提升行业整体竞争力，为保障食品安全、促进消费升级、推动经济高质量发展做出积极贡献。

二、功能运用

智慧冷链生态服务平台的建设内容涵盖了多个方面，旨在通过集成创新技术，实现冷链物流的智能化、高效化、绿色化。以下是平台的主要功能运用：

（一）实时监控与智能预警系统

平台集成了先进的物联网技术，能够实现对冷链运输过程中的温度、湿度、光照等关键参数的实时监控。通过智能预警系统，平台能够在参数异常时自动触发警报，及时通知管理人员进行干预，从而有效避免货物损坏和食品安全事故的发生。

（二）数据采集与分析系统

平台通过智能设备采集冷链物流过程中的关键数据，包括货物流转信息、仓储环境数据、运输路径等。通过大数据分析技术，平台能够对这些数据进行深入分析，为冷链物流的优化提供决策支持。

（三）智能调度与优化系统

利用人工智能算法，平台能够对冷链物流过程中的资源进行智能优化配置，提高运输效率，降低物流成本。同时，平台能够根据实时数据，动态调整运输路线和仓储策略，实现按需分配冷量，节省初期投资和运行成本。

（四）远程故障诊断与维护系统

平台的远程监控系统能够智能判断冷库设备的故障所在，并通过多种途径反馈给使用者。这大大提高了冷库设备的维护效率，减少了因故障导致的运营中断。

（五）能耗管理与节能减排系统

通过智能模块化设计，平台能够实现对压缩机控制装置和冷风机装置的独立控制，使冷库实现间隔性工作，有效节约电耗，降低对压缩机和冷风机的使用量，从而降低冷库制冷的成本。

（六）全程追溯与质量保障系统

平台建立了完善的食品追溯体系，消费者可以通过平台查询食品的全程运输信息，增强了食品运输的透明度和安全性。同时，平台还能够对食品的保鲜状态进行实时监控，确保食品品质。

（七）用户交互与服务创新系统

平台提供了用户交互界面，用户可以实时反馈服务体验，平台根据用户反馈进行服务创新，提升用户满意度。此外，平台还能够根据用户需求，提供个性化的冷链物流解决方案。

（八）安全与隐私保护系统

在数据采集和分析的过程中，平台高度重视用户隐私和数据安全，采取了严格的安全措施，确保用户数据的安全和隐私不被侵犯。

（九）绿色低碳与环保系统

平台积极响应国家绿色发展的号召，通过智能控制技术，有效降低冷库的能耗，减少对环境的影响。同时，平台还能够为企业提供节能减排的咨询服务，帮助企业实现绿色发展。

（十）供应链协同与金融服务系统

平台通过整合供应链上下游资源，实现供应链的协同优化。同时，平台还能够为企业提供金融服务，包括供应链金融、保险服务等，帮助企业解决资金问题，提升企业的竞争力。

通过上述功能的运用，智慧冷链生态服务平台能够为冷链物流企业提供一站式的数字化服务，帮助企业实现智能化管理，提高运营效率，降低运营成本，提升服务质量，增强市场竞争力。同时，平台还能够为冷链物流行业的数字化转型提供强有力的支撑，推动行业的高质量发展。

三、做法成效

智慧冷链生态服务平台的实施，为冷链物流行业带来了一系列积极的变化和显著的成效。以下是平台实施的具体做法、积累的经验以及得到的启示：

（一）智能化升级，提升运营效率

通过集成先进的物联网技术，平台实现了对冷链物流关键环节的实时监控，如温度、湿度的自动调节和监控，极大地提升了冷链物流的运营效率。智能预警系统的应用，使得潜在问题能够在第一时间被识别和解决，减少了货物损耗，保障了食品安全。

（二）数据驱动，优化决策过程

平台通过收集和分析大量的冷链物流数据，帮助企业更好地理解市场需求，优化库存管理，提高资源配置的效率。数据驱动的决策模式，使得企业能够更加精准地预测市场趋势，制定合理的运营策略。

（三）节能减排，实现绿色发展

智慧冷链生态服务平台通过智能控制技术，有效降低了冷库的能耗，实现了节能减排。这一做法不仅降低了企业的运营成本，也符合国家绿色发展的大政方针，为企业的可持续发展奠定了基础。

（四）全程追溯，保障食品安全

平台建立的全程追溯体系，使得消费者可以轻松查询食品的来源和流通过程，增强了消费者对食品安全的信心。同时，这也为监管部门提供了便利，有助于提高监管效率，保障公共食品安全。

(五) 用户参与，推动服务创新

平台的用户交互系统，使用户可以直接参与到服务创新的过程中。用户的反馈和建议被快速收集和分析，企业可以据此不断优化服务流程，提升服务质量，增强用户满意度。

(六) 供应链协同，提升整体竞争力

通过整合供应链上下游资源，平台实现了供应链的协同优化。这不仅提升了单个企业的竞争力，也提高了整个供应链的效率和响应速度，增强了整个冷链物流行业的竞争力。

(七) 安全与隐私保护，增强用户信任

平台高度重视用户数据的安全和隐私保护，采取了严格的安全措施，增强了用户对平台的信任。在数据驱动的时代背景下，这一点尤为重要。

(八) 政策支持，促进行业发展

智慧冷链生态服务平台的建设，得到了国家政策的大力支持。政策的支持不仅为平台的建设提供了资金支持，也为冷链物流行业的数字化转型提供了方向指引。

(九) 技术创新，引领行业发展

平台采用了多项前沿技术，如物联网、大数据分析、人工智能等，这些技术的集成应用，为冷链物流行业的数字化转型提供了强有力的技

术支撑，引领了行业的技术发展方向。

通过智慧冷链生态服务平台的建设和应用，冷链物流行业的运营效率得到了显著提升，食品安全得到了更好的保障，企业的市场竞争力得到了增强，行业的整体发展水平得到了提升。这些做法和成效，为其他行业的数字化转型提供了宝贵的经验和启示。

案例点评

> 智慧冷链生态服务平台通过前沿的物联网和大数据分析技术，成功解决了冷链物流行业在实时监控、数据管理、能耗控制、食品安全追溯等方面的痛点。平台的实施显著提升了冷链物流的运营效率，降低了能耗成本，增强了食品安全保障，同时推动了行业的数字化转型。此外，平台的供应链数字化协同功能进一步增强了整个冷链行业的竞争力和抗风险能力。智慧冷链生态服务平台不仅为冷链物流行业带来了创新的解决方案，也为我国冷链物流的高质量发展和国际竞争力的提升做出了重要贡献。

苏州工业园区集成电路工业大脑

【引言】 习近平总书记指出："要全面贯彻网络强国战略，把数字技术广泛应用于政府管理服务，推动政府数字化、智能化运行，为推进国家治理体系和治理能力现代化提供有力支撑。"苏州市集成电路工业大脑的建设体现了习近平总书记关于数字化转型的重要指示精神，对于推动国家现代化建设和数字经济系统建设具有重要意义。从苏州市层面看，建设工业大脑有助于苏州市提升经济、产业治理体系和治理能力现代化水平，以数字化改革推动产业转型升级。同时，也是实现网络强国战略的重要举措，有助于提升在全球数字经济竞争中的地位和影响力。从社会层面看，工业大脑的建设将带来更加便捷高效的政务服务，促进传统产业转型升级，培育新的经济增长点，为经济社会发展注入新动能。因此，建设工业大脑具有重要的现实意义和深远影响，是贯彻落实习近平总书记重要讲话重要指示精神的生动实践。

【摘要】 集成电路工业大脑与苏州市工业大脑总平台相呼应，共同形成工业大脑"1＋N"平台生态体系，促进产业智改数转网联及绿色低碳转型，提升产业上下游协同能级，凝聚产业优质技术资源，为企业高质量发展提供助力。

【关键词】 智改数转网联；产业协同发展；智慧化模型；凝聚产业资源

扫码看VR

一、建设背景

在《苏州市工业大脑"1＋N"平台体系试点建设方案》的背景下，苏州市工业园区建设"N"个细分行业平台中的集成电路工业大脑。

集成电路工业大脑坚持需求导向、服务导向、价值导向，目标建成政企协同、开放赋能、生态创新、持续迭代的工业大脑，推动产业智能化改造数字化转型网络化联接，支撑集成电路产业高质量发展。

二、功能运用

1. **平台概述**：集成电路工业大脑覆盖了集成电路企业资源18 000余家，覆盖产业节点38个，收集全国各类能力组件69个，优秀技术共享方案32个。平台已形成组件中心、产业生态、产业智库、技术共享、资讯与研报、其他服务集成6大核心能力。

2. **组件中心**：汇聚全国优质服务商，覆盖集成电路企业三大诉求场景，即产业链协同，智改数转网联，环境、社会、公司治理（ESG），汇聚能力组件。同时通过智慧化手段，开展企业诊断，智能判定企业发展阶段，辅助企业智改数转规划，实现企业需求点对点对接。

3. **产业生态**：使用智慧化模型，在全国4 000万家企业中，识别18 000余家集成电路产业上下游优质企业，覆盖38个集成电路产业核心节点，为企业的产业链上下游协作提供支持。同时，使用产业链分析模型，识别区域产业链强弱节点。

4. **产业智库**：运用各类智慧化分析模型，开展产业趋势分析、产业上下游监测、全国城市对标，辅助集成电路企业生产经营决策（如库存管理、生产规划等）。其中：

● 原材料与芯片市场监测：上下游健康指数为企业把握生产成本、监测下游市场变化提供支撑。上下游异动监测模型主动识别供需端异动，实时预警风险。

● 集成电路产业趋势研判：基于多模型融合框架，预测产业发展趋势；基于知识图谱的产业归因分析，深度分析产业异动。全维度产业运行监测（宏观环境、产业运行、供给端、需求端）。

● 产业发展对标：使用"六度"城市产业发展评价模型，以企业大数据为基底，以产业门类和产业环节为核心，研究目标城市目标产业及产业节点发展状况，刻画全国集成电路产业发展相对水平。

5. **技术共享**：包含产业培训、产业发展成功案例等多种技术共享模式。形成文本＋视频的技术共享输出方式。在内容方面，覆盖产业链协同发展、智改数转网联等多种成功案例。

6. **资讯与研报**：锚定 300 余个集成电路专属信息源，为企业提供风险资讯、技术资讯、科技文献、产业研报、产业政策。

7. **其他平台集成**：覆盖数据资源、人力资源、金融资源、载体资源等企业生产资源，集成 10 余个集成电路产业服务平台。

三、做法成效

一是，汇聚优质服务组件，推动产业智改数转网联及绿色低碳转型。在智改数转网联服务与 ESG 方面，拉通产业链上下游及供应商资源，形成一揽子集成电路产业特色服务组件，重点解决企业"不敢转、不会转"等问题，通过产业纽带、技术扩散、开放应用场景等方式实现"链式"对接；同时，提供企业智能诊断模型服务，帮助企业定位自身发展阶段，实现适配组件点对点推送、点对点供需对接。

二是，促进产业上下游协同，提升资源配置效率，培育产业生态。 在培育产业生态方面，通过产业生态图谱，汇聚全国优质产业资源，帮助工业大脑用户快速寻找产业链上下游合作伙伴，提升苏州市产业全流程一体化水平，重点解决产业上下游协同程度、资源配置效率低等痛点。

三是，辅助企业规划生产节奏，帮助集成电路企业实现发展决策的先知、先决、先行。 综合运用智慧化分析模型与产业大数据，形成产业趋势预测、产业供需监测、全国发展对标等服务能力，帮助集成电路企业实现发展决策的先知、先决、先行，辅助企业规划生产节奏。

四是，凝聚产业技术资源，为企业提供行业知识、典型案例，推广企业示范样本，推动企业"看样学样"。 在技术共享方面，通过技术培训、领先案例、产业技术库等形式，凝聚集成电路产业领先技术资源，解决行业相关知识技术分散、获取难度大等问题，为企业提供行业知识、典型案例，推广企业示范样本，推动企业"看样学样"。

案例点评

集成电路工业大脑项目重点解决了产业资源分散、难以实现精准服务等问题，实现了资源和平台的高效互联和业务的智能互通。为企业梳理产业地图、产业链图谱等，实时感知产业链运行态势和行业发展情况，帮助企业了解行业动态，推动产业链上下游相关企业形成雁阵集群效应,引导企业合作开展重点领域核心技术攻关,加强产业链协同创新。利用智慧化模型分析企业数据,助力集成电路企业生产经营决策(如库存管理、生产规划等),其重要意义在于推动了制造业的智能化升级,提高了生产效率,对实现产业高质量发展具有深远影响。

第三篇

推进数字政府系统建设

苏州市 12345 自助挪车服务平台

【引言】 习近平总书记指出："要全面贯彻网络强国战略，把数字技术广泛应用于政府管理服务，推动政府数字化、智能化运行，为推进国家治理体系和治理能力现代化提供有力支撑。"市数据局以习近平新时代中国特色社会主义思想为指导，聚焦社会关注、群众关切的身边小事，创新工作方法、强化部门协作，持续探索挪车服务新模式，有效提高服务质效，不断提升企业和群众的获得感和满意度。

【摘要】 近年来，苏州机动车保有量持续快速增长，停车资源需求矛盾日益凸显，挪车类非警务报警求助数量剧增，占用了宝贵的警务资源，不仅对群众发生危急状况时的 110 电话呼入造成很大影响，还牵扯了基层民警的大量精力。为有效缓解挪车类服务诉求持续激增给各地公安、交管等城市管理部门运行效能带来的影响，2018 年起，苏州市 12345 全面承接 110 挪车诉求，在全省率先开展热线归并集成化服务的探索。2021 年，依托"苏周到"APP，在省内率先提供自助挪车的数字化服务，"一键扫码""保密通话""机器人外呼"等创新服务功能有力支撑挪车服务"掌上办"。2023 年服务量超过 400 万次。

【关键词】 挪车；掌上办；扫码识别；保密通话；机器人

扫码看VR

2005年，苏州在江苏省最早开通12345热线，经过近20年的发展，12345已经成为全市最主要的非紧急类诉求综合服务平台。目前，苏州12345自助挪车服务已经成为"苏周到"最热门的政务服务应用场景，得到广大车主和企业群众普遍认可，获评2022年度苏州数字政府优秀案例和2023年度苏州国家智能社会治理示范案例。

一、建设背景

（一）新形势，12345成为市民诉求主渠道

随着经济社会的快速发展，12345目前承担了包括民生服务、企业服务、环境保护、安全生产在内的多重任务，服务量连续增长。2020年，苏州12345服务总量首次突破一千万件；到2022年，12345服务总量更是达到1700万件，占全省总量的36%。"足不出户、一个电话"就能反映诉求、寻求帮助，已经成为苏州市民的日常选择，"12345，就在您身边"已经深入人心。

（二）新挑战，挪车服务量呈指数级增长

截至目前，苏州全市机动车保有量已经达到527万，全省第一、全国第五。与此相对应，挪车服务需求也呈快速增长趋势。2017年到2019年，12345年服务量从551万增长到920万，年均增长率约30%，其中挪车服务诉求从每年130万猛增到516万，年均增长率超100%，挪车服务已经成为12345最大的单项诉求。此外，12345还要在"人员不增加、服务不下降"的总体要求下，持续深入推进热线归并整合等工

作面临巨大挑战。

（三）新动能，信息技术能力支撑快速发展

随着"苏周到"APP 城市服务总入口的规划建设和持续迭代，其日益成为苏州市民掌上办事的重要载体，2023 年底用户总量已经超过 2 300 万。为有效缓解 12345 热线人工座席接听话务压力，苏州各地平台聚力创新，积极探索挪车机器人建设，积累了有效的 AI 人工智能技术储备能力。与此同时，像 OCR 光学识别、保密通话、语音识别等技术也已成熟……这些都为自助挪车服务"掌上办"的探索应用奠定了基础。

二、功能运用

（一）聚焦方便快捷，车辆信息"一键识别"

苏州 12345 自助挪车服务平台在开发应用过程中，坚持"用户思维"，时常"换位思考"，努力为服务对象提供最方便快捷的用户体验。联合在业内具有领先水平的技术厂商，加强对广泛应用于停车道闸系统的 OCR 光学识别技术和地图定位技术的研究，在全国范围内率先将两项技术融合应用，创新加载到苏州 12345 自助挪车服务场景。市民如果遇到车辆被堵需要挪车的情况，只需打开"苏周到"APP，进入自助挪车页面，用手机扫一扫，系统就可以自动识别车牌信息，定位车辆的位置，同时相关信息支持手动修改。一键扫码识别，方便又快捷，让挪车服务就像手机扫码支付一样方便。

（二）聚焦安全贴心，个人隐私"双向保密"

在信息技术和互联网应用高速发展的新时期，数据安全显得尤为重要。苏州12345自助挪车服务平台开发应用中特别注重用户隐私信息的保护，不断加强对广泛应用在叫车、外卖等服务行业的虚拟通话技术的研究，在全国范围内率先将该技术应用在挪车服务场景。苏州12345自助挪车服务平台建设部署保密通话功能，实现挪车双方用户信息全量加密交互，后台挪车服务表单信息实名记录，同时通过设置提交间隔、发起条件、倒计时规则等善意利用机制，全力引导服务对象按需提交、友好沟通、及时反馈。市民"一键扫码"提交挪车信息后，选择"保密通话"模式，就可以和对方车主直接进行通话。通话双方的电话号码都虚拟显示为62012345，有效保护用户隐私，坚决防止恶意骚扰行为。

（三）聚焦智慧高效，挪车需求"智能外呼"

为有效缓解12345热线服务压力，苏州各地平台积极探索挪车服务新方法、好路径。吴江扫码挪车、张家港微信挪车等进一步拓展了挪车服务方式；吴中区、昆山市和太仓市分别与业内领先的科大讯飞、达摩院、思必驰合作，进行机器人挪车应用探索，积累了有效的技术能力储备。在依托"苏周到"APP建设自助挪车统一服务平台过程中，深化技术赋能，在前期各地探索积累的技术上，将AI技术引入智能外呼系统，建设全市统一的挪车服务机器人，实现多场景的人机交互挪车服务对话。诉求人选择"自主提交"模式，挪车服务机器人就会联系对方车主，提醒对方车主及时挪车。如果对方车主没能及时接到电话，系统也会自动发送提醒短信。此外，平台也为老年人等特殊人群保留了传统的人工电话挪车服务，避免"数字鸿沟"影响特殊人群的权益。

三、做法成效

（一）有效畅通了挪车诉求渠道

12345自助挪车服务平台的建设，构建了"一键挪车"智能服务新模式。服务方式上，从纯人工接听外呼联系处置模式，升级为全新的智能化、自助式模式。升级前，诉求人发现车辆被挡，拨打12345热线反映相关情况，等待人工座席外呼联系车主前来挪车，至少要3到5分钟；升级后，诉求人只要打开手机"扫一扫"即可一键提交，选择"保密通话"直接联系车主，秒接直接沟通，服务处置效率大幅提升。服务流程上，从无法跟踪挪车结果，到提供挪车结果在线反馈。升级前，12345热线人工座席接听诉求人来电，记录反映的相关情况后，外呼联系车主通知其前往挪车，但实际后续处置情况（是否挪车）平台无法跟踪记录；升级后，挪车需求自行协商，诉求人可如实在线反馈车主前来挪车情况，实现"全闭环"处置，服务处置体验感有效提升。服务能力上，从同时最多200路接听，到1 000路并线处理。升级前，各县区平台加强人员培训和储备，最多时全市约200个挪车人工专席在线服务，上下班高峰时段挪车来电排队情况仍然比较普遍；升级后，自助式保密通话和智能机器人外呼挪车服务方式得到服务对象普遍欢迎，常态化1 000路保密通话和挪车机器人资源储备，并支持按需无限扩展，有力保障了全市挪车服务渠道持续畅通。

（二）有效优化了政务资源配置

12345自助挪车服务平台的建设，极大地缓解了全市12345热线平台的人工话务压力。2018年10月，苏州挪车类诉求从110全面分流至12345热线之后，苏州12345热线一般性服务诉求和挪车类服务诉求均呈现快速增长态势。其中2020年12345总服务量突破1000万件，挪车诉求占比达56%。12345热线资源被严重挤压，挪车服务"掌上办""自动办"服务模式创新探索非常迫切。2021年12345自助挪车服务平台开通以来，通过召开新闻发布会、联合媒体开展专题报道和12345热线遇忙设置分流提示等的方式开展全方位的宣传引导，自助挪车服务占比快速提高。据统计，2023年全市12345热线人工电话挪车服务量2.3万件，占比已经降到了0.54%，极大释放了全市各级12345热线平台人工接听服务能力，有效缓解了近年来因热线归并等工作带来的话务量压力，极大提高了12345热线的运行管理韧性。同时，全市统一入口的开发也避免了各地的重复建设，既节约了财政资金，更有效推动全市12345热线一体化发展，在优化资源配置方面起到了积极作用。

（三）有效赋能基层社会治理

苏州12345承接挪车服务以来，完整记录保存了挪车服务相关信息超2000万条，这些信息覆盖面广、时效性强、真实性高，汇聚了大量挪车诉求的需求时段、路段、片区等信息，蕴含着大量的民生服务需求，这些都是基层社会治理的重要元素。随着挪车服务的深入推进，平台持续加强与公安、交通、城管等城市交通管理部门的合作，通过加强数据共享、构建数据模型开展多维度分析，为相关部门在优化停车资源配置、加强城市交通管理等方面的决策提供数据支持，助力数字政府建设。如：2022年6月，12345挪车服务平台显示，姑苏区广济路某小区挪车诉求暴增。经联动公安部门和属地街道现场走访，发现是该小区内部改造，影响了内部车辆停放所致。经协调，属地街道加强管理引导，公安部门在附近路段临时增设部分停车位，有效缓解该小区因内部改造带来的停车难问题。

案例点评

> 挪车从本质上来讲是一种社会服务，需要一个便捷的载体提供高效、安全和稳定的联系沟通渠道，同时也需要联动公安、市政、交管等政府部门加强治理。如何通过数字化手段解决市民挪车难的问题？市数据局坚持以人为本，依托"苏周到"APP建设部署全市挪车服务"总入口"，实现了市民挪车服务诉求"自助办""掌上办"。不仅大大减轻了12345热线的话务压力，有效解决了市民挪车难的困境，更是高效助力了苏州城市精细化管理和基层社会治理效能的提升。

苏州市无理由退货"小平台"

【引言】 习近平总书记指出:"建立和完善扩大居民消费的长效机制,使居民有稳定收入能消费、没有后顾之忧敢消费、消费环境优获得感强愿消费。"优化消费环境建设是履行党的宗旨的具体体现,是促进经济发展的客观要求,是打造一流营商环境的重要手段。苏州推行全域线下购物无理由退货,是优化消费环境、提升消费信心和消费满意度的重要举措。

【摘要】 苏州在全国率先全域推行线下购物无理由退货服务,创新打造"苏州智慧315"无理由退货平台,以"小切口"优化营商"大环境"。聚焦消费者在线下购物中遇到的退货经济和时间成本高、退款等待时间长等痛点难点问题,在国内率先出台线下购物无理由退货相关地方标准和配套制度,创新拓展应用场景,做到消费者线下购物放心退、便捷退、先行退。目前,全市承诺商户已达11.08万家,累计受理退货16.05万件,折合金额6 971.76万元。苏州在线下购物无理由退货领域探索了新路径,提供了"苏州样本"。央视"3·15"晚会连续两年为其作正面宣传,苏州连续两年在中国消费者协会组织的全国百城消费者满意度测评中位列第一。

【关键词】 无理由退货;平台;放心消费

扫码看VR

2020年4月,苏州在全国首推全域线下购物无理由退货,率先出台相关标准和配套制度,建立智慧服务平台和政府先行垫付机制,创新拓展应用场景,实现消费者线下购物的放心退、便捷退、先行退,以"小切口"优化营商"大环境"。央视"3·15"晚会连续两年作正面宣传,苏州连续两年在中国消费者协会组织的全国百城消费者满意度测评中取得第一。

一、建设背景

随着新兴消费业态的不断涌现,群众消费需求的不断变化和维权意识的不断提高,加之国际复杂政治形势的影响,经济下行压力增大,中央提出加快形成"以国内大循环为主体、国内国际双循环相互促进"的发展格局。在扩大内需、促进消费的重要性日益凸显的大背景下,如何优化消费环境、提振消费信心成为当下拉动经济的重要课题,亟待求变破局。

实施线下购物无理由退货政策,对提振消费信心、激发消费活力、提高消费者满意度和打造商家品牌形象,具有重要意义。目前,《中华人民共和国消费者权益保护法》等法律法规赋予了消费者线上购物无理由退货的权利,而线下实体店的无理由退货政策在国内没有明确的法律支撑。苏州创新之前从未有城市进行大规模实践,缺乏可借鉴的经验,尚处于探索阶段,并且这项工作是一项系统工程,涉及商户和消费者面广量大,推广难度很大。

线下购物无理由退货在具体实施过程中,主要面临三方面的痛点难点:**一是线下退货无保障。**国家层面虽明确提出推进线下购物无理由退货工作，但目前仍没有具体的管理办法和操作细则。**二是渠道单一成本高**。过去的线下实体店购物退货主要是消费者线下直接与商家交涉，来回奔波，渠道单一。由于信息不对称，消费者往往处于弱势，尤其是外地消费者普遍遇到退货难的问题。**三是退款等待时间长**。不少线下商户，尤其是连锁经营门店，即使同意退货，仍需上报总部走各种流程，导致消费者不能及时拿到退款。

二、功能运用

苏州市在全国首创无理由退货平台——"苏州智慧315"，实现了消费者线下购物无理由退货的放心退、便捷退和先行退。

（一）机制保障放心退

平台运行，制度先行。针对线下退货缺乏制度性保障的问题，制定印发了《苏州市无理由退货指导意见》，出台国内首个相关领域地方标准——《放心消费 线下无理由退货服务规范》。配套建立线下购物无理由退货操作细则、工作导则、退货商品正负面清单等系列制度，组织商户培训和承诺公示，开展退货服务站点标准化建设和人员规范化管理。针对商户主要负责人、具体操作人员、服务站工作人员等不同对象，精准开展分级分类培训。加强宣贯引导，建立消费维权知识库，帮助相关工作人员快速准确完成问题咨询、工单审核等业务。

（二）三线并行便捷退

针对线下退货成本高的问题，搭建"1＋10＋N"纵向延伸的管理架构，由苏州市市场监督管理局牵头统筹推进，10 个区县市场监管局和消保委负责本辖区无理由退货管理，分布全市的 119 个无理由退货服务站负责承担具体事务，并延伸至各签约商户。为方便外地游客退货，又在游客中心、大中型酒店设立 87 个寄存点，由同城物流运输至服务站或商家。消费者可以向商家直接退货，或就近到服务站申请退货，也可以通过平台申请后由同城物流转至商家或服务站，实现了"商家直接退、服务站申请退、线上扫码退"三线并行。"苏州智慧 315"无理由退货平台，设置消费者端、商家端、管理端三个端口。**消费者**通过"苏州智慧 315"微信公众号、"苏周到"和支付宝 APP 等多个入口进入平台。**商家**通过商家端注册主体信息、承诺退货品类和退货时限，在消费者提出退货申请后，可实时收到提醒并及时受理处置。**各地消保委和服务站**通过管理端，做好商品核验、线下受理等服务。平台功能强大的技术支撑，保障了退货信息、资金、物流的全要素顺畅流通。

（三）政府出资先行退

针对退款等待时间长的问题，在国内首创政府先行垫付机制，推动市和区（县）两级财政共同出资 4 000 万元，在全国首创设立"吴优金"。符合退货条件的消费者，通过平台在线提出退货申请，待服务站和商家确认收货后，即可由"吴优金"先行垫付，消费者可在 24 小时内拿到退款，后续再由商户向资金池补交垫付款。政府先行垫付的创新举措，强化了政府引导作用，缓解了商家压力，大大提高了退款效率。在实际运行中，"吴优金"回款及时，无一例拖欠。

三、做法成效

"苏州智慧315"无理由退货平台的建立运行,有效发挥了数字化应用项目的牵引作用,推动苏州线下购物无理由退货工作在全国率先破冰、取得硕果。

(一)数字化牵引大整合

推动了消费者权益保护工作的制度重构、数据整合和流程再造。**制度重构方面**,在国内率先出台了相关地方标准,并配套建立了一系列管理规范。**数据整合方面**,平台数据库打通了与法人库的连接,既方便企业入驻,又能实时更新企业注册状态。通过与银行系统对接,在国内首次实现将数字人民币支付应用于线下购物无理由退货场景,创新推出"吴优数购",加入商户已达3.2万家。"吴优数购"项目获评苏州市数字人民币试点应用场景创新奖励。**流程再造方面**,坚持客户思维和问题导向,通过平台数据比对,消除了时间和空间障碍,使退货机制更加便捷高效,实现了"线下购物线上退、本地消费异地退、政府垫付先行退、消费争议调处退"。

(二)小平台显现大功能

线下购物无理由退货提高了消费者购物信心、增加购物欲望,也提升了商家品牌形象。平台还推出"吴优数贷"项目,为诚信经营的平台商户提供专项低息数字人民币贷款,将商家诚信的"存量"转化为发展的"增量",目前已融资授信1.8亿元;推出"吴优数险",由保险机构保障参保商户因无理由退货产生的费用，有效降低了企业无理由退货成本；推出"吴优数旅"放心消费乡村旅游线路体验游活动，通过数字人民币消费场景的应用推广，推进农文旅融合发展。越来越多的商家自愿加入平台，目前全市线下购物无理由退货承诺商家已达 11.08 万家，占全省总数的 2/3，苏州是全国唯一一个承诺商户超 10 万家的城市。

（三）好经验得到大推广

苏州在中消协每年组织的全国百城消费者满意度测评中，对比"苏州智慧315"无理由退货平台建立至今的部分指标情况，"售后保障"项从 73.82 分提高到 91.70 分，"商家信任度"项从 75.20 分提高到 90.70 分，助力苏州在全国百城消费者满意度测评中连续两年总分第一。央视"3·15"晚会连续两年作宣传推广，并与国家市场监督管理总局面向全国联合发出线下实体店 7 日无理由退货倡议。苏州线下购物无理由退货获评"满意消费长三角"行动优秀案例，浙江、安徽等地在学习借鉴苏州经验基础上出台线下无理由承诺规范和指引。受国家市场监督管理总局委托，苏州市正在牵头起草线下购物无理由退货国家标准。

案例点评

> 面对新形势下打造更优消费环境、推动消费供给提质升级的需要，苏州市场监管部门和市消保委以敢为人先的责任担当，在线下购物无理由退货工作领域探索了新路径，通过搭建"苏州智慧315"无理由退货平台，不仅提高了为民服务效能，解决了长期困扰消费者的线下退货难的困境，更为全国提供了先行先试且可复制可推广的"苏州样本"。

高新区企业诉求闭环处办平台

【引言】 2022年12月，习近平总书记在中央政治局会议上强调："要坚持真抓实干，激发全社会干事创业活力，让干部敢为、地方敢闯、企业敢干、群众敢首创。"对新时期的企业服务工作提出了更高要求。同年3月，苏州市政府办公室印发《苏州市助力"企业敢干"优化企业诉求处办机制工作方案》。围绕企业全生命周期、全量咨询的服务需求，高新区全力探索构建"一企来办"企业诉求闭环处办机制，并在全省率先发布企业诉求分类标准，称之为"企业服务3.0版"。

【摘要】 苏州高新区在全市率先探索12345热线转型升级，深化12345"一企来"企业服务热线建设，保障企业诉求"接诉即办"。研究出台《苏州高新区助力"企业敢干"优化企业诉求闭环处办机制实施方案》，构建共享共用的知识库、专家库，实现企业政策咨询、办事诉求24小时不打烊服务。依托高新区政务服务"一网通办"平台枢纽打造"线上多通道，线下多途径，服务多功能"企业诉求闭环处办服务体系，让12345政务服务热线进入全新发展阶段。**一是形成诉求全量汇聚机制**。对于各类各级渠道收集到的诉求，按统一分类标准，对接汇聚至12345热线。**二是打造诉求闭环处办联动机制**。加强部门协作、区块联动，通过12345热线，根据职责分工将企业诉求分流至区级部门或功能片区处办。**三是建立数据研判和整改提升机制**。坚持问题导向，对汇聚的企业诉求数据，加强分析研判，及时发现和解决问题，定期形成分析报告，促进营商环境整改提升。

【关键词】 企业诉求；闭环；标准

扫码看VR

苏州经济体量大，企业数量众多，企业总户数达 92 万户。为有效解决苏州企业服务诉求，近年来苏州市依托 12345 热线做了很多创新探索。2023 年 11 月 30 日，苏州市"一企来办"企业诉求处办机制建设工作现场会暨《苏州市"一企来办"企业诉求分类标准》发布仪式在苏州高新区成功举办，推动热线诉求由服务民生为主向服务民生与经济发展并重转变。

一、建设背景

12345 热线伴随政务服务改革进程，顺应"互联网＋政务服务"时代趋势而生，主要作用是集中受理人民群众各类咨询诉求，有效解决群众多头诉求、重复诉求问题，是政府与群众的"连心桥"。苏州高新区企业数量众多，连续 5 年注册企业数年均增长 13.73％，区内涉企部门在为企业服务过程中，发现以下几点问题：

（一）企业服务集成整合不足

苏州高新区企业数量超 6.9 万家，而企业服务由经发、商务、科技、招商等多部门承担，部门各司其职，呈现碎片化状态，且工作中以服务重点企业为主，无法覆盖广大中小微企业的需求，与贯穿企业全生命周期的专业化、集成化、系统化、差异化的精准服务尚存在差距。

（二）企业服务按需供给不足

当前企业需求呈现"数量庞大、类型多元"的特点，覆盖注册、投资、科技、人才、政策、培育、资源对接等多方面，涉及政府、市场、社会等各个维度。但目前的服务机制以提供响应式服务为主，缺乏市场主体和需求类型全覆盖、一站式、就近办的企业需求服务机制。

（三）数字化服务能力不足

面对面广量大的企业需求，迫切需要利用数字化手段实现服务模式迭代升级。目前各地纷纷尝试通过建设企业服务热线、服务平台等方式开展数字化服务，但数字化改革存在着多头新建系统、数据无法互通共享、诉求反馈渠道庞杂、无法闭环处置等问题，无法充分发挥数字化手段赋能效果。

二、功能运用

（一）畅通渠道，实现企业诉求全量汇聚

线上打造诉求闭环处置系统架构，整合原有12345热线渠道，在"苏商通"等企业服务端新增诉求提交模块。企业可通过手机端、网页端、热线端等多渠道便捷提交诉求，各类诉求实时纳入12345热线流转处办。**线下**增强诉求服务一线力量，在产业园、楼宇等"前哨站点"首批开设15个融驿站，实现政企服务"就近办"的同时，常态化收集办理企业反映的各类诉求；建立企业诉求"首席服务专员"制度，选派200多名业务骨干组建服务专员队伍，打破部门职能限制，通过日常企业走访、座谈调研、领导挂钩联系等渠道广泛收集涉企诉求并上报流转到12345热线处办；结合"千村万企、千家万户"大走访，开展"集中服务月"，推广使用企业诉求闭环处办机制，加快推动"快速响应业务

诉求，精准抓住诉求核心，高效办妥企业事务"。

(二) 制定标准，促进企业诉求精准分类

一是研究推出企业诉求分类标准。为实现企业诉求精准分流处办，参照原有《江苏省12345热线群众诉求分类与代码标准（试行）》，对照各部门涉企服务职能，在全省率先推出《涉企诉求分类标准》，根据企业发展中涉及的人力资源、发展改革、商务贸易等诉求维度，设置13大类一级目录，并针对每一大类逐一进行层级细分，形成四级分类体系，涵盖479项涉企事项，对当前省标进行了企业诉求分类的补充。**二是基于诉求标准开展精准分类和分析**。根据企业诉求处办数据收集情况，在系统生成分析报表基础上，结合营商环境评分细则，建立营商环境负面问题警示清单，提升问题预警、趋势预测精准度，为全区经济产业发展、惠企政策制定提供数据参考。

(三) 完善机制，推动企业诉求闭环处办

一是设置企业诉求服务专席。以服务热线专席知识库、"三方通话"、视频连线远程指导等方式在线解答企业诉求；无法在线解答的诉求，自动"秒派"服务单到属地或所属职能部门限期办理，平台全程跟踪诉求办理情况，监督办理质效。**二是建立诉求联动处办多级网格**。对于12345热线分派流转的服务单，根据职责分工交由区级职能部门或属地功能片区负责。其中区本级部门职责范围的交由区级相关责任部门处办；属地功能片区职责范围的，流转至相应网格处办；针对诉求解决部门职责不清、管辖争议或受制于客观原因一时无法明确责任归属等疑难复杂问题，由区行政审批局牵头，实行联席研判制度，再由点及面理顺机制体制，实现"解决一个诉求，破解一类问题"。**三是以点带面优化同类诉求服务**。针对阶段性企业集中反映的诉求、区内重点企业和重点项目提出的相关诉求、化解难度较大的诉求等进行梳理、分析、研判，查找薄弱环节，定期自动生成综合分析报告，与"接诉即办"形成有机整体，实现通过解决一个诉求带动破解一类问题、优化一类服务。

三、做法成效

（一）企业诉求响应"更及时"

充分发挥 12345 政务服务"总客服"作用，依托苏州 12345 "一企来"企业服务专线、专窗和"苏商通"企业服务入口，进一步整合优化企业诉求反馈渠道，全天候快速受理响应企业诉求，实现企业诉求渠道"全整合"，服务数据"全汇聚"。截至目前，平台累计收集各类企业诉求数据 8 954 条，其中 12345 热线收集诉求 7 086 条，各区级职能部门收集诉求 610 条，各乡镇职能部门收集诉求 756 条，企业直报 502 条，平均处办时间为 5.1 天、办结率 100%。

（二）诉求闭环处办"更高效"

设置企业服务专席，进一步优化企业诉求处理反馈机制，有效解决了当前企业诉求反映渠道分散化、碎片化、不闭环等问题。一方面落实企业诉求"全流程"闭环管理，另一方面建立疑难诉求高位协调机制，确保难题"有人办"，避免企业咨询求助"多跑路"，切实为企业纾困解难，做到"件件有落实，事事有回音"，为企业健康发展保驾护航，营造更加规范、舒适的政务服务营商环境。

（三）企业服务能级"再提升"

将涉企部门一次性答复率、专家服务质量、"两库"数据更新纳入年度绩效考核，明确涉企部门一次性答复率不得低于90%，倒逼各涉企部门及时充实更新知识库、专家库，建立更加专业的服务企业"智囊团"，不断强化服务企业后台支撑能力，切实推动企业诉求闭环管理走深走实。

案例点评

> 苏州高新区紧紧围绕"及时解决企业急难愁盼问题"，便捷、高效、闭环开展服务，增强企业获得感。线上依托企业诉求闭环处办机制，线下依托企业服务专员、服务网格、融驿站点，了解企业诉求，提供精准服务，推动实现"无事不扰、有求必应"。通过"一网通办"与企业综合服务平台融合，一网集成政企服务，满足企业共性需求。依托12345热线专业服务团队、完善的知识库、专家库和政策库以及成熟的分流处办流程，促进企业诉求服务闭环快速见效。通过线下服务专员和远程自助服务一体机的结合，有效拓展基层企业服务能力，实现就近服务，不断解决企业发展过程中遇到的难点堵点问题，以企业诉求"小切口"撬动营商服务能力"大提升"。

姑苏区密切接触未成年人行业从业禁止监督模型

【引言】 未成年人的健康成长，关乎千万家庭幸福安宁，关乎社会和谐稳定。党和国家高度重视未成年人保护，习近平总书记多次作出重要指示，并强调："孩子们成长得更好，是我们最大的心愿。""对损害少年儿童权益、破坏少年儿童身心健康的言行，要坚决防止和依法打击。"为避免未成年人遭受性侵害、虐待、拐卖、暴力伤害等侵害，《中华人民共和国未成年人保护法》第六十二条创设了密切接触未成年人行业的从业查询和禁止制度，为未成年人的健康成长撑起了一片蓝天。

【摘要】 为保障《中华人民共和国未成年人保护法》关于密切接触未成年人行业入职查询和从业禁止制度的落实，解决密接单位"应查不查"、主管部门"应管未管"的问题，姑苏区检察院通过搭建大数据法律监督模型，从检察机关内部获取全省4万余条涉性侵害、拐卖等犯罪人员信息，从公安机关获取1万余条治安行政处罚人员信息，与人社部门的社保缴纳信息、"企查查"获取的市场主体经营信息碰撞、比对后，筛查出相关违法犯罪人员在学校、教培机构等密接单位从业的线索50条。检察机关向教育、体育等部门制发检察建议书、检察关注函，督促处置违反禁业规定人员24人。向省内其他地市移送线索26条，协同当地检察机关监督保障从业禁止制度的落实，筑牢未成年人保护的"防火墙"。

【关键词】 密切接触未成年行业；入职查询；从业禁止；行政检察监督

扫码看VR

姑苏区检察院将从检察业务应用系统、公安机关收集到的相关违法犯罪人员信息数据，与社保信息数据、市场主体经营信息数据进行比对、碰撞，建立反向查询监督模型。通过模型筛查，追踪相关违法犯罪人员的就业情况，督促行政主管部门履职，开展密切接触未成年人行业从业禁止监督，共同筑牢未成年人保护的防火墙。

该模型在2023年全省检察机关大数据模型竞赛中荣获一等奖，并被推荐参加全国比赛，目前已经在全省检察系统内推广。同时，应用地域越广，层级越高，禁业人员库就越大，筛出的线索也越多，模型越用越全、常用常新。除检察机关外，教育、公安等部门都可以使用模型进行筛查。

一、建设背景

2021年，姑苏区检察院办理了这样一起案件。原教师邱某某曾因强奸被判刑，出狱后入职了一家教培机构，在辅导学生时，又对其实施了猥亵犯罪。事实上，这样的悲剧本可以避免。《中华人民共和国未成年人保护法》规定了入职查询和从业禁止制度，要求密切接触未成年人的单位在招聘人员时，应当查询有无性侵害等违法犯罪记录。

（一）侵犯未成年人犯罪人数多，再犯风险较高

2019年以来，全国被起诉的强奸、猥亵儿童等性侵未成年人犯罪人员高达12.3万人，其中有性侵害前科人员再犯概率较大。密切接触未成年人行业从业禁止和入职查询制度的建立，能有效预防未成年人遭受侵害。

（二）密接行业单位多人员杂，主管部门力量有限

检察机关在推进入职查询制度落地的过程中发现，制度运行中存在密接单位"应查不查"，主管部门"应管未管"，检察机关监督难度大等问题，导致部分有性侵害、虐待、拐卖、暴力伤害等违法犯罪记录人员仍在密接单位从业。

（三）传统入职查询效率较低，存在改进空间

传统入职查询先收集从业者名单，再查违法犯罪记录，是正向查询。这种模式受制于密接单位主动提供从业名单，漏报、错报、瞒报现象较为普遍，且查询效率低，检察机关无法有效监督。

二、功能运用

姑苏区检察院运用逆向思维，从违法犯罪记录追踪人员就业情况，分三步建立反向查询大数据模型。

（一）收集人员信息，建立禁业人员库

从检察业务应用系统中获取涉性侵害、暴力伤害、虐待等犯罪人员信息，从公安机关获取相关行政处罚人员信息，建立禁业人员库。同时根据新增判决和处罚情况，不断完善人员库。

（二）"碰撞"社保信息，查找就业情况

与人社部门建立数据查询协作机制，将禁业人员信息与社保信息

"碰撞"。

（三）数据关联筛查，推出密接线索

密接单位涉及教育、艺术培训、社会看护等多个行业，将社保缴纳单位与企查查信息关联，批量查询出单位的经营范围。然后分类设置规则，通过关键词模糊匹配，将学校、教培机构，以及经营范围中面向未成年人提供服务的行业，推出为密接线索。

三、做法成效

获取全省4万余条性犯罪人员信息、全市1万余条治安处罚人员信息，并通过模型研判出线索50条。检察机关向教育、体育等部门制发检察建议书、检察关注函，督促处置违反禁业规定人员24人。向省内其他地市移送线索26条，协同当地检察机关监督保障从业禁止制度的落实。

（一）精准筛查违法人员，确保从业禁止落地落实

检察机关依托大数据法律监督模型，高效筛查出违反密切接触未成年人行业从业禁止规定的线索，有效破解了从业禁止人员非法从业情况发现难、监督难的问题。2022年8月，模型筛查全省范围内6万余条违法犯罪人员信息，发现相关违反禁业规定人员线索50条。根据筛查结果，苏州两级检察机关向教育、市场监管等部门制发检察建议、风险提示函8份，移送违反禁业规定教职员工线索24条，目前相关人员15人已被辞退、9人调离密接岗位。同步移送省内其他地市线索26条。

（二）压实行政机关责任，推动加强密接行业监管

检察机关通过在密接行业持续开展大数据法律监督工作，有效推动行政主管机关加强对密接行业用人用工监管。2023年以来，市教育局、团市委主动完成了对全市 76 000 余名教职员工、2 300 余名暑托班志愿者的违法犯罪记录查询，依法处置相关前科劣迹人员 3 名。

（三）联合多部门建章立制，共筑未成年人保护屏障

在大数据模型发挥监督成效、密接行业从业禁止形成共识的基础上，姑苏区检察院联合区教体文旅委出台《入职查询工作办法》，畅通辖区内密接单位的查询渠道，细化查询流程；同时在行政审批窗口放置从业人员告知书，确保市场主体在设立之初就知晓从业禁止制度，推动全区 60 余家教培机构主动备案、主动查询。苏州市检察院牵头市中院、市教育局等 15 个部门会签《苏州市密切接触未成年人行业从业人员入职查询和从业禁止制度实施意见》，进一步压实了行政主管部门的监管责任，搭建起多部门间的沟通协作机制。

（四）同步筛查其他监督线索，堵塞社保管理疏漏

在开展大数据法律监督过程中，检察机关通过违法犯罪人员信息和社保缴纳信息的数据碰撞，发现存在部分正在服刑人员的社保账户未被及时封存，所在单位仍在为其缴纳社保，缴费年限累计计算的问题。通过制发检察建议书、检察关注函等方式，提醒、督促社保部门及时处理、封存，确保社保基金健康、良性运行。

案例点评

大数据监督是治标,推动系统治理才是治本。姑苏区检察院牵头教育、文体等部门会签实施意见,压实主管部门的监管责任,推动教培机构主动备案、主动查询。2023年,市教育局、团市委已主动对全市76 000余名教职人员和4 500余名暑托班志愿者开展查询。姑苏区用大数据推动制度落地,筑牢未成年人保护的防火墙。

吴中区"Ai 吴企"企业服务枢纽平台

【引言】 《数字中国建设整体布局规划》指出，建设数字中国是数字时代推进中国式现代化的重要引擎，是构筑国家竞争新优势的有力支撑。加快数字中国建设，对全面建设社会主义现代化国家、全面推进中华民族伟大复兴具有重要意义和深远影响。对此，吴中经济技术开发区着力打造了"Ai 吴企"企业服务枢纽平台。

【摘要】 "Ai 吴企"企业服务枢纽平台是吴中经济技术开发区打造的一项颇具创新性和综合性的企业服务平台。其主要目标是打造优质营商环境，助推辖区经济高质量发展。该平台聚焦企业共性刚需，围绕上级、本级的各类惠企政策的政策递送、咨询辅导、申报经办、兑现落地等各项业务提供全链服务，各类惠企政策信息一站获知、智能匹配、精准推送，业务线上办理，奖补资金直达，助力企业应知尽知、应享尽享，实现资源全域服务。同时，该平台同步建设了企业服务专题数据库，在此基础上开发了数据中心平台，提供了多维度数据应用，为日常企业服务工作提供数据支持。

【关键词】 Ai 吴企；企业服务；数字化

扫码看VR

2022年6月，吴中经济技术开发区启动"Ai吴企"企业服务枢纽平台一期建设，通过打造政策宣贯、项目申报、人力资源、政务服务、人才服务、金融服务、热线服务等各类企业服务应用35个，建成"线上一站式服务大厅"，为企业提供"一站式集成、精准化直达、智慧化体验"的精准服务。2023年，平台以"2个服务门户＋3个核心平台＋1个数据中心"为顶层架构，统筹规划，不断提高在库信息时效性。2023年8月，"Ai吴企"企业服务枢纽平台入选苏州市大数据创新应用实验室；2024年1月，成功获评2023年度数字苏州优秀案例。

一、建设背景

近年来，随着信息技术的迅猛发展，全球正迎来新一轮的信息革命和产业变革。在这一背景下，中共中央、国务院陆续出台了《"十四五"国家信息化规划》《"十四五"数字经济发展规划》《国务院关于加强数字政府建设的指导意见》等一系列政策文件，强调指出加快数字化进程、加强数字政府建设，是适应新一轮信息革命和产业变革趋势、引领驱动数字经济发展和数字社会建设、加快数字化发展的必然要求，也是创新政府治理理念和方式、推进国家治理体系和治理能力现代化的重要举措，对加快转变政府职能，建设法治政府、廉洁政府和服务型政府意义重大。为了深入贯彻落实国家、省、市有关数字中国、数字政府建设的要求，吴中经济技术开发区积极行动，构建政府服务和社会化服务相结合、线上服务和线下服务相结合的一体化企业服务体系，并始终坚持以"无事不扰，有求必应"为服务理念，围绕为企业提供全生命周期服务工作导向，不断创新工作举措。在此基础上，吴中经济技术开发区搭建了"Ai吴企"企业服务枢纽平台，利用大数据等技术手段，实现了对企业需求的快速响应和精准匹配，通过该平台为企业提供精准化、精细化服务，全力打造优质营商环境。

二、功能运用

（一）全面准确、通俗易懂，提供一站式涉企政策服务

做好政策落实是企业服务中最重要的一环。"Ai吴企"通过赋能政策服务兑现落地全链条，可实现政策智能匹配、精准推送，各类业务线上办理。针对政策递送，平台重点打造了政策检索和政策定制两大模块，目前已一库统管、发布各级各条线的政策文件、政策图解。同时，坚持用户导向，做好政策标准化梳理，提炼总结政策文件的"干货"，形成标准化政策产品，在此基础上，提供政策精准匹配和智能推送服务，实现政策免问即知，应知尽知。

（二）千企千面、个性推送，打造企业服务今日头条

平台为企业打造专属"企业头条"，对于已注册企业用户，精准匹配、智能推送最适合企业的多维度信息，包括政策、活动、申报、资讯以及各类服务资源、平台服务专栏、各类应用系统等，让企业从海量信息中快速、精准获知最适合的信息。同时，平台引入了多角色企业人员管理机制，提供直达企业管理层的精准化信息服务，可有效破解政企交流中的信息差现象。此外，平台还为每家企业私人定制"服务小秘书"，每月自动生成用户服务报告，动态反馈当月本企业的重要服务内容、服

务过程和结果,结合平台提供的政策定制报告,使企业管理层能适时干预、引导企业经办人员善用政府资源,助力本企业发展。

(三) 线上协同、规范透明,推动惠企资金速达企业

目前,惠企政策资金兑现流程一般包括通知、申报、受理、审核、公示、拨付等6个环节。前道5个环节面向不同资金级别,由各级业务主管部门组织实施,但最后一个同时也是企业最关心的拨付环节,往往是通过财政指标层层下达,最终由对应板块拨付给本辖区企业。在这样的背景下,资金拨付环节普遍存在以下共性、堵点问题:一是资金量大,种类多。资金类别覆盖发改、工信、科技等多个条线,跨越国家、省、市、区、镇五级。二是人工操作,效率低。资金拨付需要通知企业提供相应的收据和账号信息。三是进展不明,兑现慢。整个资金拨付流程涉及业务主管部门、企服中心和财政局等多个部门协同。四是数据没留存,监管难。各部门操作模式不一,业务事项标准不一,历史兑现记录仅有财政系统的支付流水,没有业务系统留存,无法进行资金查重,资金风险管控难度大,无法知晓准确资金来源,做账难。针对这些问题,"Ai吴企"企业服务枢纽平台不仅实现了业务的线上办理,还针对性地进行业务重构优化。针对"政策兑现最后一公里"的资金拨付下达环节,平台建设了统一的资金拨付业务系统。依托系统,吴中经开区全面落实电子收据改革,部门线上协同,推动政策资金速达企业。整个资金拨付过程,政府各部门线上高效协同,数据留痕,企业操作简单,进展透明,也不用因一张收据,特意跑业务窗口进行办理。资金兑现周期上,也从原先的一般可能需要1~2周缩减到3天左右,提升了企业在"资金下达最后一公里"的服务体验,该系统收到了企业的广泛好评。同

时，也通过系统自然沉淀了"资金一本账"，详细记录了每一笔账的拨付时间、拨付事由、对应发文、政策依据、业务日志等，为财政审计和资金查重提供了基础数据支撑，也为资金绩效考核和分析提供了决策参考。

（四）强化运营、深度融合，数字化服务提升工作效能

为了充分发挥一体化平台的作用，吴中经开区通过大力宣传推广服务平台，以及"被动响应支持"和"主动捕获对接"相结合的方式，持续开展平台系统功能、业务应用场景的引导、培训、推广，有力支持各业务主管部门转变观念、改变方式，用好用足系统功能，实现"数字化经办"，促进系统功能和部门实际业务的深度融合，让企业真正享受到"一站式集成、精准化直达、智慧化体验"的企业服务，让部门真正感受到工作赋能增效的数字化红利。

三、做法成效

（一）思路创新建设

平台从三方面进行了探索。**一是机制创新**，通过政府服务和社会化服务相结合、线上服务和线下服务相结合的一体化企业服务体系，构建了全方位多层次的"数实融合"的企业服务推进机制。平台与12个主要涉企服务部门建立对接协同机制，主动梳理监测46个各级各类常见信息发布渠道，一站式集成所有政策资源信息；依托"Ai吴企"平台，助推各业务主管部门更新工作理念、调整工作方法，充分发挥系统功能的优势，推动系统功能和部门实际业务之间的深度融合，通过经办服务

数字化，提升工作效率。**二是流程创新**，依托平台确立了全经开区统一的资金拨付业务流程，全经开区涉企奖补资金都通过系统实现了线上走，重塑了服务流程，推动了电子收据改革，沉淀了完整的资金一本账，使得企业更方便，政府更高效，全面提升企业政策兑现落实服务质效。**三是技术创新**，独创政策结构化等级模型，并建立了统一的惠企政策信息标准，指导政策结构化工作；建设政策智能匹配算法模型，通过新技术和大数据赋能，提供不同层次和维度的政策服务，由普适性政策服务向精准个性化智能政策服务转变，实现企业政策"精准滴灌"转变。

（二）平台企业服务

自平台上线以来，大幅提升了营商管理服务效率。截至2023年底，**在政策递送服务方面**，已累计维护发布政策文件735个、政策图解121篇、申报通知378篇、结果公示146篇、活动通知153篇、活动资讯44篇、常见问题和解答78篇。**在平台流量方面**，累计访问量共计45万余次，其中申报信息浏览量161 909次、活动信息浏览量43 817次、政策文件信息浏览量53 840次、政策图解浏览量7 925次，发送政策申报提醒12.6万次。**在业务支持方面**，已累计支持业务"线上走"637项，其中活动48项、业务申报172项，资金拨付422项，累计办理业务17 528笔，通过业务拉动，自然沉淀注册用户5 495个，政府用户190个。**在培训服务方面**，已归集发布了153场吴中经开区内各部门的各类惠企服务活动，其中重点支持了48场活动线上报名、短信参会提醒、活动现场扫码签到入场。企业、工作人员都更方便，系统也自然沉淀了2 203人参加活动记录，可供后续数据利用分析。**在热线服务方面**，热线服务模块累计受理需求和问题108笔，其中整理常见问题78个，受理客户在线提问 30 个。

（三）项目推广应用

吴中经济技术开发区通过"机制＋平台＋运营"三位一体，打造以实体企服中心为主导，以数字企服为载体的服务枢纽模式，业务范围覆盖广，业务授权力度大，已形成了一整套有实践成效的做法。特别是企业服务枢纽平台建设具有较高的可复制性，各地可将各级各类惠企政策资源进行整合，通过建设新型惠企服务数字平台，提供政策发布、查询、匹配、推送、受理、兑现的一站式服务，不仅能提高政策的落地执行率，也可以提高政策的覆盖度和透明度，让政策资源更好地惠及企业。

案例点评

> 吴中经济技术开发区通过"Ai 吴企"企业服务枢纽平台的打造，既提高了基层政府的数字化治理能力，依托系统的服务能力，通过业务重构、流程改造等一系列变革举措，最大程度地精简了业务流程，广受企业好评；又有效地增强了风险预警处置能力，通过大数据等技术手段，与企业服务专题库、风险库和重点企业监管系统联动核查，实现了监测预警，避免资金重复兑付。通过构造吴中经开区内统一的企业服务枢纽，高度集成各类涉企服务应用和信息，实现企业服务一网通达。通过数字赋能，实现了各类企业服务业务全流程、精细化管理，实现业务过程与资金管理的联动，形成完整的业务一本账、资金一本账。依托平台构建了全方位多层次的"数实融合"的企业服务推进机制，为市、区级企业服务打造了具有示范作用的样板。

相城区社情民意一件事大数据感知平台

【引言】 党的二十大报告提出，在社会基层坚持和发展新时代"枫桥经验"，完善正确处理新形势下人民内部矛盾机制。习近平总书记在江苏、苏州考察期间指出"要坚持和发展新时代'枫桥经验'、'浦江经验'，完善社会治理体系，健全城乡基层治理体系和乡村治理协同推进机制，推进社会治理数字化。"

【摘要】 相城区认真贯彻落实习近平总书记关于"坚持和发展新时代'枫桥经验'"和对江苏、苏州工作重要讲话重要指示精神，积极推进区矛调中心和集成指挥中心一体化综合改革，并在此基础上，遵循"切口小、方法巧、效果灵"的原则，构建了"社情民意一件事"大数据感知平台。该平台汇聚法院诉讼、劳动纠纷调处、公共法律服务、信访接待等信息，利用数据分析技术，智能研判事件趋势、快速定位热点问题，全面感知矛盾调处态势。2024年1至4月，该平台办件总量约32万件，其中集成平台约30万件，矛盾调解总量约2万件，网格巡查约1.6万件，110非警情类工单1 500余件。通过创新数字赋能，依托"数字相城驾驶舱"汇聚空、天、地全量感知数据，通过数据挖掘、算法部署、模型搭建、事件分析，建立"蓝橙红"三色预警机制，有效对人、地、物、事、组织、网络、环境等因素进行实时监测，全方位感知城市运行风险，推动社会治理风险隐患"早发现、早预警、早处置"。

【关键词】 社情民意；大数据；社会治理

扫码看VR

2023年7月,相城区在全市率先建成区县级"数字驾驶舱",驾驶舱坚持"应用为王、感知为先",打造跨部门、跨层级、跨区域"一件事"应用场景,构建城市运行事件全过程管理。结合业务需求,区集成指挥中心充分整合12345、数字城管、网格巡查等信息资源打造"社情民意一件事",以"未诉先办"为目标,从"被动"接收信息转为"主动"解决问题,智能分析平台中苗头性、规律性、趋势性信息,发出蓝、橙、红三色预警提示,并通过指令平台流转处置。2023年12月19日,该平台在全市数字化改革推进大会进行路演。2024年2月获评全市政务服务系统第五届"双争双创"活动改革创新标杆项目。

一、建设背景

(一)新时期,群众诉求日益多元化复杂化

随着网络信息技术快速发展,人民群众的社会参与和表达渠道呈现出多元化、个性化的特点。他们不仅关注基本的生活需求,还更加关注公共服务的质量、环境保护、社会公平等议题,希望政府能够更加关注民生、提高治理效能,促进社会的和谐发展。群众的诉求虽然主要涉及私人利益,但其实现与法律和政策息息相关,群众是关心经济社会发展进步的,群众的意见和建议往往是有利于法律和政策完善的。在新形势下,政府倾听民意并及时回应的能力亟待加强,同时需要建立更加紧密的沟通和问题处置机制,形成良性互动的局面,才能实现社会的和谐稳定。市民的诉求不仅是对社会问题的关注和反映,更是社会进步的动力和基础,但从海量诉求中厘清线索、准确派单、及时处置、提升群众满

意率等需要耗费大量人力物力,如何高效科学形成处置闭环亟待探索实践。

(二) 新挑战,跨部门跨层级跨领域办事困难

面对日益复杂多变的社会环境,群众诉求内容涉及多部门、多层级、多领域,但不同部门之间存在着职责范围不明晰、信息不对称、利益冲突等问题,不同层级之间的权责划分不清、协调机制不够完善,跨领域的合作更是面临着专业性强、复杂性高的挑战,导致合作协调困难,群众诉求得不到及时有效的解决,造成矛盾风险加大,不利于社会和谐稳定。提升办事质效的关键,就是建立起跨部门、跨层级、跨领域的合作机制,"让数据多跑路,让百姓少跑路",推动信息共享、资源整合,形成合力,共同应对各种困难和挑战,实现共同发展繁荣的目标。

(三) 新动能,大数据感知能力支撑快速发展

大数据、云计算、人工智能等前沿技术手段逐步成为城市治理能力的增长引擎和活力源泉,通过对海量数据的收集、存储、处理和分析,揭示隐藏在数据背后的规律和趋势,为决策提供科学依据。聚焦群众的急难愁盼问题,以数字化技术赋能城市治理,提高治理科学化、精细化、智能化水平,不断增强人民群众的获得感、幸福感、安全感。通过大数据技术实现对社会各个方面的预测、监控和预警,从而更加精准地制定政策、优化资源配置,提升社会治理效率和水平,推动风险隐患"早发现、早预警、早处置",避免小问题拖成老大难,提高社会安全和稳定。

二、功能运用

（一）汇集各类数据实现信息互通

"社情民意一件事"平台整合市矛调平台、12345热线、寒山闻钟论坛、各级领导信箱、"三问四敢"恳谈周、"双千万"大走访和"七张问题清单"等60多个群众诉求渠道数据，对群众关心关注、热点难点问题能及时了解掌握、快速归并处置。在此基础上对所有录入工单进行主题分析及Top5排行，进一步提高直观可感性。其中诉求概况模块展示了集成指挥平台线上接办、网格巡查等相关数据，例如区社会治理中心矛盾纠纷调解总量、诉讼服务、劳动纠纷调处、公共法律服务、信访接待等线下受理处办数据。通过点击"指令流转"，可以跳转业务平台，看到事项的具体信息，让值班领导实时掌握当前事项的办理进度。在主题分析模块，可以选择不同的来源，对应分析热点和难点问题。中间地图落图展示工单在各板块的分布情况。轮值概况模块展示当日指挥长、轮值主任等值班人员信息，以及线下矛盾调处工单类型比例，最大程度便捷值班长和值班人员的查看和督导工作。

（二）加强情报预警助力源头化解

"社情民意一件事"平台设置模块对日常情况进行监测，并发出预警，提示风险。异常研判模块通过设置退单情况、不满意工单情况等指标，用于对派单准确程度、疑难事项的日常监测。服务效能模块对派单情况及热线电话接通率、工单办理满意率、工单及时签收率、及时退单率、按时办结率、平均办理时长等重要指标进行日常监测。在平台预警模块，相城区强化合成处置机制、信访联席会议机制与指挥长机制的融合衔接，依托"蓝橙红"三色预警研判处置机制，对重点事件进行预警处置，并由指挥长"首问包案""跟踪闭环"。其中，集成平台来源通过智能 AI 模型算法进行自动预警，分析可能酿成的风险。通过分析同一事件多人重复投诉举报情况，自动触发"一事多人"预警；分析同一人员多次重复投诉举报情况，自动触发"一人多诉"预警。经业务科研判后，决定取消或下发预警。通过创新方式方法，提高服务质效，做到"发现在早，处置在小"。

（三）领导带班轮值促进工单办理

建立"1＋1＋1＋N"指挥长制度，每日由区四套班子领导和法检"两长"担任指挥长，27 家入驻部门分管领导任轮值主任，按照"首问包案""跟踪闭环"原则，指挥处置当日轮值事项，重点处置"疑难、群体、多跨、突发、敏感"等五类事件，实现高效协同指挥、提升调处效率。融合社会治理中心指挥长制度、社会矛盾风险合成处置机制、信访联席会议机制以及"蓝橙红"三色预警机制，根据矛盾风险隐患事项程度，下发"两函一单"，加强预警预报，通力合作办理，避免矛盾风险外溢上行。例如 2023 年 7 月份以来，渭塘某小区部分居民反映电梯频繁故障，短期内超过 30 件工单，触发了"三色预警"机制，生成了工作提示单，经研判后派发指令到区市场监督管理局。随后立即组织检查，发现是汛期雨水倒灌导致的。通过紧急抢修、维护更换配件等应急措施，电梯恢复正常运行。依托该平台，同期还预警了位于澄阳街道、元和街道等小区的电梯故障等问题。针对这批同类问题，进行聚类分析，专门印发了《相城区电梯安全三年行动工作方案》，从而实现了"解决一件事"到"解决一类事"的转变。

三、做法成效

（一）高位统筹、优化机制，高效协同化解难事要事

严格执行"1＋1＋1＋N"指挥长制度，按照"首问包案""跟踪闭环"原则，指挥处置当日轮值事项，通过平台对疑难工单进行全流程监测，层层跟进处置环节，截至 2024 年 4 月底跟踪协调疑难事项 98 件。严格落实涉稳风险"日报告、周研判、月分析"，各入驻单位加强对受理事项的研判分析，及时排查本系统、本领域涉稳风险苗头，开展风险评估、加强监测预警、提出意见建议，推动风险隐患"早发现、早预警、早处置"，确保"六个不发生"。

（二）汇聚数据、智慧赋能，感知预警提升治理水平

持续加强情报预警，将社会稳定风险合成处置机制、信访联席会议制度、集成平台"蓝橙红"三色预警机制与指挥长制度有机融合衔接，通过 AI 算法模型智能触发预警，经部门研判后对存在稳定风险事项第一时间下发提示函、交办单、警示函，加快调解处办，必要时提级处办。截至 2024 年 4 月底下发蓝色预警 33 件、橙色预警 65 件（红色预警暂无），已处置 81 件、处置中 17 件，助力矛盾纠纷"发现在早、处置在小"。

(三) 与时俱进、优化完善，数字赋能加快流程再造

对接市矛调平台，汇聚法院诉讼、劳动纠纷调处、公共法律服务、信访接待等信息，利用数据分析技术，智能研判事件趋势、快速定位热点问题，全面感知矛盾调处态势。2024 年以来，该平台办件总量约 32 万件，其中集成平台约 30 万件，矛盾调解总量约 2 万件，网格巡查约 1.6 万件，110 非警情类工单 1 500 余件。构建多维感知促进全域智治。按照《相城区数字化改革总体方案》，不断夯实人口、法人、地理等公共数据底座，构建"空、天、地、人"城市运行多维立体感知体系，持续做优数字乡村、数字社区、数字城管、智慧工地等场景建设，不断挖掘开发"小巧灵"应用功能，变被动处置为靶向治理，推动从"解决一件事"到"解决一类事"的有效转变。

📖 案例点评

> 相城区坚持数字化改革引领，以"小、巧、灵"数字化应用项目建设为抓手，加快数字化改革实践步伐，打造"社情民意一件事"大数据感知平台，通过数据集成、机制融合、AI 算法模型智能触发预警，有效整合了各渠道数据和人力资源、高效推进了部门联动处置，切实降低了矛盾风险外溢上行风险，提升了社会治理效能。

张家港市农民工工资保证金管理系统

【引言】 习近平总书记强调，要推进政府决策科学化、社会治理精细化、公共服务高效化，用信息化手段更好感知社会态势、畅通沟通渠道、辅助决策施政、方便群众办事，做到心中有数。农民工工资保证金管理作为近年来政府管理服务的重点内容之一，其数字化转型发展符合国家建设"数字中国"的整体战略方针，对构建和完善中国特色和谐劳动关系、促进国家治理体系和治理能力现代化有着重要意义。

【摘要】 张家港市以大数据技术为引擎，将"数据赋能、数字管理"的服务模式融入全市根治欠薪工作，在苏州大市范围内率先打造农民工工资保证金管理系统。该系统着力于融合、共享、便民、安全，构建了人社部门、行业主管部门、施工企业、金融机构和农民工共同参与的"全链条可溯、全过程监控"的农民工工资保证金管理闭环，实现资金缴纳申请、核定审批、存储备案、使用划拨、补缴确认、智慧返还等全流程线上办理。通过一站式数字化综合管理，减轻政府部门和企业的时间成本与人力成本，进一步提升张家港市工程建设领域施工企业的用工管理规范化水平，进一步强化农民工工资保证金监管力度，切实维护农民工的劳动权益。

【关键词】 农民工工资保证金；管理系统；数字化

扫码看VR

2023年11月，张家港市在苏州大市范围内率先上线农民工工资保证金管理系统，实现了农民工工资保证金的全流程数字化闭环管理。从保证金的缴纳申请、核定审批、存储备案、使用划拨、补缴确认到智慧返还，平台打通了农民工工资保证金管理的各个环节，为政府提供了集中高效的管理模式，有效保障了农民工工资权益，为构建和完善和谐稳定的劳动关系提供了数字化支持。2023年12月，张家港市农民工工资保证金管理系统获苏州市委主要领导批示肯定。

一、建设背景

（一）工程建设领域欠薪案件频发

近几年来，工程建设领域市场主体受房地产市场低迷影响，资金链紧张问题逐步传导至劳动关系领域，张家港市工程建设领域欠薪案件呈现上升趋势。2020年、2021年、2022年张家港市工程建设领域欠薪案件数分别是83件、518件、1 233件，2023年为1 734件，占所有劳资纠纷案件总量的33.46%。

（二）工资保证金是根治欠薪的兜底防线

工程建设领域是欠薪问题易发高发的重点领域，一直是欠薪治理的重中之重。《保障农民工工资支付条例》规定，工程建设领域施工总承包单位应设立工资保证金专户，用于专项支付被拖欠的农民工工资。农民工工资保证金制度，是根治工程建设领域欠薪顽疾的兜底措施，是保障农民工权益的最后一道防线。

（三）工资保证金纳入信息化管理的需求日益迫切

工资保证金政策落实以来，张家港市农民工工资保证金各项业务均为人工办理。对政府而言，随着存储项目的增多，服务效能不高、监管难度加大、岗位风险加剧的弊端逐渐显露。对于企业来说，工资保证金办理需要历时4~5个工作日，多次往返人社部门提交资料、领取资料，流程较多、人力成本较高，不利于减轻企业办事负担。因此，信息化建设迫在眉睫。

（四）"智慧监察"体系的日益完善为系统开发提供了有力支持

近年来，张家港市先后上线"护薪码"小程序、张家港根治欠薪线索反映平台、劳动监察双随机派单系统、劳动监察手机端移动办案系统等，"智慧监察"平台体系日趋完善，为农民工工资保证金管理系统的搭建提供了现实基础和技术支撑。

二、功能运用

保障农民工工资及时足额支付，事关广大农民工切身利益和民生福祉，事关社会公平正义与和谐稳定。张家港市锚准"高效护薪"目标，在融合、共享、便民、安全上下功夫，以多头服务为建设路径，上线农民工工资保证金管理系统，通过技术融合、业务融合、数据融合，实现跨系统、跨部门、跨业务的协同管理和服务，共同兜住农民工的"钱袋子"。

（一）业务办理线上化

系统强化数据共享联动，汇集行政审批、住建、交通、水务4个部门的项目信息，厘清全市在建项目底数，减轻人社部门信息采集负担。针对新增开工项目，系统定期抓取全市工程项目施工许可信息或开工备案信息，施工总承包单位登录系统后一键获取所申请项目信息和应办未办事项。同时人社部门可根据系统获知应办未办项目信息，确保及时提醒、督促办理。系统为企业提供差异化存缴选择，通过在线提交申请、上传附件资料，相关信息自动流转至人社部门。人社部门经三级审批确定符合的存缴政策及存缴金额，发放存储通知书并短信提醒企业经办人。保证金业务全程线上办理，大幅度提升行政服务效率。

（二）核定审批规范化

人社部门联合住建、水利、交通等行业主管部门，实现项目信息、实名制信息、欠薪线索等多项数据串联，严审施工企业制度落实情况和欠薪记录。企业提交申请后，系统自动比对企业欠薪"黑名单"，对发生过欠薪情形的企业进行标识，提高存储比率。对申请降低存储比例的企业，人社部门根据系统提示，严格审核该企业在苏州大市其他在建项目工资保证金的存储情况。对申请免缴的项目，经人社部门初审符合免缴条件的，相关申请信息将通过管理系统自动流转至住建、交通、水务等行业主管部门，再由行业主管部门进行二次审批。通过实施跨部门联合审批、双层把关，合理控制风险系数。同时，系统集成企业工资保证金办理情况，实时共享至行业主管部门和9个区镇单位，为农民工工资保障合力监管提供有力支持。

（三）存储选择多元化

工资保证金管理系统设置"存储须知"模块，显示具有承办资质的银行及保险公司名录、办理手续、经办网点地址及经办人联系方式。目前，张家港市为14家金融机构搭建了信息展示窗口，增强了金融机构与企业的信息互通性和透明度。企业可根据自身实际情况，选择现金存储、银行保函、工程保证保险等不同的存缴方式，并依据信息提示前往经办地点咨询办理。该系统主动为企业提供多种选择，助力企业加快资金流通，减轻企业经济负担。

（四）资金管理实时化

企业存储备案完成后，人社部门将存储情况及时推送至金融机构，金融机构对存储账号、金额、保函或保险时长进行二次确认，确保资金流、信息流、工作流一一匹配，实现闭环管理。同时，将账户信息纳入资金管理库，由人社部门与金融机构共同监管，实时掌握数据变化。

（五）划拨使用透明化

当工程发生欠薪问题需要动用农民工工资保证金时，由人社部门发起划拨流程，将支付通知书、工资明细表同时线上流转至企业账号、金融机构账号，并同步向企业发送划拨提醒短信。金融机构依据系统信息直接将工资保证金支付至农民工个人银行账户，并将发放记录明细、账户余额线上流转至人社部门及企业账户。同时，系统自动发起补缴流程，确保企业工资保证金账户资金充足，并自动更新企业"黑名单"。

（六）返还流程智能化

工程完工后，企业发起返还流程并提交无拖欠工资承诺书。系统对接实名制管理系统，自动获取项目状态及考勤情况。在系统匹配已完工状态下，人社部门将无拖欠承诺书公示链接回传企业账号，开始线上公示 30 日。公示结束后，系统从实名制管理系统中随机抽取该项目农民工，发送工资支付询问短信，并推送返还信息至行业主管部门。经多重确认工资支付无问题后，返还申请通过。系统通过项目信息、实名制管理信息及农民工打卡等情况多部门信息共享，线上审核工资支付情况，实现智能化安全返还。

三、做法成效

张家港市以创建"不欠薪"城市为切入点，全力为劳动者构筑"和谐之巢"，以"全链条、一体化、智能化"的数字政务监管服务模式，打造农民工工资保证金管理系统，简化、优化保证金缴纳申请、核定审批、存储备案、使用划拨、补缴确认、智慧返还等各个管理环节，大幅提升管理服务效能，牢牢守住民生底线，奋力推进"不欠薪"城市建设，让农民工安"薪"不忧"酬"，是政府管理数字化转型的成功示范。

（一）经办模式更加丰富，政务服务提速升级

张家港市以优化营商环境、提高服务质量为抓手，建设农民工工资保证金管理系统，构建了工资保证金的建档、缴纳、减免、使用、补足、返还、公示等全流程，为农民工工资保证金业务办理新增数字化模

式,让经办方式更加丰富,促进政务服务提速升级,实现了"一网办理、多点协同、全程在线"的管理新模式。数字化、网络化的管理模式,极大提升了农民工工资保证金工作质效,业务办理周期由原来的4~5个工作日压缩至1~2个工作日,实现行政服务效率和质量"双提升",真正实现了"数据多跑路、企业少跑腿"。施工企业普遍反映,农民工工资保证金管理系统上线后,降低了企业人力成本,实现了办事效率最大化。

(二)信息共享更加深化,风险管控提档进位

张家港市以工程建设项目为主线,整合人社、住建、交通、水务、行政审批、银行等部门相关业务事项和数据资源,建立农民工工资保证金"数字化档案",实现档案信息集中存储、深度共享,确保工资保证金"应缴尽缴"。通过欠薪数据与项目数据比对,精准识别风险企业、风险项目,实施差异化征缴管理政策,确保"不能免的绝不免",切实避免业务经办人工甄别失误风险。合理设置系统权限,实行业务全程人社三级审批、减免项目跨部门双层审批制度,系统操作全线留痕、全程可溯,有效降低廉政风险。截至目前,张家港市农民工工资保证金管理系统已联通4家行业主管部门、9个乡镇单位,纳入14家银行、保险公司等金融机构,注册建筑企业202个,累计办理金额达7 061万元,在建项目覆盖率达100%,保障张家港市近5万名农民工工资支付安全。

(三)市场秩序更加规范,欠薪治理提质增效

依托农民工工资保证金管理系统与张家港市建筑从业人员实名制系

统数据联通，张家港市人社、住建、交通、水务等部门通过信息化手段对全市在建工程项目实时进行"线上监管"，动态掌握施工企业农民工工资保证金缴纳和农民工工资支付情况。通过共享张家港根治欠薪反映平台数据，及时发现掌握企业欠薪记录。对存在工资拖欠或工资支付不规范情形的企业，不予免除工资保证金；涉及欠薪人数多、欠薪金额大的，纳入工资支付"黑名单"实行联合惩戒。系统记录工资保证金使用情况，一旦发生欠薪情况动用工资保证金，自动将欠薪企业纳入"黑名单"，并适时提高存储比率，发起补缴流程。根据工资保证金办理留存信息，建立企业画像，并更新企业红黑榜，强化企业信用管理，督促施工企业规范用工，助推工程建设领域工资支付保障制度落实，规范建筑市场秩序，源头提升欠薪治理成效。

（四）智慧监察更加完善，权益保障提优赋能

通过搭建农民工工资保证金管理系统，加上原有的张家港"护薪码"小程序、张家港根治欠薪反映平台、劳动监察双随机派单系统等各类应用，构筑完善张家港市"智慧监察"平台体系。强化数据综合分析利用，充分发挥"智慧监察"平台体系信息整合及引领作用，全市劳动关系形势研判及预警能力得到提升。结合劳动监察日常巡查、专项检查，及时排查矛盾隐患，实行数字化整合，主动介入、靠前服务、分类推进解决。创建"部门信息联通、市镇力量联合、全市工作联动"的管理机制，推动形成欠薪风险事前可防、事中可管、事后可解的全过程数字化监管生态，共同筑牢农民工工资支付链条，有力保障农民工工资报酬权益。

案例点评

上线农民工工资保证金管理系统，是张家港市积极破除欠薪治理工作难点堵点的大胆创新。农民工工资保证金管理系统以工程项目开工档案为基础，通过跨部门数据共享、业务协同，实现工资保证金管理的业务流、资金流、数据流、档案流同步传递，形成了资金"收、支、管、用"全过程有痕迹、可追溯、能展现的管理闭环，有效提升了公共服务及社会治理数字化智能化水平，为推进国家治理体系和治理能力现代化贡献了张家港力量。

昆山市"牡丹停"智慧停车管理平台

【引言】 习近平总书记指出"要全面贯彻网络强国战略,把数字技术广泛应用于政府管理服务,推动政府数字化、智能化运行,为推进国家治理体系和治理能力现代化提供有力支撑。"近年来,随着我国大城市机动车保有量的不断攀升,城市停车矛盾日益尖锐,停车管理问题开始受到多方重视,各大城市均开始了停车治理行动。建立智能化平台,借助智慧化手段,通过数字赋能高效解决停车管理问题,已成为我国城市静态交通发展的必经之路。

【摘要】 昆山市"牡丹停"智慧停车管理平台将停车场定位、泊位数、收费标准等信息接入智慧停车管理平台供市民查询,让停车管理进入数字化智能时代。"牡丹停"提供停车场信息查询、线路导航、线上缴费等停车全过程便利服务,市民在"牡丹停"开启"无感支付",即可大大减少离场时间,提高停车效率。同时,作为停车信息数字化的集成平台,通过停车数据计算出周转率、空置率、利用率,为政府部门决策提供数据支撑。自"牡丹停"上线以来,累计已有超过23.8万个注册用户,超1.2亿笔订单,平台已累计接入611处停车场点、15.2万个泊位,其中423个停车场和80条道路泊位已实现"无感支付"。通过综合运用"牡丹停",可以增加停车泊位利用率、周转率,提高停车效率,有效缓解城市交通压力,逐步规范停车秩序,缓解停车难问题。

【关键词】 便民停车;科技赋能;智慧管理

扫码看VR

2022年，昆山市"牡丹停"智慧停车管理平台正式上线，经发展，"牡丹停"已成为全市主流的停车综合服务平台，并成为"鹿路通"APP中热门的服务应用。"牡丹停"智慧停车项目通过车位检测器、智能道闸等前端物联网设备，搭建统一的智慧停车大数据云平台，实现人、车、泊位可视化监管，技术成熟、成效显著，先后被新华社、苏州及昆山融媒体宣传报道，同时入选2022年昆山市数字政府优秀案例。它将停车导航、共享停车、无感支付等功能融于"一掌之中"，推动实现停车收费无人值守，进场自动记录、离场自动支付，让市民体验一出智慧停车的昆曲"牡丹停"。

一、建设背景

进入21世纪以来，社会飞速发展，经济始终保持较高速度增长，取得了巨大的经济成就，城市化水平稳步提升，人民可支配收入不断提高，消费能力也在逐年变强。随着物质生活水平的提高，群众的出行方式和理念也发生了巨大的变化，小汽车逐渐走进千家万户。老百姓对于机动车的消费理念已从"奢侈品"变为"必需品"，购买机动车成为每一个家庭都可以实现的目标，已然成为寻常百姓家庭生活的一部分。但是，城市早期规划开发没有前瞻性，随着机动车保有量的持续增加，交通系统开始变得不堪重负；再加上规划滞后问题，机动车停车泊位建设速度已远远落后于机动车增长速度，导致城市停车管理问题日益严重，停车难、停车乱的现象越来越多，因此引发的社会矛盾也与日俱增。

截至2023年底，昆山市全体居民人均可支配收入超过70 000元，全市机动车保有量为96.97万辆，并以每年约8%的速度递增。近年来，昆山市新增建设了一大批地块开发建设项目，配建停车场和公共停车场，一定程度上缓解了停车压力。但由于用地资源的日益紧张，智能化管理水平欠佳，车位整体利用率偏低等原因，昆山市停车难问题依然存在，停车供需矛盾仍然尖锐。

随着停车问题成为社会广泛关注的民生问题，政府亟待通过智慧化方式提高管理水平，构建全新的智能停车管理体系，昆山市"牡丹停"智慧停车管理平台应运而生。自2021年8月起，在市委、市政府的高度重视下，市城管局聚焦推动"智慧停车"新基建发展，进一步整合城市停车资源，梳理城市静态交通秩序，以此来缓解停车难矛盾。目前，昆山市智慧停车管理平台及"牡丹停"移动终端已搭建完成，累计实现全市611处停车场点、15.2万个泊位纳入平台管理，可为市民出行提供停车导航、余位查询、无感支付等便捷停车服务。

二、功能运用

通过建设"牡丹停"智慧停车管理平台，实现"一个中心、一套平台、三类对象（政府、企业、市民）、联动发展、全网共享"的智慧停车综合服务体系。平台打造市民手机终端服务、行政部门决策管理、运营企业管理服务三大功能，努力形成"服务体验好、管理效率高、分析决策强"的"一体化"停车管理系统。

（一）赋能政府管理，停车数据"一体分析"

1. 平台为政府部门提供相关决策支撑功能。一是为城管部门提供行业监管功能。平台可进行巡检员管理、停放车辆、收费明细、投诉处理等信息的全过程实时管理，动态掌握各个停车场（位）信息，方便行业监管。二是为住建、资规等部门提供决策支撑。平台通过停车数据计算出周转率、空置率、利用率，为住建、资规等部门配建停车场（位）提供数据支撑。三是与公安交管部门互联，实时上报停车信息，为公安交管部门提供套牌车分析、车辆布控、车辆违停等数据信息。

2. 平台具有高可用性、负载均衡、方便扩展和分布式部署等特性。在政府停车数据管理服务中，系统使用关系型数据库、内存数据库和文件数据库实现多种类型数据的高效管理，使用 java 应用服务器和 web 应用服务器实现前后台的应用管理。针对庞大的全市停车数据，平台均可以进行快速统计分析，并在未来根据需要进行数据类型扩展，保证平台的先进性。

3. 平台具有静态交通大数据监测与管控系统功能，可以实现对昆山市停车场、停车位的高效监管。数据包含：停车实时监控、停车综合指数、停车专题地图、收费区域分析、利用率分析、周转率分析、空置率分析、占用率分析、停车场管理等。通过大屏监控，对全市停车动静态状况进行数据可视化分析，实时掌握最新的停车大趋势。

（二）赋能市民出行，停车信息"一手掌握"

"牡丹停"智慧停车小程序实时发布停车资源数据，向市民提供泊位查询、车位预定、线路导航、停车位状态查询、缴费等停车全过程的便利服务。

1. 停车诱导功能。"牡丹停"配备了 GIS 地图，关注并注册"牡丹停"公众号后，出行前只要进入"牡丹停"，点击"停车导航"菜单，就会自动显示目的地周边停车场以及剩余动态泊位，方便用户选择车辆停放位置。

2. 共享停车功能。为更好地发挥公共资源的社会效益，优化停车环境、缓解市民停车难问题，对昆山机关事业单位停车场进行升级改造，在空闲时段对市民开放停车。市民可以在"牡丹停"平台"共享及套餐办理"菜单中进行"申请登记"，填写相关信息后，即可完成申请流程。

3. 无感支付功能。在"牡丹停"上绑定车牌、开启"无感支付"按钮后，就能实现无感支付功能，无须再进行现场扫码，节约用户时间。进入公众号主页，点击"停车记录及发票"菜单，选择在线开票，可根据时间，自主选择需要开票的订单，输入开票信息后即可在线申请开具电子发票。

4. 欠费提醒功能。"牡丹停"智慧停车会对停车欠费的车主通过公众号欠费推送通知、电话提醒、ETC扣费等方式进行追缴。为维护公平、公正的停车秩序，"牡丹停"智慧停车根据平台停车和缴费记录，提醒车主按时缴纳停车欠费。车主在收到提醒后，通过关注"牡丹停"微信公众号查询补缴。

（三）赋能企业运营，停车场点"一网统管"

1. 现场管理提质扩容。通过自动识别控制车辆进出，避免停车取卡、停车缴费、手工登记、人工开闸等耗时操作，减少出入口拥堵，提升车场通行效率。以大数据为支撑，最大限度盘活停车资源，提高停车泊位周转率、利用率。

2. 运营管理降本增效。根据道路泊位分布、周边环境、道路条件等因素，多元化使用智能道闸、地磁＋掌上电脑（PDA）、高位视频、巡检车等智能化设施，按照全市"一张网"总体框架，拓展"牡丹停"停车设施服务规模。借助全面的在线支付手段减少收费人员，通过物联网实现对设备的远程监控及管理，缩短设备维护时间，通过自动收费统计降低稽核成本。综合利用平台提升管理效率，减少人工投入，降低运营成本。

3. 数据管理全面清晰。"牡丹停"智慧停车管理平台主要包含三部分数据：关系型数据、设备实时数据、图片文件数据。关系型数据主要为系统的基础数据、交易数据和系统管理类数据。其中基础数据如停车场、会员、车位、收费规则等，交易数据如订单数据、停车记录、充值记录、报警管理等，系统管理类数据如人员、组织机构、角色等。设备实时数据主要为地磁、视频桩、高位监控的实时监测数据。图片文件数据主要为停车的入场和离场的图片。系统的外部接口服务，可以部署多套接口服务来与不同的设备厂家进行对接。

三、做法成效

（一）市民停车体验好

一是平台实时发布停车资源数据，提供泊位查询、线路导航、线上缴费等停车全过程便利服务。市民通过"鹿路通"APP或者关注"牡丹停"微信公众号，查看目的地附近停车泊位情况，设定目的地后可自动导航到附近停车场，避免排队等位；离场时可使用平台的无感支付（微信、支付宝、"鹿路通"APP）功能，避免排队缴费。二是繁华城区、中心地段从以前的"一位难寻"到现在的"无感支付，即停即走"，路边辅路从以前的乱停乱放到现在按位停车、有序停车。依托停车智能导航、泊位实时查看、无感支付核心功能，提高车辆进出场效率，保障停车设施快速周转。三是P+R换乘模式给予群众出行新方式。随着轨道交通11号线的投入使用,"牡丹停"在市民文化广场和文化艺术中心两座P+R停车场安装换乘刷卡设备,换乘时进行刷卡即可获得5折停车优惠,不但降低了车主停车费用、提升了出行效率,同时也对城市动态交通做出了贡献。截至目前,"牡丹停"平台注册用户数已超过23.8万人,每日订单数量接近20万笔,已接入全市611处停车场点、15.2万个泊位动态数据。

(二)行业管理效率高

"牡丹停"智慧停车管理平台有效打破停车资源壁垒,将全市各类停车信息收集汇总至市级平台。通过科技赋能,为政府部门提供强大的行业监管功能。一是借助平台推动经营性停车场规范备案,所有停车场在规范备案时必须将动态数据接入市级平台,确保新增收费停车设施全量接入,夯实平台数据基础。二是借助平台开展区镇高质量发展考核和公共停车收费管理专项整治,建立"定期查、马上报、限时改、回头看"的闭环式督查模式,截至目前发现并整治停车收费管理相关问题超过200件。三是通过平台高效处理群众诉求,联动12345举报热线、停车收费监督二维码等手段,累计处理涉及停车方面的投诉问题超过400件。四是借助平台推广应用地磁、视频桩、高位视频、巡检车等技术设备,统筹推动智能化建设和无人化值守进程,实现车辆车牌、车辆特征、停车时间等停车数据的实时采集与传输。从路边临时停车位、公共停车场,到商业停车场、机关企事业单位停车场,全部纳入平台统一管理。

(三)停车分析决策强

一是借助"牡丹停"智慧停车管理平台的大数据分析,政府部门可以针对不同停车难区域分类施策，新增建筑物严格按照配建标准建设停车设施，既有建筑物依托城市更新行动、老旧小区改造、闲置地块利用等，多举措增加停车设施供给。二是借助大数据分析研判，政府部门可以完善相关停车系统改善规划，明确差别化停车发展政策、停车设施供给和管理策略；落实各类停车示范区建设，以点扩面，为城市停车难综合治理累积可复制经验做法。三是运营企业借助平台可实现停车场（位）的流量统计、巡检员管理和停车场营收情况等多维度的统计分析，同时可开具电子发票及财务清分功能，便于企业管理者高效掌握运营情况和营收分析。通过城市级智慧停车管理平台建设，基本实现停车服务便捷化、运营管理精细化、行业监管规范化、分析决策科学化，停车数据共享化的目标。"牡丹停"智慧停车平台基本实现全市停车一张网，平台与车场泊位信息互联互通，构筑起1个市级总平台，11个区镇子平台的智慧停车管理网络。

案例点评

"牡丹停"智慧停车管理平台，依托互联网＋运营管理模式，利用物联网与大数据分析技术，将分散在不同区域、不同场点的停车数据互联集中，实现停车设施的远程在线管理和服务，便于行业监管、企业运维。利用"鹿路通"APP、"牡丹停"微信公众号等移动终端向市民提供便利化停车服务，实现停车资源的实时更新，查询、导航服务一体化，切实为市民提供泛在可及、智慧便捷的城市停车服务。

常熟市中介超市平台

【引言】 习近平总书记指出:"要全面贯彻网络强国战略,把数字技术广泛应用于政府管理服务,推动政府数字化、智能化运行,为推进国家治理体系和治理能力现代化提供有力支撑。"随着数字政府建设的推进,政务服务日益从政府供给导向转变为群众需求导向,以精准对接需求、细化服务项目为主要内容的政务服务成为人民群众的新期待。

【摘要】 在项目审批过程中,中介服务存在效率低、耗时长、收费乱、垄断性等问题,影响项目开工建设,制约营商环境良性发展。为加快形成竞争有序、便捷高效的中介服务市场,常熟于2019年底推出了中介超市平台,为项目业主、中介机构、监管部门提供"零费用、零跑动、一站式"服务。入驻超市的中介机构可参与全市服务项目交易,以商品形式公开展示资质、信用和服务信息。项目业主足不出户便可一网通览全国各地的中介机构,像网购一样"货比三家",选择服务评价高、价格合理、符合需求的中介机构。结束服务后,项目业主还可对中介机构进行线上评价,倒逼机构重视信用建设,促进行业健康发展。

【关键词】 制度性交易成本;营商环境;廉洁政府

扫码看VR

2019年底，常熟市推出中介超市平台。经过四年多的运行，常熟中介超市对减少企业交易成本、构建新型"亲清"政商关系起到了积极作用，引导更多中介服务机构重视诚信经营、规范服务，通过提高服务质量、降低服务费用赢得业主信任，获得项目商机，不断发展壮大业务规模。截至目前，常熟中介超市入驻中介机构近1 000家，累计成交项目超10 000个，成交额超2亿元，进驻事项数量、成交规模居全省县域第一。

一、建设背景

（一）中介市场乱象丛生

由于中介服务专业性强、供需双方信息不对称，中介服务市场长期存在乱收费、服务差等问题，社会公众对中介服务机构信任度普遍较低。多年以来，监管部门一直坚持打击整顿违规中介行为，但始终未能治本，新旧问题的交织不断，严重制约了经济社会的高质量发展，因此，斩断乱象背后的利益链显得尤为迫切。

（二）中介需求日益增长

我国小微企业是经济发展的重要组成部分，它们在就业、创新和经济增长方面发挥了重要作用。然而，由于规模小、资金不足等原因，大量小微企业在安全生产检测检验、探矿权采矿权评估、城乡规划编制等涉审中介项目方面缺乏专业人才，迫切需要物美价廉、优质高效的中介服务机构，确保项目在最短时间内完成审批手续。

（三）数字化转型全域发展

中介机构在发展过程中积累了一定的资源和供需信息库，但仅限于局部的信息匹配，且极度依赖管理人员经验，不能实现区域性乃至全国性信息匹配。多地调研发现，当前中介机构在各服务环节上各有所长，供需双方需要联系多个中介机构，才能完成项目的全部审批，无形中增加企业交易成本。因此，急需集成中介服务的综合平台，实现各类型服务"一站式、集成化"办理。例如，建设企业从土地"招拍挂"到项目竣工，可获得工程咨询、环境影响评价、水土保持方案、施工图设计等全流程服务。

二、功能运用

（一）实施市场化运行

常熟中介超市不断优化管理模式，通过免费服务、激励政策等措施，吸引不同行业、不同规模的中介机构入驻交易，推动中介行业由"隐性垄断"向"开放竞争"的转变，有效激发市场活力。**一是清单式管理涉审中介**。严格落实《江苏省涉审中介服务事项清单（2023年）》，对保留的中介服务逐项明确所涉行政审批事项名称、审批部门等，指导中介服务机构编制办事指南，公开中介服务机构名称、服务范围、资质条件等要素，为项目业主选取中介机构提供便利。**二是零门槛开放中介大市场**。向全国符合条件的中介服务机构开放市场，实现机构"零门槛、无障碍"入驻。目前已纳入评估评价、设计论证、勘察勘测的各类型中介服务机构902家，其中本地机构250家，外地机构652家，提供中介服务事项数量位列全省中介超市第一。**三是多元化满足采购需求**。目前，中介超市提供的服务涵盖评估评价咨询、方案报告论证等6大类型，具体包括环境影响报告表编制等78项涉审中介服务事项，以及房屋安全鉴定等96项非涉审中介服务事项。在项目业主进行项目需求发布时，平台提供直接选取、精简选取、网上竞价等8种选取方式，业主可以根据项目特点自主选择，最大限度满足采购需求。

（二）实施一网通办

常熟市中介超市充分运用数字化手段，积极构建新型第三方中介平台。**一是高位推进信息协同**。常熟中介超市通过与多个本地行业主管部门、省市两级中介超市对接互联，推动跨层级、跨地域、跨系统、跨部门、跨业务信息全面协同，实现"网上展示、网上竞价、网上交易、网上评价"一网通办。**二是联动区域评估**。相关评估机构可从中介超市中免费获得对应评估成果，有效提升报告编制效率，降低评估费用。例如，苏州治臻新能源装备有限公司办理扩建氢燃料电池金属双极板生产项目、氢燃料电池金属双极板生产技改项目环评审批，在编制环评时，评估机构直接引用区域评估中相关内容，为建设单位节约15天监测时间和6 000元意向监测费用。**三是强化交易全程监管**。中介超市根据要求，将业务自动推送至符合条件的中介机构，并同步发送短信提醒中介机构授权人（联系人）。所有交易流程在中介超市开展，通过积极引入竞争机制，实施"发布—选取—签约—履约—评价"全流程跟踪监督和数据留痕，把"互联网＋信用"管理模式贯穿服务全过程，有效切断中介机构与部门的依附关系，解决"中介不中"等问题。

（三）实施信用管理

信用管理是中介超市实施监管的重要抓手，常熟依托中介超市平台，在中介机构进驻超市、规范执业、守信激励、失信惩戒等环节构筑全方位监管链，着力打造"信用＋中介超市"，推进行政审批中介机构规范发展。**一是落实主管部门审核责任**。中介机构入驻前，由行业主管部门进行资质把关，对申请入驻的机构进行信息核查、身份验证，存在失信或经营异常行为记录的中介机构，不得入驻超市。失信经营被清退的中介机构再次申请入驻超市时，由中介超市运维部门会同行业主管部门视其整改情况处理，确保入驻中介机构资质齐全、服务规范。**二是实施竞争性排序激励**。中介超市在网页上实时展示考核结果、服务评价，供其他项目业主参考比较。同时，引入"按业绩排序""按服务评价分数排序"等竞争展示方式，激励中介机构提高服务质量、降低服务价格，促进市场良性循环发展。**三是强化失信惩戒措施**。建立"红黑榜"机制，对已入驻的中介机构实施动态监管，对合规经营中介采取红榜公示、奖励等方式表彰，对违规中介采取记录备案、列入"黑名单"、清退等手段惩戒，让守信企业享受信用红利，让失信企业难逃失信牢笼，有效激发中介服务市场活力。截至 2024 年 3 月，平台清退违规中介机构 17 家，切实提升项目业主安全感和满意度。

三、做法成效

中介超市融合电商管理理念，各项服务内容、收费标准一目了然，着力打造"线上选购、货比三家、安全放心"的官方网站，千方百计让企业和中介服务机构"会用""爱用"。

（一）全面推进不见面交易

项目业主可在中介超市网页直接获取第三方服务机构名录、联系方式、成交业绩等信息，综合比较中介机构服务费用、服务水平。在中介超市交易流程中，项目发布、投标报名、中标发布、合同上传等全流程可在线上完成，实现中介服务"不见面""一站式"交易。

（二）高质效推进降本增效

通过线上交易，大幅缩短采购公告发布、成交公告等事项时限。以环评编制服务为例，以往平均需要90多天，但经过中介超市约束要求，现平均控制在60天内。通过直接选取、精简选取、网上竞价等8种中介服务选取方式，有效压降采购费用和时间。从目前已完成的采购项目看，采用竞价模式采购项目，平均节约资金比例超30%。如常熟市碧溪街道拆迁厂房地块土壤状况调查服务，使用邀请网上竞价＋随机抽取模式，预算10万元，最终3万元成交，资金节约率达70%。

（三）构筑"亲清"采购关系

常熟市各镇（街道）均出台文件明确：购买未达到政府采购起点金额的中介服务，且该服务在超市平台清单以内的，原则上不允许审批部门指定中介机构。此举能够有效切断部门和中介的利益链，打破"红顶中介"垄断审批、垄断收费的格局。

案例点评

在项目审批过程中,中介服务质量和效率成为制约项目开工建设、影响地方营商环境的重要因素。建设中介超市,引入市场竞争机制,能够推动中介服务机构从"粗放式松散经营"向"平台化集约竞争"转变,形成中介、审批、业主三者紧密联系的良性互动机制,有利于加快推进建设高效规范、公平竞争、充分开放的全国统一大市场。

太仓市娄城解析赋能中心

【引言】 习近平总书记强调，要统筹推进各行业各领域政务应用系统集约建设、互联互通、协同联动，发挥数字化在政府履行经济调节、市场监管、社会管理、公共服务、生态环境保护等方面职能的重要支撑作用，构建协同高效的政府数字化履职能力体系。集约建设，要求统筹应用开发，复用组件模块，避免重复建设；互联互通，要求打造数据底座，支撑应用建设，推动场景融通；协同联动，要求打破条块分割，强化工作协同，放大整体效能。推进数字化改革，必须从深层次推动数据共享、流程再造、制度重塑，不断增强数字化对重大任务、核心业务的支撑作用。

【摘要】 娄城解析赋能中心是太仓市公安局通过与公安部第三研究所合作，将该中心定位成太仓市数字政府、智慧城市、社会治理的AI核心能力中枢，打造全省首创的"算法与算力解耦，算法与应用解耦"的示范应用高地。中心为公安局、城管局、教育局、市监局等委办局提供统一算力赋能，支撑不低于2000路并发的感知资源解析和算法调度，实现所有算法加载、删除、启停统一管理，统筹各单位个性化需求，将各类算法按照业务特点错时调度运行，提高算力资源使用率，为各单位的AI解析服务提供全方位的技术支撑，为智慧城市建设添砖加瓦。

【关键词】 数字政府；智慧城市；社会治理

扫码看VR

2020年以来,太仓市委、市政府切实将"新一代雪亮技防工程"建设作为加强社会治理制度建设的重点实事工程之一,坚持高站位、高标准、高要求,全面推进工程各环节工作落实,涌现出一大批优秀的实战赋能应用场景。娄城解析赋能中心作为整个工程"一中心,四平台"基础架构体系中的核心应用,全面服务于社会治理、城市管理、校园安保、行业监管等多部门、跨领域赋能应用场景。2023年,太仓市"新一代雪亮技防工程"获评智慧江苏重点工程,"娄城解析赋能中心"项目取得计算机软件著作权登记证书并获得苏州市公安局科技强警奖。

一、建设背景

近年来,云计算、物联网、大数据技术在各个行业得到了广泛应用,对促进社会进步发展起到了积极的推动作用,已成为信息化发展的新方向。如何应用新技术手段更好地维护社会治安和国家稳定,是各地政府机关一直在关注、探索的方向。

对此,太仓市公安局以习近平新时代中国特色社会主义思想为指导,深入贯彻党的二十大精神,认真落实苏州市委、市政府和太仓市委、市政府有关智慧城市的文件精神,围绕"现代田园城、幸福金太仓"和创建"全国文明典范城市"目标,以"为民、便民、惠民"为导向,依托雪亮技防工程和政务基础数据,融合运用5G、大数据、人工智能、物联网等前沿技术,打造全省首创的"算法与算力解耦,算法与应用解耦"的示范应用高地——娄城解析赋能中心,全面推进政务工作和城市治理制度创新、模式创新、手段创新,提高科学化、精细化、智能化管理水平,助力全国文明典范城市创建。

娄城解析赋能中心以降本增效、资源复用为原则，不断外延社会治理服务能力，提升内外"双循环"服务水平，融合多源感知动态数据，完善视频图像信息采集传输、汇聚整合、处理分析体系，满足不同的算法算力资源共享需求，为全市各单位的 AI 解析服务提供全方位的技术支撑，为智慧城市建设添砖加瓦。

二、功能运用

娄城解析赋能中心基于人工智能等前沿技术，采用软件与硬件解耦、应用与数据解耦、让算法"百花齐放"的设计理念，以海量感知数据的汇聚、数据共享与能力开放为目标，满足全域视频图像数据的采集、整合、共享、存储、挖掘、研判等信息结构化处理应用。

总体架构以政务外网为核心，构建涵盖电子政务外网、行业专网的视频、数据大联网共享格局，服务于智慧城市、市域治理、公安实战等视频基础应用和解析分析应用。

各委办局专网视频流推送至政务网"太仓市视频联网共享平台"，并转发至解析赋能中心，通过算法调度软件，完成对应算法加载解析。当产生相关预警数据后，在应用层进行预警分发，同时存储预警记录，实现各委办局算法资源利用率、预警频次等使用情况的统计分析。

中心目前实现了以下 4 个方面的功能：

（一）分层解耦

全省首创"算法与算力解耦，算法与应用解耦"，为各委办局提供统一算力赋能，支撑不低于 2 000 路并发的感知资源解析和算法调度，实现所有算法加载、删除、启停统一管理。算法与算力解耦使得算法可以在不同计算平台上运行，而不依赖于特定的软硬件环境，具有高度的可移植性和可扩展性；算法与应用解耦使得算法可以独立于具体的应用进行开发和优化，可以被不同的应用场景重复利用。

（二）多算法融合

算法作为智能分析和大数据统计的核心功能模块，其准确性决定了研判的便捷性和效率。中心建有多算法融合平台，当需要针对已绑定不同算法的多个群组点位视频数据进行解析时，自动根据所绑定算法调用多个算法引擎实现多个群组的融合解析。

（三）能力服务总线建设

通过建设能力服务总线，解决各委办局现有算法解析服务整合共享问题，有效改善现有系统之间服务共享调用的网状关系，提高管控能力，实现跨系统、跨部门、跨地区的能力共享、业务协调，为提高中心服务质量和服务深度提供技术支撑。

（四）运行质态监测

部署网管服务器，对中心所有网络设备、服务器运行状态实现实时监测，包括网络设备端口流量，服务器存储容量、内存利用率等，确保中心整体运行质态良好。

三、做法成效

目前，按照"精准匹配、分类管理"的原则，已建成30余种交通违法算法模型，同时搭建风险防控、治安管理、文明城市、智慧城管、智慧市监在内的20余种社会治理算法，对识别后的关注行为，精准推送到公安、城管、教育、市监等主管部门，落实分级分类管理，助力智慧城市建设。

中心共计23台物理机，全部虚拟化部署，总计物理CPU46颗，内存11T，存储420T，90张GPU卡，其中36张T4卡，54张P4卡，提供给太仓市相关委办局共计59种AI算法，取得了很好的应用效果，主要体现在以下4个方面：

（一）推动公安工作效能再提升

通过"机动车违法检测""交通事件检测""非机动车违法检测"等系列算法，帮助公安局进一步完善对各类交通违法行为的查处治理，创建安全、畅通、文明的道路交通环境。依托AI算力中心，根据实际情况和管理需要，因地制宜、因事制宜设定信息抓取采集规则、划定感知区域，对货车车斗载人、未按规定使用安全带、遛犬不束犬链、渣土车未盖斗篷以及骑行电动自行车不戴头盔等30余类违法行为精准瞄靶、智能判定；对转弯直行冲突、同向转弯冲突、机动车非机动车冲突等20余类车辆轨迹冲突行为高效判定。截至目前，已累计判别各类交通违法行为28.5万余起，事故总量同比下降35.5%，路面守法率提升9.1%，取得阶段性明显成效。

（二）推动城市管理效能再提升

通过"垃圾堆积""垃圾未按规定时间投放""出店经营""机动车违停""非机动车违停"（与公安共享）等算法，帮助城管局进一步加强对市容市貌、公共秩序与环境卫生的管理。目前在太仓主城区共建设了5条精管道路130路视频监控，全市10个区镇和街道办对已分类的小区投建了998路视频监控。通过城管视频监控平台、娄城解析赋能中心和城管综合执法平台全链条能力整合输出，建立了从AI自动发现、自动派单到人员处置、综合执法局核实的全流程闭环处置，促进了城市管理问题远程发现、处置、监管、评判、归档全过程信息标准化，提升了源头管理水平，减少了现场执法冲突，提高了突发事件快速响应的能力。截至目前，中心自动判别发送垃圾堆积预警信息1596条、垃圾未按规定时间投放预警信息79007条、出店经营预警信息8086条、机动车违停预警信息3766条、非机动车违停预警信息8925条，均通过平台流转至属地部门成功处置，有效构建起感知全方位、监管全天候的城市精细化管理体系。

（三）推动学校安全工作效能再提升

通过"倒伏踩踏""跨界预警""徘徊滞留"等算法，帮助教育局进一步完善学生安全防护体系。近年来，太仓市依托新一代雪亮技防工程，大力开展智慧技防校园建设，在全市各区镇街道共计建设智慧技防校园94所，并在教育局端搭建智慧校园平台，利用人、车、视频、物联感知设备等要素全面提升校园智能化监管能力和智慧技防水平。算法通过中心与平台的无缝对接，自2022年6月在全市校园启用以来，共推送人员倒地报警信息 198 条，人员跨界报警信息 8 万余条，人员徘徊滞留预警信息 12 万余条。所有信息统一推送至智慧校园平台进行闭环处置，助力校园周边异常行为监测和校内人员安全态势感知，为推动全市校园安全应急响应机制落地提供科技支撑。

（四）推动行业管理水平再提升

通过"明厨亮灶""智慧农贸"系列算法，帮助市场监管局加强行业安全监管及文明行为规范。在全市 120 余家重点餐饮单位后厨布设视频监控设备，通过"明厨亮灶"相关算法，智能识别餐饮单位厨师不佩戴口罩、厨师帽等行为，纳入餐饮行业食品安全风险管控预警模型，帮助市场监管局进一步强化餐饮行业食品安全监管；在全市 31 家农贸市场提档升级过程中统一布设视频监控设备，通过"智慧农贸"系列算法，自动识别农贸市场周围非机动车和机动车违停行为、熟食店工作人员未穿白色工作服和未佩戴帽子及口罩行为、宠物进入市场内行为、非吸烟区域内吸烟的行为，发现问题后通过小程序实时向市场管理方推送，整改完成后形成问题处理的闭环，从而不断提升农贸市场的文明程度。

案例点评

娄城解析赋能中心通过开创"算法与算力解耦、算法与应用解耦"的新思路,采用"多算法融合调度管理"的新手段,经过近3年在全市范围内各领域的不断磨合应用,逐步探索出了一条有效提升县域社会治理效能的新路径。目前已全面服务于公安、城管、教育、市监等多个部门,落地50余种算法,成功解决高峰期算力不足、新算法上线慢、资源利用率不高的行业难题。未来,中心还将持续升级,兼容更多算法,构建更丰富的合作生态,孵化出更广域的赋能应用场景,形成在全省乃至全国领先的人工智能场景应用示范高地。

苏州工业园区"免证园区"建设

【引言】 习近平总书记强调:"要全面贯彻网络强国战略,把数字技术广泛应用于政府管理服务,推动政府数字化、智能化运行,为推进国家治理体系和治理能力现代化提供有力支撑。"国务院在《关于加快推进政务服务标准化规范化便利化的指导意见》(国发〔2022〕5号)中明确提出:2025年底前,高频电子证照实现全国互通互认,"免证办"全面推行,方便快捷、公平普惠、优质高效的政务服务体系全面建成。

【摘要】 为推进政务服务标准化规范化便利化,进一步推动"减证便民",解决群众办事难、办事慢、办事烦、多头跑、来回跑等问题,苏州工业园区(以下简称园区)在落实国家改革要求的同时,依托园区"一网通办"赋能,创新提出"免证园区"改革思路,确立 **4—2—1 的免证架构**,即"直接取消、数据调用、部门核验、告知承诺"**四种免证方式**,线上线下**两条免证通道**,实人认证和授权的**一条免证底线**,推进"免证办"。园区将"免证园区"作为数字政府改革的切入口,联动政务服务全链条,激发政务服务增值化改革连锁反应,探索打造智慧高效的数字政务服务体系。目前,"免证园区"已覆盖500多个业务,在生产生活、招投标等领域实现高频场景免证办,截至2024年4月,累计调用电子证照约580万次。

【关键词】 证明材料;免证办;数字政府

扫码看VR

园区行政审批局（政务办）通过机制创新、数据共享、流程优化，创新提出"免证园区"改革思路，于国内率先通过"直接取消、数据调用、部门核验、告知承诺"四种方式分类推进免证工作。2021年、2022年分别发布两批免证清单，共实现500余项业务的1 300余份材料免于提交。"免证园区"获国务院办公厅刊载推广，入选"数字政府特色评选50强""数字江苏优秀实践成果""中国（江苏）自贸区第四批创新实践案例"等，并被纳入国家政务服务标准化、规范化、便利化工作内容。

一、建设背景

近年来，党中央、国务院持续提升政务服务标准化规范化便利化水平，聚焦企业群众办事"材料多、证明多、反复提交"等痛点堵点，先后出台《优化营商环境条例》（国务院令第722号）、《关于全面推行证明事项和涉企经营许可事项告知承诺制的指导意见》（国办发〔2020〕42号）、《关于加快推进政务服务标准化规范化便利化的指导意见》（国发〔2022〕5号）等一系列政策文件，以数字化、智能化手段探索政务服务事项"两个免于提交""无证明办事"，加快打造优质高效的营商环境及精简便利的政务服务。

目前国家、省主要以实施告知承诺制方式推动证明材料免于提交。苏州工业园区在落实上级改革要求的同时，自加压力，基于一网通办、电子证照库等良好赋能基础，通过机制创新、数据共享、流程优化，自主拓展"数据调用""部门核验"两种更加科学高效的免证方式，于国内率先通过"直接取消、数据调用、部门核验、告知承诺"四种方式分类推进免证工作，努力以行政效能的"加法"、办事材料的"减法"换取市场活力的"乘法"。2021年发布《苏州工业园区一网通办免证清单（1.0版）》，400余项业务的800余份材料实现免提交。2022年发布《苏州工业园区一网通办免证清单（2.0版）》，500余项业务的1300余份材料实现免提交。借助免证园区赋能，发布"刷脸办"清单，近60项业务实现"零材料、刷脸办、空手办"。

二、功能运用

（一）流程再造，确立四种免证方式

通过健全工作机制，强化部门协同，分批分类逐步拓展免证范围，发布《苏州工业园区全面打造"免证园区"专项工作方案》，坚持"免证是原则、不免是例外"的原则，明确四种免证办事路径。**一是直接取消**，对于没有法律法规依据的证明材料办事时免于提交。**二是证照调用**，对于已纳入园区电子证照库的电子证照、电子证明等证明材料，通过线上申请端直接调用或线下扫码亮证等方式，实现材料免于提交。**三是部门核验**，对于不能数据调用直接获取的证明材料，通过"一网通办免证模块"，在政府部门间线上开具流转，实现材料免于提交。**四是告知承诺**，对能够通过事中事后监管纠正且风险可控的证明事项，采取告知承诺方式减免证明材料。

（二）双轨融合，打通两条免证通道

为给群众办事提供最大便利，免证园区建设坚持线上线下联动、多

管齐下并进。**一是线上开发"免证专区"**。建设 PC 端、移动端和自助端"一网通办免证专区",用户可自行调用证照、申请开具证明,无需上传相关材料,同时各事项办事指南涉及免证材料的,标注醒目标识,明确免证方式。**二是线下扫码亮证＋自助打印**。在园区近 300 个业务受理窗口安装扫码设备,工作人员可在申请人授权后扫码调用申请人证照证明。同时,覆盖全区的约 40 台自助终端机也可直接打印无房证明、学历证明、居住证、不动产权证等电子证照和电子证明。

(三) 安全为重,守住一条免证底线

一是实人认证保障安全交互。为确保所调用证照信息安全、可靠,线上的数据调用、线下的扫码亮证等方式均经过申请人实人认证或者用户授权,调用信息均需经过申请人确认无误后提交。**二是制度规范筑牢安全屏障**。为进一步促进公共数据管理,保障公共数据安全,园区制定了《苏州工业园区公共数据管理办法》,明晰职责分工、规范数据供给、细化利用机制、健全运营服务、强化安全管理,在完善公共数据工作机制、提升公共数据共享质效、保障数据全生命周期安全等方面做出系统性、针对性和可操作的规定。

(四) 支撑赋能,拓展多元免证场景

借助"免证园区"赋能,推动"免证办"与各类改革举措深度融合,打造多跨、多元应用场景。**一是全程网办"零跑动"**。借助电子证照、"单套制"归档、电子签名等公共能力,实现近 300 项业务全流程网办。例如,通过调用电子营业执照,实现工商档案线上"指尖查";通过运用电子签名能力,"演出审批"业务中实现多方演员"云签名"。

二是刷脸能办"零材料"。通过免证集成，失业保险金申领、水电过户等近 60 个事项无需提交材料就可实现刷脸办理。**三是高效办成"一件事"**。以电子证照的流转促成"一件事一次办"，例如，通过出生证明、户口本等电子证照的流转，打造"新生儿出生一件事"，将新生儿户政、医保等多条线业务集成为"一件事一次办"，解决新手爸妈多头跑、多次跑的问题。**四是免申即办"一次享"**。强化"免证＋免申"叠加应用，例如，宠物犬打完疫苗后，生成的电子免疫证自动推送至公安部门，即可一次完成犬证年检。

三、做法成效

"免证园区"改革覆盖园区一站式服务、税务、公积金、房地产交易管理等 7 个区级政务大厅以及基层工作站的 500 余项政务服务事项，实现 1 300 余份材料免于提交，电子证照调用累计约 580 万次，极大地降低了企业群众办事难度和时间成本，园区步入"免证时代"。"免证园区"改革得到了国务院办公厅等上级部门的高度肯定，获《电子政务工作简报（全国一体化政务服务平台建设专刊）》2021 年第 16 期、《法治江苏》《苏州改革》刊载，入选"2021 中国数字政府特色评选 50 强""2022 数字江苏优秀实践成果""苏州市第一批法治政府建设示范项目""中国（江苏）自由贸易试验区第四批创新实践案例""2023 年数字苏州优秀案例"，多次被学习强国、新华日报等国家级、省级媒体宣传报道，"免证办"被纳入国家推进政务服务标准化、规范化、便利化工作内容之一。

（一）"入学一件事"助力报名"不见面、免证办"

2021年，园区"入学一件事"在"一网通办"平台正式上线，家长通过小程序刷脸实人认证后，可直接调用全省结婚证、出生医学证明，全市的身份证、户口簿及园区本级的房产证、社保证明等6类证照资源，上线以来服务学生超10万，累计调用6类证照200余万次，实现跨层级、跨部门、跨系统资源共享，助力幼儿园、小学、初中新生入学报名实现线下材料"零收取"、线上审批"不见面"。以往家长至少花费1整天时间准备材料、线下排队、来回奔波，2021年最快48秒即完成入学审核，2022年引入智能预审、AI助审技术后，审批速度再提升，最快6秒即完成审核并在线发放学生录取通知书。

（二）"指尖办事"助力企业"省心省力"

园区依托"一网通办"平台，通过电子营业执照调用，实现工商电子档案查询免证办理，申请人无需提交实体身份证或营业执照即可线上查档，线上查询、下载、打印企业登记资料电子档案约26万次，页数近2840万页，减少行政性开支约350万元。"免证园区"还赋能"一件事"等改革，实现证照类材料免提交、信息自动填。如在"拟上市（上市）企业无违规证明开具一件事"中，实现营业执照、身份证等证照材料"一键获取、免于提交"；结合"数据复用"，近50%填报字段实现"自动填充"。推出两年多以来，累计为拟上市（上市）企业服务1600余次，助力苏州工业园区超20家企业成功上市。目前"免证园区"为300余项法人业务提供赋能支撑。

(三)"云证书"助力公共资源交易"更简更优"

在公共资源交易领域,针对 CA 证书(数字证书认证机构所颁发的证书)办理花时间花费用、全国多种 CA 互认难、系统驱动复杂且投入高等痛点,园区在国内率先实现全面应用**电子营业执照**替代实体 CA 证书。投标人使用电子营业执照替代 CA 证书,可以完成交易系统登录、投标文件签名和递交等全部交易,同时也方便其他企业信息同步调用,实现"免证"投标。至今已有用户近 1 万家,累计使用 200 多万次,居全国公共资源交易领域第一,在全国政务应用中处于前列。此外,在评委评标方面,创新应用"刷脸+云签"替代"身份证+CA 证书"评标,依托政务服务人脸识别接口及云事件签名接口基础技术,评委无需携带身份证+CA 证书,实现"免证""刷脸""空手"评标。

(四)社会化应用助力生产生活

积极推广免证园区的社会化应用,推进电子证照在银行开户、文体场馆预约等场景的应用,发挥政务数据要素对社会生产生活的支撑作用,让更多企业群众知道"免证"、享受"免证"。如电子营业执照等电子证照应用于交通银行业务办理,扫码调用电子证照即可办理部分业务;电子身份证、电子残疾人证应用于苏州奥体中心,老年人、残疾人刷脸亮证,无需携带实体证照即可享受相关优惠。

(五)主动靠前拓展增值服务

强化数字赋能,深化数据共享,持续归集电子证照资源,打造"免证管家",推动残疾人证、公共场所卫生许可证等证照到期前自动提醒,帮助企业群众预防化解因证照过期而造成的各类问题，变"等候服务"为"主动服务""超前服务"。加强关联业务、政策梳理及分析，探索证照联办、免申即办等举措，在对企业无事不扰、有求必应的基础上，努力做到无求自应。

案例点评

园区行政审批局（政务办）始终把满足人民对美好生活的向往作为出发点和落脚点，以"免证园区"引领数字政府改革，着力提升政务服务的数字化、普惠化、智慧化水平。经过三年的实践探索，"免证园区"已经调用电子证照约580万次，惠及80万居民、7万企业，占园区常住人口和企业数量的七成以上，降低了企业群众办事难度和时间成本，助力打造最优政务营商环境。

第四篇 推进数字文化系统建设

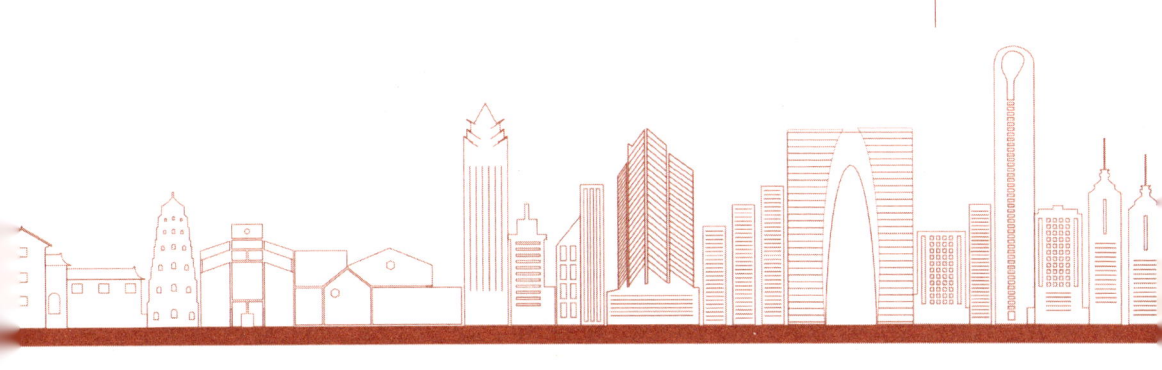

高新区苏州太湖数字化半程马拉松跑道

【引言】 习近平总书记强调,必须以满足人民日益增长的美好生活需要为出发点和落脚点,把发展成果不断转化为生活品质,不断增强人民群众的获得感、幸福感、安全感。为更好满足人民群众的健身和健康需求,推进体育产业数字化转型,积极培育户外运动、智能体育等体育产业,催生"数字化马拉松跑道"等更多新产品、新业态、新模式已成为民众享受更便捷、更智慧化的健康运动管理服务的重要一环。

【摘要】 作为国内首条环太湖半程马拉松数字跑道,高新区苏州太湖数字化半程马拉松跑道全程21.097 5公里,也是中国田径协会认证的首条环太湖五星级智慧赛道。整条环太湖半程马拉松数字跑道在起点、每5公里处以及折返点共设置了6个AI数据采集站,配有AI数据采集器、AI形象捕捉设备、芯片传感器等数智化系统设施设备,精准记录跑者的运动数据,捕捉运动瞬间。同时,跑道还配备了智能终端大屏、自助式智能储物柜、芯片领取终端、AI体测仪等,为跑者提供良好的数字化体验。跑者在小程序或者APP注册后,在数据采集站点通过人脸识别登录系统,就可以在数字跑道上开启快乐的智慧奔跑之旅,并可在小程序、APP上随时查看跑步成绩、运动排行、健康数据、照片及视频,完成完赛证书下载等,还可一键分享朋友圈。团队跑者还可随时发起自助比赛,让用户时刻感受"上赛场"的奔跑仪式感,让永不落幕的马拉松成为可能。

【关键词】 想跑就跑;中国田协认证;永不落幕的马拉松

扫码看VR

太湖数字化半程马拉松跑道总长度21.097 5公里，起、终点为马山游客中心。跑道融入沿途山水文旅资源，运用物联网及信息技术，配备了AI数据采集器、智慧数据互动大屏、智能储物柜、智能芯片售卖柜等一系列数智化设施，搭建了一个可供不同客户群体随时使用的共享数字化赛道。该跑道为全国首条由中国田径协会官方认证的数字化半程马拉松赛道，集成了自助赛事、自助影像、自助监测等功能，建成后作为文体旅相结合的休闲体育旅游网红路线，主要吸引苏锡沪等广大户外跑步运动爱好者，打造一个永不落幕的马拉松。

一、建设背景

传统马拉松比赛由于人力物力等因素限制，每年办赛次数不多，参赛人员数量也有限制，无法让更多跑者参与其中；传统赛事每次开赛前需重新测量和认证跑道长度，赛道无法即跑即用；作为跑者只有参加传统马拉松比赛才能获得官方认可的计时成绩，无法实时检验自己的跑步成果；由于人群聚集等原因传统赛事还存在影响交通等问题。因此通过数字化跑道建设可以让马拉松比赛更便捷、办赛成本更低、交通影响更小、跑道利用率更高，让跑马爱好者真正实现"跑马自由"。

二、功能运用

（一）实现"想跑就跑"的自助办赛体验

数字化跑道为跑者提供了便捷的运动场所。在传统马拉松比赛中，固定的参赛时间让跑者无法根据自身情况进行时间选择，大量瞬时集聚的人群对周边公共交通和居民出行都会造成一定影响，众多的报名参赛人员也大大降低了跑者的参赛命中率。太湖半程马拉松数字化跑道则提供了太湖边较为充足的空间供市民和跑者进行锻炼和比赛，无须裁判到场、无须统一鸣枪、无须统一封路、无须排队和争抢。通过 AI 数据采集器实时采集跑步数据，跑者和团队可随时在标准的半马跑道开展跑步训练和比赛，查看有效计时成绩、获取健康数据、自助拍照打卡。无论是清晨还是深夜，都可以成为跑者驰骋跑道的时刻，大大提高了运动的便利性，让永不落幕的马拉松成为可能。与此同时，这样即兴的自助办赛模式由于规模较小，对跑道周边交通几乎没有影响，也为跑者创造了一个更为舒适的跑步环境。

（二）实现中国田协认证

个人或者团体在数字跑道上获得的成绩都能在中国田协官网上进行查询，太湖数字化半程马拉松跑道已成为国内首个由田协认证的五星级环太湖跑道。

（三）具备运动健康管理功能

跑道可以实时监测用户的运动数据，如跑步速度、距离、心率、消耗的卡路里等，通过科学的算法对数据进行分析，向用户提供运动成果的反馈。这样，跑者可以更好地了解自己的运动情况，为今后的锻炼制定合理的目标和计划。

（四）充分提升江苏省最美跑步线路的使用效率

跑道周边山水文化资源丰富、风景优美，2020 年就被评为省级最美跑步线路。通过一系列数字化的提升，提高了太湖边最美跑道的使用效率。

（五）方便快捷的参与方式

用户登录"i 高新"APP 首页"文化旅游"频道，点击"更多"，选择"环太湖数字跑道"，选择底部"运动"—"人脸检测"，开启人脸数据绑定即完成开跑注册流程，到现场后在数字终端大屏或起点 AI 数据采集器进行信息核对（人脸识别）即可开跑。开跑后，用户在赛道途中通过采集器人脸识别抓拍跑步姿态并记录成绩。与此同时，用户也可选择在跑道现场购买传统芯片佩戴后即时开赛。完成半马的七日后用户可在中国田协系统查询被收录的成绩，方便高效。

（六）增加用户体验的互动性

数字化半马跑道还通过丰富多样的运动模式和互动功能，增加了运动的趣味性和社交性。跑道可以提供跑步、骑行、徒步等不同种类的运动模式，满足不同人群的需求。同时，跑道还可以与社交媒体和其他应用程序等互联网服务进行连接，使用户能够与他人进行比赛、分享运动成果，用户赛后可实时查看自己的运动数据排名以及其他跑友的排名情况，实现隔空 PK、互相点赞等双向互动，增加社交互动的机会和乐趣。这些功能使得跑道不再只是简单的一片硬地，而成为跑者健身和社交的新场所，从而增强跑步的乐趣和社交属性。

三、做法成效

（一）进一步提升赛事吸引力

跑道为选手带来了智能打卡、精准计时、自助办赛、运动分析等全方位的赛事体验，大大降低了赛事组织的成本，减少了对公众交通出行的影响，让体育赛事的组织更为便利。作为按照中国田协标准办赛要求而建设的数字化跑道，其不仅可以满足市民和跑步爱好者的骑行、跑步等锻炼需求，还可以举办正式的路跑赛事。2023年6月24日，苏州太湖精英赛暨"幸福江苏"2023年江苏省十公里路跑锦标赛选拔赛（苏州站）已在环太湖马拉松数字跑道成功举行，3 000名跑友率先体验了数字化赛道的独特魅力，赛事反响热烈。2024年苏州太湖数字半程马拉松比赛于5月5日举办，赛事规模约10 000人，旨在继续打造国内唯一"科创主题太湖半马"赛事品牌。

（二）有效提高群众运动健身积极性

利用跑步成绩官方认证、跑姿动态捕捉及健康指导、图片直播在线打卡等功能，数字化跑道发挥想跑就跑、自助办赛、更具仪式感等优势，让更多人喜欢并参与到奔跑运动中来。作为城市推动全民健身的重要工具，数字化跑道为市民提供了多样化的运动服务和指导，通过对比每次锻炼后的数据，市民可随时调整健身计划，充分享受智慧化设施所带来的良好体验；更贴合个人需求的锻炼和训练环境，提高了跑步成绩和运动效果。截至目前共计近6 000名用户注册并使用了太湖数字化半马跑道，全民健身赛事活动在高新区蓬勃开展。

（三）持续拉动太湖沿线文体旅产业发展

数字跑道位于太湖边，沿途风景优美，山水资源丰富，数字半马跑道的投入使用标志着跑道不仅实现了线上线下场景的融合，更能帮助前来太湖游玩的游客及运动爱好者们提升出游体验。高新区通过升级配套设施的服务内容与服务质量，将高新区环太湖区域打造成运动爱好者们的打卡胜地，持续集聚太湖周边人气和活力，打造文体旅消费新场景，也在科技赋能全民健身的建设领域中迈出了坚实的一大步。

案例点评

如何通过数字化手段提高跑道使用效率，将流量变成留量和增量？高新区文化体育和旅游局坚持将用户需求放在首位，以创新技术为先导，通过数字化手段赋能环太湖跑道，实现了市民想跑就跑、自助办赛的马拉松跑步体验，不仅提高了跑道的使用效率，更有效带动了更多人喜欢并参与到奔跑运动中来，还将持续拉动太湖沿线文体旅产业发展。

姑苏区古城细胞解剖工程

【引言】 习近平总书记指出:"历史文化遗产不仅生动述说着过去,也深刻影响着当下和未来;不仅属于我们,也属于子孙后代。保护好、传承好历史文化遗产是对历史负责、对人民负责。我们要加强考古工作和历史研究,让收藏在博物馆里的文物、陈列在广阔大地上的遗产、书写在古籍里的文字都活起来,丰富全社会历史文化滋养。"为了深入贯彻习近平总书记关于历史文化遗产保护的重要论述和指示精神,扎实推进苏州历史城区保护对象普查,完善历史城区基础信息档案,苏州市姑苏区古城保护委员会在全国首创策划实施了"古城细胞解剖工程"。

【摘要】 "古城细胞解剖工程"是将古城的各类传统民居建筑看作构成古城结构的"基本细胞",以街坊为单元,对建筑主体和环境信息开展的古城保护对象专项调查,包括传统民居深度普查、保护对象信息完善、人文历史信息建档、历史院落案例研究、其他代表性建筑梳理、文物建筑抢救性数字保护等内容,是对苏州古城历史遗存的一次全域、全要素的文明探源实践。2020年至今,"古城细胞解剖工程"累计完成古城27个街坊信息采集(总面积约642.81万平方米)以及20处文保单位数字化保护(总面积约3.42万平方米)。"古城细胞解剖工程"全面摸清了古城"家底",梳理了核心价值,为古城保护、城市更新的实践活动提供了基础资料支撑。

【关键词】 古城保护;数字化保护;文明探源

扫码看VR

"古城细胞解剖工程"入选了 2023 年江苏省文物事业高质量发展案例、2023 年度苏州优秀国土空间规划奖一等奖、苏州市社科普及惠民扶持项目、2023 年度苏州市新时代文明实践优秀项目与 2022 年姑苏区数字政府优秀案例,并获得《焦点访谈》《人民日报》《建筑实践》等主流报刊、媒体平台宣传报道。项目成果持续为姑苏区城运平台、古城保护空间大数据平台、区"CIM+'数字孪生古城'"平台、姑苏智慧政务 APP、姑苏区旅游大数据分析平台、大数据分析决策系统等应用提供数据支撑。

一、建设背景

党的十八大以来,习近平总书记对历史文化遗产保护工作作出了一系列重要指示批示,指出"历史文化是城市的灵魂,要像爱惜自己的生命一样保护好城市历史文化遗产",为历史文化遗产的保护与发展提供了根本遵循。近年来,从中央到地方各级都高度重视古城保护工作,也对古城保护工作提出了新的明确的更高要求。2018 年 3 月 1 日,《苏州国家历史文化名城保护条例》正式生效实施。实施以来,为全面加快推进保护区、姑苏区的名城保护工作提供了重要依据。根据《苏州国家历史文化名城保护条例》要求,2019 年姑苏区开展了首次保护对象普查,对全区 19 类保护对象进行了全要素的信息采集,收录数据 9.7 万余条、绘制图纸 4 000 余张、筛选照片 8 000 余张,形成了首份保护对象名录,建设了古城保护信息平台。首次保护对象普查为古城保护数字化建设奠定了基础,但从开展古城整体保护和城市更新的需求而言,保护对象与内容等存在挖掘深度不足问题。因此 2020 年起,保护区、姑苏区开展了以街坊为单元的古城深度普查，即"古城细胞解剖工程"，为历史文化名城保护探索了新路径，形成了新成果。

二、功能运用

（一）传统民居深度普查

对传统民居逐户进行现场调查，以入户率不低于95％的标准，全面收集民居建筑的结构、形制、布局信息和历史沿革资料，经过专业研判、系统分析和综合评估，形成传统民居和推荐历史建筑名录及基础资料。

（二）文物建筑数字保护

利用科技手段对代表性的文保单位、控保建筑开展数字化保护，以"毫米级"精度采集文物建筑空间数据，经数据处理构建三维模型，精确还原文物建筑全貌和主要构造。

（三）保护对象查漏补缺

对文物及文物建筑保护范围内的门楼、牌坊、古井、古树等历史要素进行采集；对街坊公共空间的碑刻、经幢、牌坊、河道、桥梁、古驳岸等历史要素拾遗补阙，健全保护对象基础信息档案。

（四）人文历史信息建档

通过史料收集、实地调查、现场访谈等手段，深入分析挖掘文物建筑、传统民居、街巷公共空间的重要人文历史资源，形成科学、完整、丰富的人文历史资料档案。

（五）历史院落案例研究

选择价值较高且对古城历史、空间资源、社会发展等方面有一定影响的院落，通过居民寻访、史料研究、规划设计等技术线路还原历史院落布局，形成典型案例成果。

（六）其他代表性建筑梳理

结合既有建设、规划资料和相关调查数据，拾遗补阙，对文物建筑、传统民居以外的住宅建筑、办公建筑、商业建筑、科教文卫建筑等其他具有时代特征和历史重要信息的代表性建筑进行梳理，形成完整的街坊建筑信息基础档案，甄选出一批具有时代特征的现代建筑。

（七）街坊保护更新研究

在完成基础信息采集和成果编制的基础上，开展街坊保护更新研究。围绕历史文脉延续、存量资源盘活、人居品质提升的目标，形成城市更新实施方案等研究成果，针对性引导街坊内各类保护更新利用项目实施。

（八）成果数据处理应用

对项目成果数据按照格式标准进行数据清洗、核实比对、新增数据字典等加工整理，生成各项主题数据库，从而形成共享信息库，实现数据有效管理使用。

三、做法成效

"古城细胞解剖工程"是将古城的各类传统民居建筑看作构成古城结构的"基本细胞",以街坊为单元,对建筑主体和环境信息开展的古城保护对象专项调查,包括传统民居深度普查、保护对象信息完善、人文历史信息建档、历史院落案例研究、其他代表性建筑梳理、文物建筑抢救性数字保护等内容,是对苏州古城历史遗存的一次全域、全要素的文明探源实践。

(一) 主要做法

1. 甄选技术团队,确保项目高水平实施

选择长期从事古城保护、文物保护工作的专业队伍,组建由古建筑、园林、规划、文史、地理信息等多学科专业人员构成的"全而专"的工作团队,提升队伍战斗力。

2. 强化保障服务,确保项目全过程畅通

建立由市、区两级相关部门组成的项目建设领导小组,从资料调取、现场调查等方面进行统筹协调,实现入户率95%(总户数约4万、面积近200万平方米)的高标准,保证资料搜集的全面性。

3. 健全管理体系,确保成果高质量呈现

建立"单位'内审'+部门'预验'+专家智库'外审'"三个步

骤、三重保障的质量体系，邀请国内行业顶级专家为项目把脉问诊，提高项目成果的科学性和实用性。

（二）相关成效

1. 全面摸清古城"家底"

"古城细胞解剖工程"以街坊为单元，采集了苏州历史城区27个街坊的主体和环境信息，包括传统民居、历史建筑、古井、古树、门楼等各类保护要素，形成了完整的街坊信息档案，为古城的历史文化、形态肌理、人居品质提升等工作开展提供了全面的数据资料。

2. 系统梳理老宅核心价值

通过对近2万户居民的入户调查及街坊信息采集，共梳理传统民居组群3 797处、传统民居单体9 357处，形成推荐历史建筑201处，研究历史院落案例157个，新发现古井、古树、门楼等各类保护要素2 884处。23号、24号等4个街坊在实施深度普查的基础上，完成了街坊保护更新研究与详细设计，为古城的保护与更新提供了翔实的数据支撑。

3. 创新实施数字化保护

"古城细胞解剖工程"以"毫米级"测绘精度为目标，实施文保单位数字化保护，为江苏按察使署旧址、顾颉刚故居、洪钧故居及庄祠等文保单位构建了三维数据模型，创新设立了古建筑数字化图库构件库。文保单位数字化保护共采集三维点云数据467.76亿个、三维全景数据

3 163 站，构建文保单位三维模型 20 个。

4. 持续深化项目成果运用

"古城细胞解剖工程"项目成果已上传至古城保护信息平台，实现了普查成果数字化表达与应用。加强与规划部门对接，推进项目成果在规划修编、街坊城市设计、更新方案制定和保护更新项目设计等方面的有效应用。文物建筑三维建模为其修缮保护、活化利用提供基础依据；创建古构件数字库，展现苏州古建基因，为应用场景开发、文旅融合发展奠定基础。

案例点评

> 关于古城保护工作，全国都面临着"为什么保、保什么、怎么保"三个重大课题。"古城细胞解剖工程"通过对传统民居、保护对象、历史院落等开展全面信息采集，着力解决"为什么保""保什么"的问题，为"怎么保"提供决策参考，为文物保护修缮、古城有机更新、数字古城建设提供详细的系统性资料。

吴中区非遗数字实验室

【引言】 近年来，国家、省、市高度重视非物质文化遗产的保护传承和利用工作，相继出台了《关于进一步加强非物质文化遗产保护工作的意见》《关于推动传统工艺高质量传承发展的通知》等一系列政策文件，提出要加强品牌建设，培育具有地域特色的自主品牌，合理利用非遗资源进行文创开发。2022年中共中央办公厅、国务院办公厅联合印发《关于推进实施国家文化数字化战略的意见》，强调"实施国家文化数字化战略"。在此背景下，吴文化博物馆基于吴中区丰硕的非物质文化遗产资源，于2023年底启动"非遗数字实验室"建设，计划通过建设吴中非遗数字平台，发布非遗影响力排行榜，孵化"吴中非遗"IP品牌，创建"吴中非遗"好物集合店等项目，对吴中非遗特色资源进行一系列开发与转化，进一步推进吴中非遗的创新性保护和产业化发展。

【摘要】 非物质文化遗产是传统文化重要组成部分，蕴含着深厚的文化价值。近年来，数字媒体技术的日趋进步，为非物质文化遗产的传播保护及创新性开发利用带来新的机遇。为此，吴文化博物馆拟打造"非遗数字实验室"，通过梳理挖掘吴中区域内所有非物质文化遗产资源，建设吴中非遗数字平台，推出吴中非遗数字地图；开展吴中非遗调查研究，发布非遗影响力排行榜；孵化"吴中非遗"整体IP，建立"吴中非遗"IP数据库；开发系列文创和"潮品"，打造"吴中非遗"好物集合店。计划于2025年底前完成"非遗数字实验室"建设，相关成果以数字形式逐步呈现在吴中非遗数字平台上，以此实现吴中非遗的数字化成果展示与转化，提升吴中非遗的知名度和影响力。

【关键词】 吴中非遗；数字化；实验室

扫码看VR

一、建设背景

（一）非遗保护发展的政策背景

2021年，中共中央办公厅、国务院办公厅印发《关于进一步加强非物质文化遗产保护工作的意见》，江苏省政府印发《江苏省"十四五"文化和旅游发展规划》，提出要提高非遗保护传承水平，合理利用非遗资源进行文艺创作和文创设计，促进合理利用互联网平台，拓宽相关产品推广和销售渠道。2023年，苏州市深改委印发《苏州市数字化改革总体方案》，提出要构建非遗数字化保护体系，建成以项目和传承人为核心的非遗数据库，强化非遗数字化成果应用，利用数字媒体技术，打造非遗数字馆、数字地图、数字展厅等应用场景和体验空间，鼓励研发生产非遗文创产品……国家、省、市从顶层设计、政策支持等多维度助推非遗保护传承和数字化转化利用，为"非遗数字实验室"提供了有力的政策支撑。

（二）吴中非遗保护发展的现实需要

近年来，吴中区深入挖掘非遗资源蕴含的时代价值，不断提升非遗系统性保护水平。修订出台《吴中区非物质文化遗产代表性传承人认定与管理办法》，率先制定《吴中区非遗保护发展三年行动计划（2024—2026）》，为非遗可持续保护发展提供政策支撑。梳理吴地非遗脉络，举办核雕、苏绣、澄泥石刻、缂丝、碑刻等原创性展览，发布近40篇非遗学术研究文章；搭建苏作文创峰会、百匠赋能等展示平台，不断提升苏作品牌影响力；开展艺匠传习工作坊、走进大师工作室、非遗美育提升营等系列活动，使更多市民能够参与非遗、感受非遗。目前，全区拥有各级非遗代表性项目66项，其中人类非遗香山帮传统建筑营造技艺、碧螺春制作技艺等2项，国家级2项，省级21项，市级13项；各级非遗代表性传承人141人（在世人数），其中国家级6人，省级17人，市级29人。市级以上代表性项目、传承人指标长期保持全市第一，相关大师14次摘获中国民间文艺最高奖山花奖，位列全国区县之首。

尽管如此，在数字化改革背景下，吴中区非遗在创新性开发和转化方面仍存在较大发展空间。首先，吴中非遗传播普及力度有待加强。吴中区地域东西跨度较大，非遗资源空间分布散落，缺少系统性展示吴中非遗的平台。其次，"吴中非遗"品牌的整体影响力有待提升。作为传统"苏工苏作"的聚集区，吴中非遗门类齐全，工艺水平超群，但产品更新换代能力弱，创意设计不足，亟待打响"吴中非遗"整体品牌。

综上，在数字经济时代，将数字技术与吴中非遗深度融合，推动吴中非遗走向数字化及产业化发展新阶段，不仅是当前国家、省、市有关数字化改革发展的必然要求，也是吴中非遗保护发展及转化利用的现实选择。

二、功能运用

基于吴中地区丰富的非物质文化遗产资源，2023年底，吴文化博物馆启动"非遗数字实验室"建设，计划通过建设吴中非遗数字平台，发布非遗影响力排行榜，孵化"吴中非遗"IP品牌，创建"吴中非遗"好物集合店等路径，对吴中非遗特色资源进行系列开发与转化，进一步推进吴中非遗的创新性保护和产业化发展。

（一）整合吴中非遗资源，建设吴中非遗数字平台

吴中非遗数字平台是吴文化博物馆"非遗数字实验室"的重要组成部分，于2022年10月建设完成并正式上线。平台重点打造了"非遗地图""非遗名录""政策资讯"三大版块，内容涵盖吴中区所有的非遗代表性项目、代表性传承人的详细信息，以及非遗相关的政策法规、学术研究、非遗活动等优质内容，集中呈现吴中非物质文化遗产资源，促进非遗保护成果的数字转化与全民共享。

"非遗地图" 全方位展示吴中区66个非遗代表性项目点位，并采用艺术化手绘形象加以标识，伴随地图页面缩放可呈现国家级、省级、市级、区级非遗项目点位，点击手绘图标能够进一步了解项目的具体内容。地图页面右下角设置小地图，便于了解项目分布的全局视角。此外，非遗地图还支持关键词检索，可以快速查找想要了解的非遗项目点位。**"非遗名录"** 分为代表性项目、代表性传承人、保护基地三个栏目，各栏目按照国家、省、市、区四级非遗名录体系进行划分，内容包括非遗级别、时间批次、基本介绍、影像图片等。非遗项目详情页特推出适合打卡的非遗点位，实现线上线下互动联通。非遗项目详情页还支持链接到传承人、非遗基地的栏目，打通了各栏目间的信息屏障。**"政策资讯"** 分为政策法规、非遗资讯、研究资讯三个栏目。政策法规收录国家、省、市、区非遗政策法规；非遗资讯发布吴中区非遗展览；研究资讯发布传习、沙龙、讲座等优质内容，定期邀请非遗领域的专家学者撰稿，发布非遗学术研究文章。

（二）开展非遗调查研究，发布非遗影响力排行榜

开展吴中区非物质文化遗产调查研究，运用文字、图像、音频、视频、全景 VR、三维等方式，对全区各级非遗代表性项目、传承人以及非遗企业进行真实、系统记录。全面梳理非遗从业人员、相关企业单位以及非遗表现形式、流变过程、核心技艺、传承实践和存续状况等内容，充实完善吴中非遗数字平台，发布"吴中非遗白皮书"。

在系统调查、资料整合的基础上，吴中区计划联合相关的权威企业，研发构建品牌影响力指数模型，发布非遗影响力排行榜。通过竞争力指数、心智力指数和传播力指数三者构成的综合指数，研判非遗企业在行业领域中的影响力，综合指数越高代表该品牌具备担当行业领军者的实力，在市场中拥有较高的品牌认知与认同。通过发布非遗影响力排行榜，激发非遗市场潜能和开发价值，推动非遗产业和品牌振兴，使非遗和产业实现深度融合和可持续发展。

（三）孵化"吴中非遗"IP，打造"吴中非遗"IP 数据库

IP 的概念是在泛娱乐文化产业中所产生的，即在原有内容的基础上衍生出一系列产品、视觉符号或营销，例如以改编《十二美人图》《雍正行乐图》为代表的故宫 IP，还有我们熟悉的《三体》、冰墩墩、甘肃省博物馆的小绿马等，都是比较成功的 IP 转化案例。

非遗 IP 则是文化产业与商业概念的深度融合，是非遗借自身 IP 向品牌进化的最高阶段，是以非遗资源中大量可挖掘的头部内容为核心所开展的品牌商业化发展路径。目前，吴中区拥有传统技艺、传统美术、民俗、曲艺、民间文学、传统舞蹈、传统音乐、传统医药等 8 大非遗门

类，66 项非遗代表性项目，150 余位非遗代表性传承人。其中有被列入联合国人类非遗代表作的香山帮传统建筑营造技艺；有巧夺天工的苏州玉雕；有纹样秀美、精致精细的苏绣、缂丝、吴罗等绣品织物；也有细微但传神的光福核雕。非遗工艺品类齐全，项目数量众多，大师名人云集，极具非遗 IP 开发潜力。

"非遗数字实验室"计划整合吴中区域内所有非遗项目及非遗大师的经典作品，通过提取、改造作品中的经典纹饰、色彩、形貌乃至技艺等 IP 元素，孵化"吴中非遗"整体 IP，建立具有地方特色的"吴中非遗"IP 数据库，为市场提供适用各类应用场景的丰富多元的 IP 主题与素材，促进"吴中非遗"的跨界授权合作，推动"吴中非遗"的创造性转化和创新性发展。

（四）开发系列非遗文创，创建"吴中非遗"好物集合店

非遗产品附着精巧的工艺，需耗费大量的时间与精力，当非遗仅依托于售卖工艺品而发展时，一定程度上限制了其所具有的商业价值。此外，部分非遗随着社会的发展和自然资源的短缺，已失去原有的生存空间，促使非遗围绕自身特色开发出系列文创产品，延续其艺术价值。为此，"非遗数字实验室"计划开发系列非遗文创，打造"吴中非遗"好物集合店。基于前期打造的"吴中非遗"IP 数据库，将非遗的经典纹饰、色彩、形貌、技艺等 IP 元素与受众需求相结合，研发蕴含传统文化、富含时尚元素、契合市场需求的系列非遗文创及潮品。此外，围绕"非遗＋文旅"大文创概念，梳理全域非遗传承体验设施，结合吴地丰富的自然山水、四时风物、精品民宿等文旅资源，推出具有吴中非遗特色的精品课程、研学游路线。

三、做法成效

（一）借助数字化技术提升吴中非遗传播水平

实现非遗有效普及，提升非遗传播水平是非遗数字化的重要目标。通过数字化技术，能够让人们身临其境地感受非遗文化，激活其文化基因，从而增强非遗文化的吸引力，保持其内在生命力。"非遗数字实验室"整合了吴中各地的非物质文化遗产资源，建设 H5 界面的吴中非遗数字平台，打破时间与空间的界限，使公众一站式体验吴中非遗的精工巧作、民俗风情等。目前平台以"数字非遗"形式链接在吴文化博物馆微信公众号的二级菜单栏中，后期将陆续建设完善平台内容，逐步开通"数字展厅""吴中非遗 IP 数据库""吴中非遗好物"等栏目，以数字化形式呈现"非遗数字实验室"项目的相关成果。未来，计划建设小程序、APP，与"苏周到""君到苏州"等文旅资源平台对接，借助这些平台点击使用率高的优势，吸引更多人关注非遗数字实验室，拓展潜在受众群体，进而提高"吴中非遗"的知名度和影响力。

（二）打造非遗 IP 赋予传统非遗文化新内涵

打造非遗 IP，能够使非遗在本体内容的基础上呈现出更多延展性，如线上 APP 的内容传输、线上非遗馆的打造、非遗数字产品的销售以及各种非遗 IP 授权推广等，为用户提供多样化的非遗记忆、知识与体验。"非遗数字实验室"计划对吴中区各大非遗门类产品的经典 IP 元素进行系统的整理、归纳、数字提取与转化，打造符合地方特色的"吴中非遗"整体品牌，构建"吴中非遗"IP 数据库。通过参加"LEC 全球授权展"等国际一线授权合作平台，打响"吴中非遗"IP 品牌，与各大品牌开展各种形式的 IP 授权合作，探索非遗授权的 N 种可能，为传统非遗文化注入新内涵、焕发新生机。

（三）紧盯市场导向提高吴中非遗产业化发展水平

虽然非物质文化遗产更多体现的是艺术审美价值，但只有将非物质文化遗产中抽象的艺术价值转化成为具有经济效益的文化生产力，才能更好地反哺非遗文化，推动其健康有序发展。"非遗数字实验室"依托吴地丰富的非遗及文旅资源，紧盯市场导向，借助数字媒体技术，搭建吴中非遗数字平台、非遗地图、数字展厅等应用场景和体验空间；创新孵化"吴中非遗"整体品牌、打造"吴中非遗"IP 数据库，发布非遗影响力排行榜；研发非遗系列文创和非遗主题的数字藏品、卡牌游戏、研学游路线等，打造"吴中非遗"好物集合店等途径，以期进一步强化非遗传播、营销和成果性转化效果，提升"吴中非遗"产业化发展水平。

案例点评

> 数字经济是当前及今后一段时期经济发展的重要趋势，打造"非遗数字实验室"是吴中区顺应文化数字化发展战略、创新吴中区非遗传承保护形式的大胆探索。通过整合全区非遗资源，建设吴中非遗数字平台，发布非遗影响力排行榜，推动非遗这一传统文化表现形式由实体化向网络化、数字化、虚拟化转型，通过创造性转

化、创新性发展，让非遗"活"下去，"潮"起来。孵化"吴中非遗"IP品牌，打造"吴中非遗"好物集合店，将非遗传承的知识体系、知识技能等非遗产品转化为知识产权成果，以新产品、新设计为非遗保护传承注入新理念，以符合市场规律的产业化战略不断挖掘消费空间，在市场淬炼中不断提高造血能力，在活化传承中实现可持续发展。

相城区数字推荐官苏小妹

【引言】 习近平总书记指出："促进数字技术与实体经济深度融合，赋能传统产业转型升级，催生新产业新业态新模式，不断做强做优做大我国数字经济。"党的二十大报告强调，加快发展数字经济，促进数字经济和实体经济深度融合，打造具有国际竞争力的数字产业集群。为深入学习贯彻习近平总书记关于发展数字经济的重要论述，相城文化传媒打造相城区数字推荐官苏小妹，促进数字经济和实体经济深度融合，更好助力经济高质量发展。

【摘要】 相城区数字推荐官苏小妹是国内首个智能动作融合超写实数字人，结合文化属性、地域特色，充分代表相城乃至江南文化。借助其性格特质，可应用于政府推介会（活动）、招商推介会、产业项目签约首席官、政务服务、民生服务、融媒体、文旅、直播、电商、教育等应用场景，凸显相城多元差异化内容，满足区域资源推介、品牌形象打造等落地需求。

【关键词】 数字技术；数字人；多元化

扫码看VR

相城的悠久历史、地域特色,以及江南文化的意境、传承,可以通过数字人的人设定位、性格特征等内在特点,以及服饰、发型、头饰等外部细节进行体现。数字人的人设不只关注相城,还可以代表苏州,乃至代表江南文化。苏小妹的诞生,助推相城区数字经济发展,推动相关数字产业的落地,成为长三角地区乃至全国数字人多元化应用的标杆。

一、建设背景

(一)新目标,数字经济成为经济推广核心

近年来,相城区将"数字化发展第一区"作为总目标。为全面推进数字相城建设工作,生态文旅集团紧跟相城区经济产业高质量发展的步伐,步入了元宇宙领域。通过打造一个数字人,形成一个数字生态,做出一个数字产业链,最终形成数字经济推广核心,营造相城区数字经济发展的环境,推动数字产业落地和发展,打造长三角地区乃至全国发展数字经济的标杆。

(二)新挑战,数字经济成为经济发展新兴力量

随着数字时代的来临,数字经济已成为经济发展的新兴力量。当前相城区丰富的文化资源缺少多样化的宣传渠道,江南婉约风格需要一个新的IP来呈现,在数字时代,数字人已然是文化传播的优秀载体。以此为契机,相城文化传媒通过数字产业前沿技术,打造了国内首个智能动作融合超写实数字人——相城区数字推荐官苏小妹。

（三）新动能，推动相关数字产业落地

数字技术无疑极大促进文旅事业发展，以数字手段挖掘与打造 IP 成为文旅数字化的重头戏，数字人作为元宇宙重要的入口资产，在人工智能生成内容（AIGC）大背景下，成为用户感知大模型、了解元宇宙的重要渠道和载体。

二、功能运用

苏小妹可以使用任何行业主流的数字人驱动方式进行内容的产出与制作。可减少人工运维成本、提供 24 小时不间断服务、提升城市印象。

采用北京理工大学光电学院自主研发的人脸光照数据采集系统 LIGHT BA11，借助 156 组白色可编程 LED 灯源（一组三灯，带偏振），4 台高精度材质捕获相机，36＋SFM 相机阵列、光源控制器和相机控制器以及水平和垂直偏振片、标准色卡灯配置，得到人物不同光照、不同视角、不同偏振状态的表情数据，构建完整的形象数据库，再结合 4D 动态数据采集设备及平台，构建超写实、实时化的数字资产，确保后期数字人表情的惟妙惟肖。面部数据处理是数字人领域最体现技术实力的部分，目前相城区打造的苏小妹在这个部分是处于国内领先地位。

苏小妹目前有两种开发制作版本，满足不同场景的应用需求。一个版本为超写实 3D 动画版本，采用动作捕捉和动画制作，视觉效果自然流畅，对标影视级别动画，相对而言成本更高，制作周期稍长，但视觉效果好。另一个版本为线上编辑器版本，满足时效性需求高的新闻播

报、生活快讯等视频制作，成本低，可快速制作成片。两个版本的苏小妹，根据不同需求可应用于不同场景。

超写实动画版本：苏小妹在苏州相城国际经贸恳谈周开幕式暨长三角国际人才交流与项目合作大会上正式亮相，并定制大会专属视频；2023年"双十一"苏小妹携生态文旅集团旗下各大优选景区、酒店的特色产品上线送优惠；在相城区城管大会上苏小妹化身数字城管，发布《苏州市创建江苏省城市管理示范市相城区实施方案》；苏小妹分别在除夕、初五、初八向大家拜年；2024年3月23日苏小妹出席中国数字经济产业发展大会并进行部分主持。

编辑器版本：2023年底开发编辑器，可支持语音播报、多动作表情的短视频，视频生成速度快、操作简单，适合时效性高的视频，并且保持细节和动作的更新。在相城区数字化改革大会进行全程主持；苏小妹化身主持人，介绍数字相城驾驶舱一体化建设；2024年1月6日苏小妹化身长三角青年企业家走进相城主持人，并主持整场会议；2024年1月7—8日，由苏小妹进行相城两会简讯的播报；开设《苏小妹说相城》专栏，苏小妹化身"今日相城"数字主播介绍相城区大小事。

三、做法成效

两个版本的苏小妹可适配于任何行业主流的数字人驱动方式，广泛应用于活动推介、互动主持、AI交互、新闻播报、政务服务、民生服务等各种场景，还加入了"今日相城"融媒中心，成为一名数字主播。苏小妹的构建包含了一套超写实、实时化的数字资产，使其在未来有无限可能。

(一)"数字+领先技术",打造项目亮点

在2023世界VR产业大会上,数字人苏小妹荣获"2023世界VR产业大会VR/AR创新奖"。其亮点在于多场景应用和领先的人脸采集系统。该系统通过将线上资产转移成多版本的离线资产,使其可适配任何行业主流的数字人驱动方式进行内容的产出与制作。面部数据采集处理系统是本项目最体现技术实力的部分,目前处于国内领先水平。

(二)打造"数字+政务服务",创新多场景应用

2023年10月20日,在2023苏州相城国际经贸恳谈周开幕式暨长三角国际人才交流与项目合作大会上,相城区数字推荐官苏小妹进行了首次亮相和恳谈周视频互动,引起线上线下热议与关注,截至目前已参加十余场会务活动。同时积极拓展了政务服务、民生服务、新闻播报等应用场景,在"今日相城"开展了《苏小妹说相城》《苏小妹拜年》等多个栏目。苏小妹的诞生降低了人工运维成本,提升了政府工作效率与城市形象。

(三)依托"数字+文化传播",为文旅行业赋能

在多个媒体平台打造IP"苏小妹MAX",全网粉丝量达到12万人,播放量突破600万次。"双十一"在微信视频号、抖音、小红书多个平台发布的带货短视频集合了酒店、景区、餐饮和商品,助力带动文旅消费。苏小妹结合相城的悠久历史、地域特色,以及江南文化的意境、传承,通过人设、性格、服饰、配饰等特征,积极传播城市、区域文化,进一步衍生更多丰富多彩的文化周边产品,推动促进文旅行业

发展。

数字人苏小妹的亮相在《人民日报》《苏州日报引力播》《姑苏晚报》《荔枝新闻》等多个媒体上被报道。未来，苏小妹作为相城区数字推荐官，将通过短视频、新闻播报、数字直播、数字展演等方式，持续增加曝光度。通过建构"数字＋文化"的创新手段，探索多元化的数字人应用场景，衍生出更多丰富多彩的文化产品，营造相城区数字经济发展的环境，进一步推动数字产业落地和发展，打造长三角地区乃至全国发展数字经济的标杆。

案例点评

随着5G技术、人工智能、虚拟现实等新一代信息技术的蓬勃发展，在不远的未来，相城区数字推荐官苏小妹有望成为数字世界和现实世界的交互入口，为人们带来更加智能、沉浸式的数字生活新体验。一方面，苏小妹将持续在动作捕捉、虚拟现实等核心技术上实现突破，提升数字人的多元化应用范围；另一方面，相城区将通过扩大团队、加大推广、寻求多方合作等方式实现商业化常态化运营。未来，苏小妹将把握机遇、乘势而上、深挖潜力，在虚拟人产业领域加快足够的技术储备、开发应用场景、扩大市场规模，全力为苏州打造数字化改革先行区作出更大贡献。

吴江区平望元宇宙应用平台

【引言】 党的十八大以来，习近平总书记敏锐把握科技革命趋势和数字化潮流，对数字中国、文化强国、网络强国、"互联网＋文化"等作出系统部署。推进数字文化建设，是坚定文化自信自强、建设社会主义文化强国的重要路径，也是加快建设网络强国、数字强国、文化强国的必然要求。近年来，吴江区认真贯彻落实中央和省、市决策部署，以"数字＋文化"为牵引，坚持文化数字化为了人民，文化数字化成果全民共享，积极提升公共文化服务数字化水平，塑造文化产业新模式、新业态，系统推进全区文化数字化建设工作。

【摘要】 吴江区在数字文化建设的背景下，针对游客、原住民和数字居民需求，通过孪生、原生、共生打通"古镇形象宣传""在地产业结合""游客虚拟体验"等认知和场景，打造了平望元宇宙应用平台，形成了"1＋3"的内容实践，实现了"事前、事中、事后"持续互动的链式体验全过程。

【关键词】 元宇宙；平望镇；数字文化

扫码看VR

平望·四河汇集是苏州"运河十景"之一，京杭大运河自此向南到钱塘一分为三，与太浦河纵轴交汇，形成了四河汇集独特禀赋与莺湖八景等名胜，造就了水运时代"大商巨舶""百货凑集"的"巨镇"。凭借着长三角一体化发展示范区和大运河文化带建设的机遇，平望正从流淌千年的大运河中引来文化建设的源头活水，积极将这里打造成为大运河文化带中最精彩的一段。在数字文化建设的背景下，吴江区打造了平望元宇宙应用平台，探索数字时代的元宇宙古镇解决方案。

一、建设背景

（一）时代背景

一部文化发展史，也是一部文化和科技不断融合的历史。党的十八大以来，习近平总书记深刻把握信息时代社会主义文化建设的特点和规律，紧紧围绕更好满足人民群众精神文化需求，加快推进文化服务和数字技术深度融合，推动我国数字文化建设取得新成就，为以中国式现代化全面推进中华民族伟大复兴注入了强大精神力量。2023年，中共中央、国务院印发《数字中国建设整体布局规划》，明确提出要"打造自信繁荣的数字文化"，对数字文化建设作出顶层设计和战略安排，推动我国数字文化迈向高质量发展"快车道"。

（二）政策背景

苏州市数字化改革推进大会暨网络安全和信息化工作会议指出，要聚焦重点任务，以数字化改革引领现代化先行。要以数字化改革推动产业转型升级，加快发展数字经济新业态。会议发布《苏州市数字化改革总体方案》，强化数字化思维，拥抱数字化浪潮，更好助力中国式现代化苏州新实践。吴江制定《苏州市吴江区关于贯彻落实国家文化数字化战略的实施方案（2023—2025年）》，预计三年内投入财政资金2000万元，撬动总投资6.66亿元，重点加大对数字文旅、数字艺术、数字文物等领域发展的支持力度，积极优化数字文化产业发展环境，推动文化数字化发展。

（三）技术背景

"元宇宙"翻译自英文的"Metaverse"，是未来虚拟世界与现实社会相交互的重要平台，将形成与现实世界映射交互的虚拟世界。元宇宙是一场颠覆性的变革，有望重塑社会、商业和我们所有人的生活，可能成为引爆人类社会新未来的重要机遇。新时代新征程，文化工作要紧跟时代步伐，顺应实践发展，积极开辟新领域，抢占元宇宙的新赛道。在此背景下，2022年10月，吴江区平望镇与江苏文投集团达成合作，通过元平台打造首个历史城镇元宇宙场景和线上线下数实融合示范点，探索提供数字时代的元宇宙古镇解决方案。

二、功能运用

（一）核心元素

"1"是指1个核心元素，即元宇宙数字居民。平望数字居民就是元宇宙的身份证，作为连接现实世界和虚拟世界的唯一沟通桥梁，数字身份拓展了人际交往的时间和空间，拓展了人的自由活动边界，释放人们潜在交往意愿，形成了各种新型的社交关系，有效解决了平望古镇常住人口不足及游客游期短的现实问题，让定居外地的平望籍家乡人随时"回家"，让游客升级为居民，让古镇转化成社区。

（二）内容实践

"3"分别代表数字政府、数字经济和数字生活三个方面。

1. **聚焦政府业务，打造高效能数字政府服务**。数字政府搭建起了一整套数字街区的政务治理内容。依托平望镇优秀的政务创新基础底座，平台**与镇行政审批局业务融合**，诞生了平望元宇宙政务服务大厅，这里集合了各类政务服务窗口，提供 7 * 24 小时"一站式"数字化办事服务，民众可以随时随地访问该政务大厅，不仅提高了政府服务的透明度，也有效减少了民众排队时间，提升了办事效率；**与镇安监所业务融合**，围绕应急管理业务中的安全生产进行元宇宙业务培训，通过元宇宙场景建模设置隐患点，完成排查隐患和排名，实现业内人员考核业务，企业和群众的安全意识进一步提升；**与镇司法所业务融合**，一起将普法讲座、海报、以案释法同步到元宇宙线上场景，"数字人颜真卿"以"平望镇数字法律明白人"的新身份，主讲普法视频、科普法律知识、举办宪法知识挑战赛、打造"平望普法·元宇宙直播空间"，让法律"活"起来；**与镇宣传办业务融合**，打造"元宇宙平波号"新闻播报平台，同步"平波台"微信公众号上的新鲜资讯，"数字人颜真卿"倾情播报新闻，为市民游客带来沉浸式传播新体验。

2. **聚焦商贸活动，打造全时空数字经济平台**。数字经济将线上线下消费及产业融合，打造元宇宙街区消费新体验。通过**元宇宙直播系**

统，用户可进入元宇宙直播平台，进入虚拟空间沉浸式观看线下各类文化活动，并合影留念、互动竞技等；同时，元宇宙直播平台亦可通过直播的形式对线下产品进行直播销售，助力拓展销售渠道。通过**元宇宙商城系统**，将线下产品搬到线上，同步设置元宇宙优待特价，一键实现产品 Online3D 互动体验，助力提升产品销量。通过**元宇宙广告招租系统**，在场景的显要位置设置广告位，制定元宇宙广告刊例价，进行品牌类、产品类、营销活动类等广告发布，助力放大传播声量。通过**元宇宙商家入驻系统**，联动在地产业，跨界互动，产业融合，形成云产业合作生态链，助力放大品牌商业价值。

3. 聚焦文旅场景，打造强互动数字生活体验。数字生活中创新性打造数字平望元宇宙的数字 IP、一拍即合、AI 换脸、同步观展、元祈福等功能应用，实现多元场景互动交流。通过开发**数字 IP**，挖掘平望与唐朝书法大家颜真卿的故事，让颜真卿穿越时空来到古镇，成为"平望元宇宙"代言人，全程伴游；通过"**AI 换脸**"功能，用一张照片走进平望与颜真卿的故事，跟他那些有趣有料有才的朋友互动，实现"点进来的是历史，发出去的是江湖"；通过"**一拍即合**"功能，随时打开手机摄像头，从元宇宙的角度拍一张照片，识别出每栋重要古建和每个风云人物背后的历史人文典故；通过"**元宇宙展览**"，线上线下同步观展，真正实现"数实融合"艺术展出新模式，策划"心有山河望远方"粮仓平行展，感受运河与漕运的兴盛历史，活化、传承中华传统文化；通过"**AR 沉浸式剧本空间**"，研发和构建了五款 AR 沉浸式剧本体验（精灵夏令营、深海学院、逐光赛博岛、魔法教室的秘密、星航奇旅），用 AR 方式了解平望、了解元宇宙。开启"**一网覆盖 流量共享**"便民活动，为本地居民提供区域内随时移动端无线免费上网服务。

三、做法成效

（一）形成链式体验，拓展游览时空

人的活动很大程度上受到时间和空间的限制，通过以上的"1+3"的框架结构与内容实践，不论是第一次来平望的游客，还是在地的原住民，又或是远离家乡的游子，都可以突破时空限制，实现"事前、事中、事后"持续互动的全过程链式体验。比如，作为外来游客，事前可以通过该平台了解旅游路线和攻略，形成行前期待感；事中可以获得更多交互式体验和个性化服务，提高游览满意度；事后离开线下古镇后，仍可继续在元宇宙平台"流连忘返""漫步徘徊"甚至持续消费购物，提升用户黏着度。

（二）优化资源配置，赋能基层治理

从虚拟现实＋审批业务、虚拟业务＋安全监管、虚拟现实＋司法业务、虚拟现实＋宣传业务，到虚拟现实＋商贸创意、虚拟现实＋文化旅游，再到虚拟现实＋生活服务、虚拟现实＋教育培训，平望镇通过元宇宙平台将这些场景进行全面梳理整合，打造出一座虚拟与现实相融合的全新智慧小镇，打破了部分条线管理的无形壁垒，治理了部分基层治理的堵点痛点，打通了服务居民和游客的"最后一米"，实现了"指尖交流""一屏互动"，进一步优化了资源的有效配置，提高了基层的治理能力和治理效能。

（三）树立创新体系，形成示范效应

平望元宇宙应用平台于 2023 年 6 月正式发布，运营以来已有注册用户 3 万多人、日活 200~300 人，达成初步预期。目前该创新模式已推广运用至吴江大运河平台和苏州湾博物馆平台，随着自身体系的不断改进与完整，更多场景和业务将被不断纳入其中。接下来将积极促进平望元宇宙应用平台与京杭大集街区充分联动，打造"京杭大集•平望元宇宙街区"。该街区将实现线下各业态如初见书房、渔光曲、味道博物馆、玖树•平望驿馆等门店消费的线上融合，打造元宇宙街区消费的新体验，力争在 2024 年末实现用户注册量 5 万、日活 300~500 人、流水百万的目标。

案例点评

> 平望元宇宙应用平台作为我国第一个也是唯一一个正在践行数字化实践的运河小镇，率先在百姓生活服务、游客文旅体验、线上线下双线并轨的数字经济等方面完成试点且持续运营，体现了场景、风物、文化的数字世界参与感，形成了"头雁"示范带动效应。吴江将及时总结归纳建设中的经验与模式，为苏州数字文化建设提供更多的创意与样板。

张家港市"友爱港城"新时代文明实践智慧云平台

【引言】 建设新时代文明实践中心，是以习近平同志为核心的党中央从战略和全局高度作出的重大决策，是建设具有强大凝聚力、引领力的社会主义意识形态的重要工程，是建设具有强大生命力、创造力的社会主义精神文明的有效载体。近年来，张家港紧扣中央建设新时代文明实践中心的部署要求，打造"友爱港城"新时代文明实践智慧云平台，以数字化手段赋能文明实践，为新时代文明实践高质量发展提供有力支撑。

【摘要】 对照中央推进新时代文明实践中心建设的部署要求和以人民为中心的工作导向，张家港坚持守正创新，持续探索实践，于2020年7月开发建设了"友爱港城"新时代文明实践智慧云平台，并于2023年7月全面升级改版。平台充分利用大数据、云计算、5G移动互联网等新一代信息技术，打造了"新时代文明实践＋"互通互融的立体化为民服务网络矩阵，全域覆盖各级文明实践阵地，有效链接群众需求、社会资源和服务项目，建立起供需对接、统筹调度、资源共融、积分激励等流程机制，形成了集服务平台、工作平台、指导平台"三位一体"的综合性线上服务阵地，实现了文明实践活动线上线下同频共振、互通互融，为文明实践工作有序、动态、综合的管理、更新及共享提供坚强保障。

【关键词】 文明实践；数字赋能；供需对接；资源共融

扫码看VR

张家港市"友爱港城"新时代文明实践智慧云平台自 2020 年正式上线以来，持续优化改进数字化平台的工作理念和模式，通过 PC 端、移动端深度融合，实现全市文明实践工作协同办公、资源汇聚、统筹调度、闭环管理，有效激发市民群众主动参与文明实践的热情，推动新时代文明实践工作不断向更高水平迈进。

一、建设背景

（一）满足数字赋能新时代文明实践中心建设的需要

推进新时代文明实践中心建设，是党中央重视和加强基层思想政治工作的战略部署，是打通宣传群众、教育群众、关心群众、服务群众"最后一公里"的重要举措。随着信息技术不断成熟和广泛应用，群众对文明实践和志愿服务的需求不断扩大，急需打造符合信息化时代需求、高效便捷的文明实践线上平台，借助"互联网+"发展机遇，更好地实现文明实践工作与时代发展有机结合。

（二）满足文明实践工作效能提升的需要

张家港文明实践活动数量庞大，规模与类型繁复多样，对管理机制提出了更高要求。传统管理模式在高效调度、实时监控、科学评估等方面显现出了局限性。智慧云平台的搭建，引入数字化管理工具，不仅规范优化了服务流程，又为政府决策提供数据支持，助力文明实践工作管理向精细化、智能化方向迈进。

（三）满足各类资源优化整合的需要

文明实践工作覆盖面广，需要整合政府、社会、企业等各方面资源。智慧云平台构建了统一的资源配置与共享平台，实现资源高效整合与最优配置，为拓展文明实践的内容和领域，建立多元化、多层次的文明实践工作体系，提供了有效保障。

（四）满足群众多元需求的需要

以人民为中心是新时代文明实践中心建设的重要价值导向。新时代文明中心建设要秉持一切为了人民、依靠人民的原则，确保精神文明建设的发展成果由人民共享。智慧云平台借助数字化、智能化技术，能够更加精准地收集处理群众需求、实施供需智能匹配、个性化推送服务项目，提高服务响应速度和质量，提升服务的精准度与满意度，增强群众的幸福感和归属感。

二、功能运用

（一）一网联动五个平台

"友爱港城"新时代文明实践智慧云平台着力构建立体化为民服务网络矩阵，涵盖了移动端服务平台（"张家港文明实践"微信号、"今日张家港"APP），PC端工作平台（"友爱港城网"），数据处理端指挥平台，以及提供资源的省文明实践视界云和苏州文明实践云平台，实现了上下联通和左右协同，延伸了文明实践的辐射范围。同时，将文明实践项目、阵地、专家整合成文明实践资源库，供张家港全市文明实践所、站（点）根据群众实际需要选用，形成"群众点单、部门供单、志愿者接单、双向评单"的多维互动，真正让群众在一个平台"各取所需""各得其乐"。

（二）一键发布两个活动

"友爱港城"新时代文明实践智慧云平台打造"新时代文明实践＋志愿服务＋大数据"互通互融工作体系，充分整合原志愿服务平台"友爱港城网"与新时代文明实践智慧云平台的现有功能，统筹全市新时代文明实践活动线上线下同步开展。发布的文明实践活动，如需招募志愿者参与，可同步关联志愿服务需求，匹配志愿服务团队，实现文明实践和志愿服务活动同频联动。在平台微信端实时公布文明实践和志愿服务活动，便于群众预约报名、现场签到、反馈评价、领取积分，让广大群众能够充分体验各类文明实践活动。此外，规范的审核、公示、记录等流程，保障了文明实践积分的真实可靠，增强平台和用户之间的黏性。

（三）一舱集成七大数据

综合运用云计算、云存储、大数据等技术手段，实现"需求收集、需求分析、资源调度、项目入库、活动发布、群众参与、积分激励"七个文明实践工作步骤的闭环管理，打通文明实践活动中的供需联系，形成完整的服务链。最终，所有数据汇集到云平台数字处理终端驾驶舱，通过对全地域、分时域、各领域的实时数据收集分析、可视化展现，实现对全市文明实践工作的日常监管、活动成效监测和绩效评估，为了解群众需求、策划开展有针对性的活动提供了重要参考，全面提升了张家港新时代文明实践体系的建设质量和管理水平。

三、做法成效

（一）有效构建群众服务云矩阵

"友爱港城"新时代文明实践智慧云平台以数字化、智能化、便捷化为方向，最大程度集聚资源，最大限度服务群众，打造了有品质、富活力、见实效的精神文明建设线上主阵地。平台目前已覆盖张家港1个市级文明实践中心、10个分中心、11个区镇（街道）实践所、274个村（社区）实践站，联动88个行业部门，统筹管理1360支志愿服务团队，拥有31万注册志愿者。零距离"文明实践圈"的打造，让文明实践融入市民群众的日常生活，推动市民群众由"旁观者"向"参与者"转变，进一步凝聚群众、引导群众，以文化人、成风化俗，为张家港建设更高水平文明城市注入了强大的精神动力。

（二）全面扩大文明实践影响力

智慧云平台通过大数据、云计算等信息技术，集成全市各新时代文明实践阵地的地理信息数据，创建全市文明实践运营"云地图"，实时动态呈现全市文明实践阵地资源、活动场次、参与人数、热度排名、群众需求等情况，精准掌握群众最关注的领域、亟须解决的问题、最喜爱的服务形式、最欢迎的服务内容，为资源配置和服务下沉提供即时的大数据分析，构建起全市文明实践和志愿服务信息管理"一张网"。截至目前，平台已成功整合了涵盖"'理响张家港'基层理论宣讲课""追梦讲堂""张家港她说"等在内的543个项目、484个需预约阵地和超过1 000个开放阵地，同时汇聚了114名各类专家，有力助推张家港文明实践活动蓬勃发展。

（三）持续提升基层群众满意度

作为一个互动互融互通互享的云空间，智慧云平台"一云多端"的服务模式，打破时空界限，通过精准对接群众需求，以形式多样的文明实践活动丰富基层群众的精神文化生活。上线三年来，依托平台对接开展的文明实践活动近4.7万场，涵盖理论宣讲、教育服务、文化文艺、科普宣传等各种类别，群众参与活动超131.6万人次，"文明张家港 悦享美好夜""光影新播课""家门口的暑托班""文艺思政课"等一大批多元化、接地气、聚人气的文明实践品牌活动火热开展，极大地激发了群众参与文明实践活动的热情，把获得感、幸福感真真切切带到群众身边，以特色化服务推动新时代文明实践工作走深走实。

案例点评

> 张家港创新打造"友爱港城"新时代文明实践智慧云平台，以科技赋能推动新时代文明实践中心、分中心（行业部门）、所、站、点联动贯通，更大程度集聚各方资源，最大限度服务基层群众，实现文明实践全流程、全时段、全维度数字化建设和管理，让新时代文明实践更系统、更便捷、更精准、更科学，全面激活新时代文明实践内生动力，助推形成全民积极参与新时代文明实践的新格局，走出了一条具有地方特色，可复制、可推广的文明实践"张家港路径"。

昆山市"玉见昆山"服务平台

【引言】 习近平总书记强调:"要坚持以文塑旅、以旅彰文,推动文化和旅游融合发展。"党的二十大报告强调:"加快发展数字经济,促进数字经济和实体经济深度融合。"当前,文旅业数字化转型发展趋势正在加速,以数字化、网络化、智能化为特征的智慧旅游正逐步走进大众生活日常,为游客提供更加多元化、高质量的旅游体验和服务保障,成为推动文旅业态迭代升级、打造新型消费场景的重要推手。

【摘要】 以满足人民日益增长的美好生活需要为出发点和落脚点,以文体旅服务数字化发展、文体旅产业数字化转型、文体旅市场数字化治理为主要着力点,"玉见昆山"广泛整合昆山旅游、文化资源,以微信小程序、公众号、视频号全矩阵配合的方式,为游客提供全域旅游资讯、推荐特色的文化旅游产品,实现对景区、住宿、餐饮、娱乐、度假、购物全方位资源的综合管理、统一营销、线上购买,形成集游玩攻略、在线鉴赏、信息咨询、公共服务为一体的一站式服务平台,让游客享受智慧化、便捷化的全方位讯息和服务,实现一部手机游昆山。

【关键词】 智慧旅游;数字化;文旅融合

扫码看VR

"玉见昆山"文旅平台于 2021 年开发建设，2022 年试运营，2023 年正式使用。目前，共接入景区和文旅供应商 72 家，文旅产品上线 1 142 个；微信公众号发布推文数 220 篇，阅读量达 53.2 万次；累计注册用户 15 万人，访问量累计超 677.2 万人次。平台已覆盖昆山市内所有 A 级景区及大部分文化、体育资源，与昆山旅游年卡实现联动。

一、建设背景

（一）新形势，落实国家大政方针

为深入贯彻党的二十大精神和国家、省、苏州市关于推进实施国家文化数字化战略，推动文旅深度融合发展，加快文旅产业转型升级，抢抓数字智慧科技赋能文旅行业新机遇，昆山市以市场需求为导向，打造昆山文旅的"最强大脑"——"玉见昆山"服务平台，为科学研判和准确把握全市文旅发展趋势、实现文旅高质量发展提供数字支撑。

（二）新引擎，助推数字昆山建设

"玉见昆山"服务平台是数字昆山建设的重要组成部分。一方面，服务平台源源不断地向数字昆山建设提供全市文体旅资源要素信息，为数字昆山建设注入文旅数字力量。另一方面，服务平台依托数字昆山建设的信息数据，进一步提升全市文旅公共服务和行业管理的智慧化水平，推动数字昆山建设取得新成效。

（三）新平台，提升文旅服务效能

近年来，大众旅游方式逐渐从"走马观花"式的简单打卡向深度游览转变,游客倾向于在数字化的沉浸式体验中,领略旅游目的地的文化底蕴、了解周边旅游配套设施。为满足游客多样性、个性化的旅游需求,需要通过"玉见昆山"服务平台,加大公共服务数字内容供给力度,搭建起行业主管部门、文旅企业单位和消费者之间互动、沟通和信息共享的平台。

二、功能运用

"玉见昆山"平台将多元的线上服务功能进行完善归纳,形成昆山旅游对客服务总入口,围绕吃、住、行、游、购、娱六要素和公共文化服务等,为广大市民游客提供游前、游中、游后全流程服务。

(一)游前规划,省心出游

市民游客在出行前,通过"玉见昆山"公众号进入"文旅商城",可以在"景区门票""酒店民宿""食在昆山""剧场演出""好物商城"等板块线上购买文旅商品。通过活动日历模块,可以提前了解昆山各地举办的各类文化演出活动信息。同时,服务平台中的"分时预约"系统功能,可根据景区、场馆的承载量,将门票库存限时分配给不同时段,供市民游客选择,保证错峰出游,提高出行舒适度。目前,全市体育场馆、对外开放校园场馆均可实现在线预订健身服务,重大赛事活动可通过服务平台预定观赛。

(二)游中服务,优化体验

游览中,市民游客可根据自身定位,在"玉见昆山"服务平台中的

"公共服务"板块，查询景点天气预报、服务热线、景点热力图等，全方位掌握旅游景区动态信息。当到达旅游景区或者文旅场馆门口后，市民游客可以通过出示核销二维码验证进入。同时，"玉见昆山"服务平台向广大市民游客推荐当季热门景点、特色美食、精品线路、休闲体验等，并通过限时特惠促销活动，为游客提供低于市场价格的超值折扣旅游套餐，满足群众舒适、便捷、智慧化的旅游服务新需求。

（三）游后反馈，提升品质

市民游客在游玩结束后，可通过"玉见昆山"服务平台中的"订单查询、退订、评价、投诉建议"功能，在线联系客服，对游览订单、线上购物和消费文旅商品进行综合评价，并将建议投诉等通过平台反馈到相关管理部门，进一步提升售后服务质量，确保及时有效处理各类咨询投诉，使游客市民没有后顾之忧。同时，平台中"商户入驻功能"为供应客商提供自主入驻的申请通道，为文旅宣传、招商引流、交流互动等多场景应用提供服务支撑，不断提升人们对文化和旅游的获得感和满意度。

三、做法成效

"玉见昆山"服务平台坚持以人民为中心的发展思想，以数字化、智慧化建设推进文旅创新发展，推动文旅产业消费提档升级，助推昆山文旅事业高质量发展。

（一）满足多样化文旅消费需求

"玉见昆山"服务平台在整合优质文旅资源基础上，串联"精、小、散"的文旅单品，推动全市智慧文旅联动共享，逐步建立起具有核心竞争力的数字化产品及服务体系，精准提供一站式文旅体验消费服务。注重旅游 IP 的策划与产品组合，推出非遗、演出、文创等数字化体验内容，上架具有昆山地方特色的高品质文化旅游产品，实现线上购买与线下服务的融合发展，发挥一部手机游昆山、掌上轻松办预约的积极作用。强化平台日常运营管理，每月定时向用户分享昆山最新文旅资讯，并结合寒暑假、节假日、重大纪念日、传统节日等时间节点，营销策划文旅专题活动，以多样化、高品质供给满足消费者多元化文体消费需求。

（二）推动文旅融合高质量发展

"玉见昆山"服务平台通过一屏多端，打造文旅融合新高地。在采集、共享文旅数据基础上，获取全市旅游景区、文体场馆的客流情况、经营状况等信息，以及对平台用户属性、消费数据、行为习惯的分析数据，有助于动态掌握昆山文化事业、文化产业和旅游业发展态势，推动文旅供给侧结构性改革创新发展，加快文旅企业数字化转型，实现文旅产品和服务供需精准对接，推动优质旅游服务迈上新台阶，进一步加深广大市民和来昆游客对"大美昆山"形象品牌的良好印象。

（三）提升文旅数字化监管能力

"玉见昆山"服务平台实时获取相关景区点位访客量，为景区是否达到限流人数阈值平台、启动应急指挥机制提供科学依据。同时，平台开通监督投诉功能，市民游客可将景区、文体场馆、星级酒店等文化旅游场所存在的突出问题和安全隐患，进行线上投诉和反馈。文旅监管部门将尽快热情处理各类投诉和咨询，并坚持问题导向，做到举一反三，进一步改进管理、优化服务，提升全市文旅监管水平，为昆山市旅游市场健康发展贡献数字力量。

案例点评

"玉见昆山"文化服务平台打破原有多平台交叠的文旅宣传推广模式，依托昆山深厚的历史文化资源、丰富的旅游资源以及优质的商业资源，围绕智慧服务、智慧监管、智慧分析功能定位，建立起统一的文旅服务新体系，将智能化技术贯穿到旅游全过程中，给予游客沉浸式的游览体验，有效提升昆山文化旅游品牌的影响力和知名度，得到广大市民游客的认可和好评。

常熟市"常优培"艺体类校外培训机构预付资金监管平台

【引言】 2021年7月24日，中共中央办公厅、国务院办公厅印发了《关于进一步减轻义务教育阶段学生作业负担和校外培训负担的意见》，明确提出，要强化培训收费监管，通过第三方托管、风险储备金等方式，对校外培训机构预收费进行风险管控，有效预防"退费难""卷钱跑路"等问题发生。

【摘要】 为提升常熟全市艺体类校外培训行业的规范化管理，常熟市文体广电和旅游局创新推出"常优培"常熟市艺体类校外培训机构预付资金监管平台。该平台通过整合资金托管、学生家长买课、机构售课和上课、资金拨付等多个环节，实现了对文化艺术类、体育类校外培训的全程管理；通过与银行等金融机构合作，为消费者提供可靠的资金存放和支付渠道；制定明确了合同和协议模板，规范培训机构和学生家长之间的交易行为，减少因合同不明确导致的纠纷；提供实时的监控和交互措施，方便消费者通过平台实时查看课程进度、资金使用情况等信息，及时了解培训的进展；建立完善客户保障机制，包括退款政策、投诉处理流程等。通过这些措施，预付资金监管平台有效保护了消费者的合法权益，提高了行业的规范化管理水平，也增强了消费者对校外培训机构的信任，促进相关行业的健康发展。

【关键词】 资金监管；提升服务质量；减少经营风险

扫码看VR

2023年3月15日,"常优培"常熟市艺体类校外培训机构预付资金监管平台启用。该平台涵盖机构售课、消费者买课、资金托管、资金拨付等功能,对消费者预付资金进行全额监管,有效保障了培训机构和广大家长的合法权益,为推进常熟市预付式消费资金监管工作进行了有益探索。

一、建设背景

(一)群众有需要

部分校外培训机构缺乏风险意识,将预收取的培训费大量投向销售与广告,或盲目扩张,造成资金链断裂甚至破产倒闭,"卷款跑路""爆雷事件"时有发生。

(二)政策有要求

"双减"政策实施以来,非学科类校外培训市场持续升温。将其全面纳入监管,引导其健康发展,对于推进校外培训治理向纵深迈进和构建良好教育生态具有重要的现实意义。

(三)技术能实现

大数据管理、第三方支付技术、资金托管模式日益成熟,采取"机构—家长—银行—部门"四方数字化闭环联动,可有效推动数字经济、数字社会、数字政府"三位一体"建设。

二、功能运用

（一）严控收费限额，实行"一课一消"

"常优培"平台上所有课程严格落实一次性收费不超过3个月或60课时、金额不超过5 000元的规定。实行预付费资金第三方全额托管模式，采用"一课一消"、约定进度划拨两种方式将托管资金拨付至培训机构结算账户。

（二）压实责任主体，强化四方联动

主管部门，将预付资金监管作为审核准入后行业监管的"牛鼻子"，要求所有领证机构必须在资金监管平台上售课，通过信息归集实行动态监管和风险预警。**培训机构**，通过平台和家长在线签署《中小学生校外培训服务合同（示范文本）》，保障双方合法权益，通过课程管理模块，实现教师、课程、学员、资金等管理统筹。**托管银行**，按照每日消课情况、用户退课退款情况和"常优培"平台指令，确保每日资金及时、安全拨付；根据各机构资金监管额度进行授信，解决机构资金紧缺问题。**家长层面**，平台聚合了大量优质的线下机构，提供了多样化的课程选择，"一课一消"、信用评价等举措切实为家长营造放心消费环境。

三、做法成效

（一）资金监管成效显著

截至2024年5月9日，已纳入资金监管艺体类培训机构498家，

监管预付资金总额 2 490.98 万元，注册教师 2 364 人，发布课程 3 162 门，注册家长 23 360 人，注册学生 9 084 人。

（二）学员权益有效维护

所有上线机构均已领取审核意见书，确保合规运营和教学质量，退费管理、服务承诺、发票开具、培训教材、教师资质等全部纳入日常信用监管。退课退款流程便捷，不超过 3 个工作日即可到账。

（三）平台资源日益丰富

"常优培"资金监管平台提供了高质量的教学环境和师资资源，接入了文化艺术类、体育类、科技类校外培训机构，已成为常熟校外培训预付资金监管的主阵地。接下来，平台还将拓展到健身等行业，逐步扩大预付资金监管覆盖面，有望发展成为全市全行业预付资金监管的总平台。

案例点评

> 为更好保障校外培训学生家长的权益、提高校外培训行业的规范化管理，常熟市文体广电和旅游局采取了创新性措施，通过建设预付资金监管平台，建立一个安全、透明和高效的资金监管机制，确保用户预付费用安全。同时，通过该平台实现对培训机构的监督、对培训资金的监管、对学生家长资金的保护，既保护了用户权益，又能够提高行业的服务质量和安全性、促进校外培训行业的规范有序发展。

太仓市醉美太仓——智慧旅游服务小程序

【引言】 习近平总书记强调指出："文化产业和旅游产业密不可分，要坚持以文塑旅、以旅彰文，推动文化和旅游融合发展，让人们在领略自然之美中感悟文化之美、陶冶心灵之美。"《"十四五"文化和旅游发展规划》明确提出：要加强旅游信息基础设施建设，深化"互联网＋旅游"，加快推进以数字化、网络化、智能化为特征的智慧旅游发展。目前，智慧旅游已成为各地加速文旅融合高质量发展的重要方式，同时也推动了文旅产品的持续改善和创新。

【摘要】 "醉美太仓"微信小程序是太仓全域旅游线上一站式服务总入口，建设目标是配合线下设施与服务，向用户提供全面的、立体的旅游信息宣传、咨询与互动服务，满足用户畅游太仓的需要。小程序以"文旅融合＋产品预订＋整合运营"为前端服务，以"舆情监管＋经营管理"为后端管理，通过打造数字化内容体系、旅游攻略内容体系、文旅产品预订体系、特色好物商城体系、景区景点票务预订体系、公共服务体系、运营营销体系等，整合目的地自然生态、历史文化、文旅产业、特色好物等核心资源，打造文旅内容生态和产品池，提升太仓文旅品牌影响力。小程序推出以来，访问量和用户数持续增长，有效提升了太仓市的旅游吸引力和竞争力。

【关键词】 一站式全域旅游；智慧旅游；微信小程序

扫码看VR

2022年，为进一步加快全域旅游建设，深入推进太仓文旅智慧化发展，为市民和用户提供更全面便捷的旅游咨询和更完善周到的旅游公共服务，太仓上线运营了"醉美太仓"文旅小程序。游客只需打开手机微信，搜索"醉美太仓"小程序或者在"太融 e"APP 进入即可使用，实现"一部手机轻松玩遍太仓"，一键式解决"去哪儿玩、怎么玩"，实现"人未出户，攻略先知"。

一、建设背景

（一）政策背景

2021 年中华人民共和国文化和旅游部发布的《"十四五"文化和旅游发展规划》中提到：要加强旅游信息基础设施建设，深化"互联网＋旅游"，加快推进以数字化、网络化、智能化为特征的智慧旅游发展。加强智慧旅游相关标准建设，打造一批智慧旅游目的地，培育一批智慧旅游创新企业和示范项目。推进预约、错峰、限量常态化，建设景区监测设施和大数据平台。以提升便利度和改善服务体验为导向，推动智慧旅游公共服务模式创新。培育云旅游、云直播，发展线上数字化体验产品。鼓励定制、体验、智能、互动等消费新模式发展，打造沉浸式旅游体验新场景。

聚焦文化和旅游发展重大战略和现实需求，坚持自主创新，加强关键技术研发和应用，全面提升文化和旅游科技创新能力，有利于推进文化和旅游深度融合发展。要优化科技创新生态，构建以企业为主体、市场为导向、产学研相结合的文化和旅游科技创新体系。加快信息化建设、推进文化和旅游数字化、网络化、智能化发展，推动5G、人工智能、物联网、大数据、云计算、北斗导航等在文化和旅游领域应用。

（二）行业背景

旅游业规模不断扩大。"十三五"期间，太仓市旅游接待规模由524.65万人次增长至664.02万人次，年均增长率达8.2%；旅游总收入由75.41亿元增长至105.44亿元，年均增长率达11.2%；旅游业占全市GDP的比重由6.3%增长至6.9%（数据为2016年—2019年）。

旅游业体系逐渐完善。"十三五"期间，全市共有省级旅游度假区1家，A级旅游景区4家（其中4A级2家），星级饭店8家，省级乡村旅游区8家，江苏省体育产业基地1家，国家体育产业示范项目1个，苏州市旅游创新产品（业态）2个。乡村旅游、特色民宿、特色小镇、夜间旅游等新业态不断涌现，文旅、农旅、体旅等多业态融合示范亮点不断涌现，有力推动旅游业高质量发展。

重大文旅项目建设稳步推进。"十三五"期间，一批重点文旅项目纷纷落地并开工建设。其中，复星复游城项目总投资近400亿，主要包括室内冰雪世界、文化艺术街区、地中海俱乐部酒店、体育公园等，该项目入选太仓市"1221"重大工程，预计在"十四五"期间建成营业，届时将成为全市文旅行业发展的龙头，辐射带动全市文旅产业集聚，驱动全域旅游快速发展。

（三）技术背景

随着科技的迅猛发展，微信小程序凭借其独特的优势，正在改变文化旅游行业的运营模式和用户体验。小程序作为一种轻量级的应用，无需下载安装即可使用，这种即走的特性极大地方便了用户，尤其在文旅行业中展现出显著的优势。

用户规模庞大。微信拥有庞大的用户群体，这为文旅行业提供了一个广阔的市场空间。通过小程序，文旅企业能够直接触达这些潜在客户，提高产品和服务的曝光率。

使用方便快捷。用户无需下载安装即可快速使用小程序，这种特性符合现代人快速的生活节奏，能够为用户提供更加便捷的服务。

功能丰富多样。小程序可以提供包括旅游信息查询、门票预订、行程规划等多种服务，满足用户在旅游过程中的各种需求。同时，小程序还可以结合位置服务、支付功能等技术，进一步提升用户体验。

数据驱动与个性化推荐。小程序可以利用大数据分析技术，根据用户的行为和偏好为其提供个性化的推荐和服务，提高用户的满意度和忠诚度。

社交分享与口碑传播。基于微信的社交属性，用户可以方便地将自己喜欢的旅游目的地或体验分享给朋友和家人，形成口碑传播效应，进一步扩大企业的影响力。

微信小程序在文旅行业的应用具有多方面的优势，能够为文旅企业带来更广阔的市场空间、更高效的服务体验和更强大的营销能力。

二、功能运用

（一）"全域太仓"智慧地图

"醉美太仓"小程序"全域太仓"智慧地图功能是"醉美太仓"小

程序中最重要的功能。它利用先进的地理信息系统（GIS）技术结合手绘太仓全市地图，将太仓市的文化旅游资源进行数字化整合，提供了一个全方位、立体化的旅游体验空间。

"全域太仓"智慧地图功能提供了直观的电子手绘地图界面，用户可以通过缩放、拖动和查询操作，轻松查找到感兴趣的景点、餐厅、酒店、购物街等旅游相关地点。每个地点都配有详细的信息卡片，包括地址、营业时间、联系方式。

通过实时定位技术，用户可以清晰地看到自己在城市中的确切位置，还可查看附近的餐饮、住宿、停车场、医院等服务设施的位置与详情，方便用户做出更加合理的安排。重点景区景点为了提供用户智慧游体验，还设计了景区内部的智慧导览地图，提供基础位置定位、道路指引服务和语音讲解服务。

除了景点查询外，智慧地图还整合了丰富的旅游信息资源。"全域太仓"智慧地图功能特别设计了智能语音讲解功能和景区智慧导览功能。

语音讲解功能基于先进的语音识别和合成技术，当用户靠近景点的时候能够自动开启讲解服务。用户在智慧地图上选择感兴趣的景点后，点击相应的语音讲解按钮，便可以听到关于该景点的详细介绍。这些讲解内容通常包括景点的历史背景、文化特色、建筑风格以及相关的传说故事，让用户在欣赏美景的同时，也能深入了解当地的文化内涵。

智慧地图功能还提供了路径规划和导航指引。无论是步行、自驾还是公共交通出行，用户都能获得路线建议，并跟随实时导航到达目的地。此外，针对旅游特点，智慧地图还能够根据用户的需求，自主选择点位，串点成线，在智慧地图中显示个人定制路线，享受定制游的舒适体验。

(二) 文旅资源一键预订

"醉美太仓"小程序的文旅资源一键预订旨在为用户提供便捷、高效的服务。通过这个能力，用户可以轻松地预订太仓市的各种文旅资源，包括景点门票、酒店住宿等。

该预订能力覆盖了酒店民宿、景区景点、旅游产品预订三大模块，用户可以清晰地看到各种文旅资源的信息，包括价格、产品介绍、优惠活动等。同时，界面还提供了搜索和筛选功能，用户可以根据自己的需求，快速找到满足条件的文旅资源。用户在选定心仪的文旅资源后，只需点击预订按钮，填写简单的个人信息，即可完成预订。整个过程简单快捷，大大节省了用户的时间。

"醉美太仓"小程序文旅资源还具有实时更新的优势。平台上文旅资源信息都与各点位文旅资源信息实时同步，确保了信息的准确性和时效性。这意味着用户可以随时了解到最新的文旅资源信息，避免了因信息滞后而导致的预定失败。

"醉美太仓"小程序中还提供了完善的售后服务。如果用户在预定后需要更改或取消行程，可以通过小程序随时修改或取消预定，操作简单方便。同时，小程序还提供了客服咨询服务，为用户解答预定过程中的各种问题。

(三) 自营商城拓宽文旅销路

"醉美太仓"小程序不仅提供文旅信息服务，还深入挖掘本地文化特色，推出了"太享有礼"自营商城功能。旨在推广太仓的本土特色商品和文化产品，将太仓丰富的文旅资源转化为高附加值的商品，实现文旅产业的多元化发展。

小程序的"太享有礼"自营商城精心筛选了太仓当地的特色商品和手工艺品，如传统工艺品、地方特产、文创产品等，这些商品不仅具有观赏价值和实用价值，还承载着太仓丰富的历史文化和地方风情。通过"醉美太仓"全域旅游平台，这些商品得以展示在更广阔的市场和潜在客户面前。

为了增强商品的吸引力和销售潜力，小程序提供了高清的商品图片、详细的描述文字，让用户能够直观地了解商品的特点和制作工艺。同时，通过一键分享功能，用户可以将心仪的商品分享给微信好友或朋友圈，这不仅增加了商品的曝光率，也扩大了太仓文旅的影响力。

小程序的支付系统支持多种支付方式，包括微信支付、工会积分等，为用户提供了便捷的支付体验。同时，所有商品均由太仓文化旅游发展集团统一管理，确保了商品质量和售后服务，给用户带来安心的购物保障。

自营商品展销能力还具有促进文旅产业发展的作用。销售与文旅资源相关的商品，不仅可以增加太仓市的旅游收入，还可以推动当地的文化产业发展。例如，一些手工艺品或土特产品的销售，可以带动当地的手工艺人或农民增收致富。

三、做法成效

（一）"全域太仓"赋能全市旅游资源

提升了旅游资源管理效能。通过将全市各类旅游资源进行数字化整合，形成了统一而高效的管理平台。这不仅方便了用户查询和使用，也使得管理者能够基于数据做出更为准确的决策,提高了资源配置的效率与合理性。**加强了旅游便捷性**。通过智慧地图,用户能够获得精准的旅游信息和个性化推荐,使得旅游体验更加丰富和便捷。例如,用户可以根据个人兴趣接收到特色路线建议,或是通过实时信息规避拥堵,这些提升了用户满意度及旅游目的地的吸引力。**促进了资源均衡利用**。智慧地图标出了各类旅游资源,包括热门景点和冷门景点,鼓励用户探索多样化的旅游选择。这种资源的均衡利用有助于缓解部分热门景区的压力,同时也促进了边缘地区旅游资源的开发。**加强了资源管理**。通过利用智慧地图收集的数据,对旅游流、消费模式等进行分析,以更好地规划城市交通、景区建设和服务设施布局,实现动态管理和精细化运营。

全域太仓智慧地图的开发和应用不仅提升了用户旅游体验,还促进了旅游资源的合理开发和利用,对推动太仓市旅游业的整体发展和地方经济的繁荣具有积极的影响。它的成功实践为太仓其他行业资源整合和智能化建设提供了有益的借鉴和经验。

(二)"一键"预订能力有效助推文旅消费

"一键"预订能力是指通过一个接口或平台,用户可以实现快速、便捷预订,无需跳转到多个平台或进行烦琐的操作。"醉美太仓"小程序的文旅资源一键预订功能,不仅提升了用户的预订体验,也提高了太仓市文旅资源的利用效率。它是数字化技术与文旅服务完美结合的产物,对推动太仓市旅游产业的数字化转型和可持续发展具有重要意义。截至目前,小程序累计发生 3 400 单订单,实际使用率超 80%。**操作便捷**。传统的预订流程中,用户可能需要在多个平台间跳转,这个过程中容易因为信息不对称、操作烦琐等原因而放弃预订。而"醉美太仓"的一键预订能力减少了这种跳转，降低了用户流失率，提高了转化率。**服务集成**。"醉美太仓"拥有的一键预订能力基于平台可以整合多种文旅产品，如酒店、机票、景点门票、文创产品等，为用户提供一站式服务。这种集成服务不仅方便用户，也为商家创造了更多的交叉销售机会。**资源集成**。在"醉美太仓"全域旅游线上总入口普及之前，用户获取旅游信息的途径相对有限，且信息分散，难以一次性获得全面的旅游产品信息。通过"醉美太仓"小程序，用户能够快速找到所需的机票、酒店、景点门票等服务，大大提高了信息的可获取性和预订的便捷性。**体验为王**。当今旅游爱好者更加注重旅行的精神愉悦和个性化体验。"醉美太仓"小程序平台聚合了丰富的旅游产品和活动，让消费者能够根据个人兴趣选择体验，从而提升旅行的品质和满意度。

（三）"太享有礼"有效树立太仓文旅品牌

塑造品牌效应。"太享有礼"自营商城作为太仓全域旅游的在线商城平台，有助于统一太仓文旅品牌形象和提升品牌认知度。通过"太享有礼"可以更好地展示太仓文旅产品的特色和服务，如地方文化、特色美食、旅游景点等，从而吸引目标客户群体。目前"太享有礼"商城已入驻 20 家供应商，累计上架并开展销售 100 多种旅游及文创产品。**提升客户体验**。"太享有礼"自营商城可以根据太仓文化和旅游产品特点进行定制化设计，提供更加人性化的界面和交互体验。这提高了用户满意度，增加了用户黏性，促进口碑传播。在 2023 年的南园新春市集活动和 2024 年的文旅补贴活动中，单日参与活动用户人数突破 5 000，活动期间累计参与人数突破 5 万。**管理客户关系**。通过"太享有礼"自营，可以直接与用户建立联系，收集用户的反馈和需求，及时调整产品和服务。这种直接的用户关系管理有助于更好地了解市场动态，快速响应市场变化。**灵活型营销策略**。"太享有礼"自营商城拥有自主营销能力，如限时折扣、会员制度、积分奖励等，而不受第三方平台的约束，解决了在第三方平台营销手段受限、营销成本高等问题。在"太享有礼"自营商城中供应商可以根据自身情况和市场环境灵活调整营销手段，提高销售效率。**创新跨界合作**。发展文旅，带动其他行业是目的。"太享有礼"自营商城为文旅企业提供了与其他行业合作的平台，如与本地农特产、手工艺品、村镇活动等结合，开发独特的文旅产品。这种跨界合作有助于丰富产品线，提升竞争力。

"醉美太仓"小程序通过自营商城功能，有效地整合了文旅资源和电商服务，形成了促进文化旅游和经济发展的良性循环。它不仅增强了用户的体验感，也为提升太仓市的文化旅游品牌价值和经济效益发挥了重要作用。

案例点评

"醉美太仓"文旅小程序项目作为全域旅游线上总入口，成功解决了传统旅游信息服务碎片化、分散化的问题。该项目通过整合太仓市的景点、餐饮、住宿等资源，为用户提供了一站式的旅游服务解决方案，极大地提升了用户的旅游体验。还为当地文旅提供了一个展示和营销的平台，帮助太仓文旅提高品牌知名度和用户黏性。"醉美太仓"文旅小程序项目不仅提升了用户的旅游体验和当地的旅游形象与竞争力，还带动了当地的经济和社会发展，对推动太仓市文化旅游产业的发展具有重要意义。

苏州工业园区"数字草鞋山"文旅元宇宙应用

【引言】 建设数字中国是数字时代推进中国式现代化的重要引擎,是构筑国家竞争新优势的有力支撑。数字文化建设是数字中国建设的重要组成部分。习近平总书记在党的二十大报告中指出:"实施国家文化数字化战略,健全现代公共文化服务体系,创新实施文化惠民工程。"

【摘要】 "数字草鞋山"文旅元宇宙应用项目旨在通过数字技术还原历史场景,重现草鞋山区域丰富的历史文化故事。该项目为国内考古遗址公园首次应用AR技术等手段实现沉浸式多维度导览。通过构建数字化空间,还原先民的生产生活场景,使草鞋山文化故事得以生动再现。这种创新性的应用方式,为文化遗产保护和传承开辟了新路径,运用数字孪生技术,将历史文化和现代科技完美结合,为游客提供了一种全新的互动式体验。通过精确的数字模型和详细的历史资料,游客可以身临其境地感受到草鞋山丰富的历史和文化。由此提高了公众对草鞋山历史文化的认知和兴趣,使游客有意愿更加深入地了解草鞋山文化故事。

【关键词】 文化遗产保护;数字文化建设;数字孪生

扫码看VR

为增强草鞋山文化品牌影响力，拓宽遗址受众群体并提升用户体验，推动文化遗产资源的数字化转型，苏州工业园区开展了"数字草鞋山"文旅元宇宙应用项目建设。依托数字孪生、增强现实等数字化技术手段，构建草鞋山区域3D孪生体，重现丰富的历史文化故事，并推出"数字化游园"服务，丰富游客的观览体验。该项目成功入选2023年数字苏州优秀案例、2023年苏州工业园区数字政府优秀场景。

一、建设背景

习近平总书记强调，要把凝结着中华民族传统文化的文物保护好、管理好，同时加强研究和利用。学习贯彻习近平总书记重要论述和重要指示，必须在坚持保护第一、保护优先的基础上，进一步加强对历史文化遗产的管理、研究和利用，做到有机结合、守正创新，真正让历史文化遗产"活"起来，推动社会主义文化繁荣兴盛，更好传承历史文脉，更好建设中华民族现代文明。数字文化建设，作为数字中国建设的重要组成部分，是活化历史文化遗产的创新举措。《苏州工业园区数字政府建设2023年工作要点》第十五条明确指出："推动应用场景开放创新。聚焦数字化提升政府履职能力，鼓励各部门开发开放特色应用场景，促进元宇宙、数字孪生、区块链等数字化技术在重点领域、关键环节融合应用。支持相关龙头企业在园区开展技术研发和场景应用试验，在文旅、政务服务等领域打造小切口、深应用示范试点，探索'政产学研用'协同创新，营造数字生态，赋能产业发展。"

草鞋山遗址位于苏州工业园区阳澄湖南岸，遗址范围40.2万平方米，是太湖流域史前文明的中心聚落、江南文化的源头，被称为"江南史前文化标尺"。2013年被公布为第七批全国重点文物保护单位。2022年6月28日，草鞋山考古遗址公园核心区建成并面向社会开放，核心区面积约4万平方米，集合时空之门、夷陵山、主题展厅、古水稻田场景复原、考古工作站等功能空间，以考古成果为依据，再现草鞋山遗址的风貌和魅力，解密江南文化的源头与脉络。同年被国家文物局公布为第四批国家考古遗址公园立项单位。"数字草鞋山"文旅元宇宙应用项目，旨在通过数字技术还原历史场景，重现草鞋山区域丰富的历史文化故事，丰富游客的观览体验，让草鞋山的文化遗产"活"起来。

二、功能运用

"数字草鞋山"文旅元宇宙应用通过数字化影视建设、三维模型建设等多元的数字化展现形式，深入展示了草鞋山的丰富历史文化。作为国内考古遗址公园首个采用AR技术等先进手段实现沉浸式多维度导览的项目，它不仅成功构建了逼真的数字化场景，还原了先民的生产生活画卷，更根据不同观众的需求，精心设计了各具特色的数字影像。观众可通过AR眼镜、微信小程序等沉浸体验草鞋山文化。项目于2023年3月启动，经过技术、设备、业内案例等一系列调研，广泛征求考古、文化等领域专家学者意见，从一片叶子、一条河流开始打磨，聚沙成塔，创造出一个数字空间中的"草鞋山世界"。当前，"数字草鞋山"文旅元宇宙应用首期已基本搭建完毕，正逐步面向考古专家、科技青年、外籍友人等各类群体代表，结合草鞋山各类文化活动开展内测体验活动，将根据反馈建议继续优化完善，并研究未来面向市场化的服务模式。

（一）依托数字化技术展现草鞋山遗址风貌

依托数字孪生等技术手段，展现草鞋山遗址40.2万平方米风貌，构建草鞋山地形、地貌数据，构建河流、池塘、道路、围栏、夷陵山、考古区域等三维场景，再现马家浜文化时期、崧泽文化时期、良渚文化时期草鞋山一带地形地貌的演变；根据文献资料在草鞋山、夷陵山区域呈现"时空之门""木骨泥墙""江南史前文化标尺"等关键要素的数字孪生体。

（二）构建数字化生活场景

依托数字化技术手段，构建较为完整的马家浜文化时期、崧泽文化时期、良渚文化时期草鞋山一带聚落形态、动植物资源、先民生产生活的数字化场景；运用增强现实技术，利用AR眼镜等手段实现沉浸式多维度导览。AR眼镜技术作为新兴、便捷的可穿戴设备，在创造性构建多维度数字化场景的基础上，给予游客沉浸式导览，为传统参观导览方式带来新的变革。为提升AR技术与草鞋山现场的适配性，将草鞋山考古遗址公园进行空间定位，构建公园3D空间模型，设计不同点位的数字影像内容以满足游客的观览需求。在公园观览遗址实景的同时，游客可以通过AR眼镜、手机等设备观看"数字草鞋山"的内容。

（三）开发线上、线下的交互功能

运用数字孪生技术创作数字人导游，并实现游客的数字分身与马家浜文化、崧泽文化、良渚文化时期数字场景的交互；根据草鞋山遗址出土文物以及草鞋山文化故事，开发线上、线下交互的小游戏，提升游览体验；通过对 PC 端、移动端的开发，让游客轻松实现"掌上互动"，并可实时观看三维复原的数字孪生内容，提高了公众对草鞋山历史文化的认知和兴趣。

三、做法成效

"数字草鞋山"文旅元宇宙应用项目以数字化手段为基础，对历史文化资源进行整合、创新和传播，为数字文化系统建设提供了有力支持。借助数字孪生、增强现实、数字动画等技术，对草鞋山遗址进行全面的数字化保护、转化、展示和体验等工作。通过对特定历史时期的环境、人物及其背后文化故事的场景还原和数字重现，为游客创造身临其境、虚实交互的在场体验，增强文化记忆和历史认同的同时，使草鞋山的历史文化遗产获得了"第二次生命"。

（一）增强文化事业数字化服务能力

"数字草鞋山"文旅元宇宙应用项目以数字化服务为核心，为游客提供便捷、高效的文化体验。项目通过搭建线上线下相结合的服务体系，将文化遗存、文化故事、公园动态等信息进行整合，为游客提供一站式文化服务。游客可以通过移动端、PC 端等终端设备，随时随地了解文化故事、预约参观、互动体验等，享受个性化的文化服务。通过数字化技术的应用，草鞋山的历史文化得以更好地展示，满足了公众对深度文化体验的需求。除了传统的观览体验外，游客将进一步沉浸式感受草鞋山世界的故事，更加自由自主地参观体验方式，也将大大提升草鞋山文化事业的服务能力。

（二）构建文化遗产保护传承数字化体系

数字草鞋山文旅元宇宙项目致力于挖掘和传承文化遗产，构建一个数字化、智能化的文化遗产保护传承体系。项目通过数字化技术，对草鞋山的历史文化、古迹遗址进行三维建模，实现文化遗产的数字化保存。此外，数字空间展示有助于推进草鞋山成为青少年学习、体验历史文化遗产的第二课堂，以通俗易懂、妙趣横生的沉浸式数字化体验，讲述草鞋山江南文化源头故事；带领游客身临其境地走进史前的人文江南，感悟草鞋山文化的独特魅力，进而为保护好、传承好历史文化遗产贡献力量。

（三）激发文旅融合创新活力

"数字草鞋山"文旅元宇宙应用项目以文旅融合为抓手，推动文化与旅游产业的协同发展。项目通过数字化手段，将文化资源与旅游资源进行整合，打造独具特色的文化旅游产品。游客可以在游览草鞋山的过程中，深入了解六千多年江南文化脉络，感受灿烂的史前文化魅力，实现文化与旅游的深度融合。在这样一个数字孪生体底座的基础上，草鞋山这一古老的新石器时代遗址将拥有面向未来的无限可能性。社会教育、文化体验、文化交流等各类文化活动和"数字草鞋山"相结合，将激发文旅融合全新的活力。

案例点评

苏州正集聚全市之力，打造全国数字化发展标杆城市。2024年4月9日，在苏州市2024年一季度数字化改革应用项目路演会上，市委书记刘小涛指出，要深入学习贯彻习近平总书记关于数字中国建设的重要论述，按照全市数字化改革推进大会部署要求，聚焦重点任务，集中攻坚突破，打造最佳应用，解决实际问题，切实提升用户体验感，更好推动数字化改革向广度深度进军。"数字草鞋山"文旅元宇宙应用项目作为数字文化建设的典型案例，立足草鞋山遗址文化特质，深挖人文底蕴，紧紧围绕草鞋山考古遗址公园现阶段开放运营实际情况，通过数字技术的创新应用，更好地保护和传承了草鞋山的历史文化遗产，提升了遗址公园的开放服务水平，为公众提供文旅融合全新的科技体验，成功入选2023年数字苏州优秀案例、2023年苏州工业园区数字政府优秀场景。

第五篇 推进数字社会系统建设

苏州市"火眼"大数据火灾风险预测系统

【引言】 习近平总书记指出："要全面贯彻网络强国战略，把数字技术广泛应用于政府管理服务，推动政府数字化、智能化运行，为推进国家治理体系和治理能力现代化提供有力支撑。"消防安全监管人少事多、责任重大。传统的消防安全专家评估人力投入大、难以快速覆盖成千上万的社会单位。政府部门迫切需要新型技术手段提升精准监管水平。"火眼"火灾风险预测系统基于大数据及人工智能技术，通过对多源海量数据进行机器学习，训练生成符合本地城乡火灾特征的风险预测模型，自动定期输出火灾高风险单位的预警指令，通过与消防业务系统结合，实现了消防安全监管力量的精准投放。

【摘要】 2015年起，苏州消防救援支队与苏州正载科技有限公司共同研发了大数据火灾风险预测系统（以下简称"火眼"），它是全国第一个利用大数据人工智能进行火灾风险预测的系统。作为公共安全领域典型的数据智能应用，"火眼"系统自2016年于苏州消防支队上线运行至今，算法性能指标良好，在不增加消防部门人力投入的情况下，将日常消防监督检查效率提升了6~8倍。7年来，通过精准监管、多措并举，"火眼"系统覆盖的苏州市9.6万单位火灾累计下降78%，取得了良好的社会效益与经济效益。

【关键词】 大数据；人工智能；风险预测

扫码看VR

"火眼"系统系国内首个大数据火灾风险预测应用。"火眼"系统技术路线成熟稳定,应用具有创新性与前瞻性,符合国家政策导向和行业发展需求,具备良好的发展前景。作为公共安全领域典型的数据智能应用,"火眼"系统自2016年于苏州消防支队上线运行至今,算法性能指标良好,在不增加消防部门人力投入的情况下,将日常消防监督检查效率提升了6~8倍。7年来,通过精准监管、多措并举,"火眼"系统覆盖的苏州市9.6万单位火灾累计下降78%,取得了良好的社会效益与经济效益。作为"数字消防"的典型案例,"火眼"系统曾先后在全国应急信息化、全国防火监督工作会议及国家消防救援局科技大讲堂上交流展示,多次受到应急管理部、国家消防救援局领导及省市地方政府领导的高度肯定。

一、建设背景

消防安全监管人少事多、责任重大。传统的消防安全专家评估人力投入大、难以快速覆盖成千上万的社会单位。政府部门迫切需要新型技术手段提高精准监管水平。

长期以来,单位消防安全监管缺乏以实证数据为支撑的分析评估。《中华人民共和国消防法》对消防安全重点单位界定是发生火灾可能性较大以及发生火灾可能造成重大的人身伤亡或者财产损失的单位。但在实际操作中由于缺乏高效率的量化火灾风险评估方法,重点单位界定与监管投入指向不合理。此外,近年来"双随机、一公开"全面推行,但由于缺乏单位火灾风险量化评估手段,双随机往往退化为简单随机,公平有余、效率不足,有悖国务院有关双随机应实现信用风险分级监管的要求，造成监督资源的浪费。

二、功能运用

"火眼"系统是国内首个大数据智能火灾风险预测应用。"火眼"基于消防机关及政府相关部门现有信息化系统及数据条件，围绕火灾风险评估目标，针对性开展数据汇聚整合与质量治理；基于人工智能技术，通过对火灾、单位、建筑、隐患、违章行为等历史海量数据进行机器学习，训练生成符合本地特征的火灾风险预测模型，由计算机对社会单位、住宅小区等进行动态的火灾风险分析计算，自动预测并定期输出火灾高风险对象清单；通过与消防监管部门"双随机、一公开"等业务系统流程对接，提升消防安全精准监管水平。

（一）消防内部数据融合：打造真实精细关联的火灾数据

火灾数据是消防最核心的业务信息，但长期以来消防部门火灾数据存在数量不真实、质量不精细、防消不融合的问题，不仅直接影响防灭火工作研判，而且一定程度上间接导致工作目标任务失焦虚化。作为前置基础性工作，"火眼"系统基于消防大数据平台研发了二合一数据采集治理工具组件，实现了消防119、火灾统计系统与监督管理系统的数据关联融合，并通过历史数据回溯形成了真实、精细、关联的火灾数据基础。

（二）外部数据整合利用：多源汇聚消防相关数据

"火眼"系统基于消防大数据平台汇聚了应急管理、公安、市场监管、人社、住建、交通等7个政府部门的数据资源，并接入了天气、地理信息等互联网数据，通过工商市场主体登记、警务合成监管平台九小单位登记等多来源数据整合，梳理单位、建筑、危化品危险源相关信息，为单位建筑及区域的综合研判分析奠定了数据基础。

（三）机器学习平台：训练符合本地火灾特征的算法模型

"火眼"基于自研的大数据预测平台ACAST研发，其预测子平台提供并行计算框架，涵括机器学习通用算法集，提供百亿以上规模的数据分析挖掘、机器学习等能力，同时提供不同算法预测模型的训练、评价、选择等功能，并通过标准化接口提供预测配置、任务调度、预测结果输出等功能。

基于ACAST平台、"火眼"通过对上千个数据库字段/维度的相关性分析，提炼了火灾风险预测的数据维度，训练生成符合本地单位建筑火灾特征的算法模型。相关机器学习算法模型性能优越。在苏州消防救援支队，经数据清洗治理后，2016年"火眼"上线之初一共覆盖了包括全部8000家重点单位和8.8万家一般单位在内的9.6万家社会单位，以三个月实际火灾数据校验，"火眼"用5%的预测数据命中了42%的实际火灾，针对火灾高风险单位建筑的预测性能达到国际先进水平。

（四）数据驱动消防安全精准监管：推动向事前预防转型

利用"火眼"系统的大数据火灾风险预测，消防部门可以开展基于火灾风险评估的精准监管抽查。从2016年开始"火眼"系统在苏州消防持续运行，7年间平均将防火监督抽查的精准度提升了6~8倍。苏州消防救援支队每季度初基于"火眼"预测生成的高风险前5%单位清单优化消防监督抽查，实现了数据驱动的消防安全精准监管，在安全生产领域更好地贯彻落实了国务院有关风险分类监管的要求。同时，"火眼"预测结果还定期提供给行业部门、属地政府及基层派出所，推动精准联合监管。例如支队将"火眼"预测的前6%～8%的高风险单位建库纳入江苏省市场信息监管平台，作为部门联合检查对象。此外，"火眼"预测预警结果可通过苏州消防服务平台直接推送给相关高风险单位，督促单位开展消防安全自查自纠。

三、做法成效

（一）经济效益

"火眼"系统利用大数据机器学习实现了对成千上万家单位的火灾风险预测评估，为日常消防安全管理提供了科学引导，实现在不增加消防部门人力投入的情况下，大幅提高日常消防安全检查工作的效率。苏州消防利用"火眼"系统的预测预警，将防火监督检查的精准度提升了6~8倍。

2016年以来，"火眼"系统覆盖的苏州市9.6万家较大单位火灾呈下降趋势：2016年512起，2017年483起，2018年393起，2019年245起，2020年111起，2021年145起，2022年131起，2023年111起。9.6万家较大单位的季度平均火灾量由2016年的132起下降至2023年的28起，减少了104起，有力保障了群众生命财产安全，减少了火灾损失，具有显著的经济效益。

（二）社会效益

火灾涉及人民群众生命财产安全。"火眼"的风险预测帮助消防安全监管部门将有限的检查资源投放到最需要的地方去，推动实现了基于风险的常态化管理，具有良好的社会效益。

基于"火眼"的大数据火灾风险预测，消防监管部门可以更好做到消防安全风险高的单位多查、消防安全管理水平高的单位少查或不查。相关做法优化了政府监管部门与社会单位的互动，有助于营商环境的进一步改善。

案例点评

> "火眼"系统是国内首个大数据智能火灾风险预测应用。该系统针对消防领域常见的数据基础薄弱问题，针对性设计开发了火灾及单位建筑数据治理、融合关联与质量提升工具；同时围绕城市单位建筑火灾风险评估需求，利用人工智能技术研发了符合本地火灾特征的机器学习算法模型，相关算法预测性能指标达到国际先进水平。
>
> "火眼"系统代表的数据驱动精准监管模式具有良好的可复制性。苏州消防的"火眼"系统运行七年来算法性能稳定，实际火灾防控成效突出。除江苏苏州外，"火眼"系统亦已在四川绵阳消防支队应用，成效明显；目前福建总队正在全省推广"火眼"应用。

苏州市智慧急救平台建设与应用

【引言】 习近平总书记指出："人民健康是民族昌盛和国家强盛的重要标志。把保障人民健康放在优先发展的战略位置。"党的十八大以来，党中央明确了新时代卫生与健康工作方针，要求把预防为主放在更加突出的位置，推动卫生与健康事业发展从治病为中心向以人民健康为中心转变。作为呼救者就医的第一环节，如何更加快速有效地响应患者急救需求，提高急危重症患者的院前救治水平，智慧急救平台的建设极其关键，直接关系着广大人民群众的生命安全和身体健康，是重要的社会事业与民生保障。

【摘要】 苏州市智慧急救平台集合了调度和急救两大业务模块，采用云架构、5G、车联网、人工智能、大数据等前沿技术，通过救护车、急救中心、接诊医院等各个业务环节急救数据的全流程全结构化采集和远程实时传输，实现了急救车当前位置、任务状态、工作量等信息的可视化和患者档案的数据共享和远程指导；通过快速响应和智能决策，实时掌握各地区的急救需求，高效分配医疗资源，为患者提供了更加及时、有效的救治服务，实现了院前院内救治一体化；市卫健委全面梳理现有120急救业务流程，通过数据融合进一步优化、提速急救业务，为急危重症患者救治提供实时信息化保障，让医疗资源高效精准配置到整个院前急救过程中，进一步提高急危重症患者救治成功率。

【关键词】 调度；院前院内协同救治；智慧急救

扫码看VR

2010年以来，苏州开始智慧急救探索，围绕"急病要急"理念，分阶段推进智能化急救调度平台、智慧急救信息化平台、智能化救护车院前急救、区域协同救治等建设，拓展丰富了"智慧急救"内涵。经过近15年的建设，苏州市智慧急救平台在快速有效响应卒中、胸痛、创伤、危重孕产妇等急危重症患者院前急救能力上持续提升，推动了院前院内医疗急救急诊数据和网络的有效衔接，打通院前院内一体化绿色通道，成功打造了"呼入即调度""上车即入院"的院前急救"苏州模式"，苏州市《区域急救平台及胸痛中心数据交互规范》成为全国院前协同救治体系的信息化标准。

一、建设背景

（一）日益增长的急救需求对急救工作提出新挑战

随着苏州经济社会快速发展、城市半径不断扩大、人口数量持续增多、老龄化趋势愈加严峻，市民对医疗服务的多样化、多层次需求不断增加。目前，全市共有救护车435辆，急救站点105个，调度台席位75个。五年来，全市急救120累计接听电话446万次、派车136万次，平均每天拨打120电话人数超2 400人、急救车转运患者达750次，累计救治病人118万次，其中危重症患者13.5万人次。急救工作具有自身的特殊性，例如心脏骤停、气道梗阻等危急重症的黄金抢救时间仅为4到10分钟，速度至关重要。总体上看，苏州的急救工作面临范围大、需求多、时间紧、资源少、协同难等情况和特点，这对急救工作提出了新的挑战。

（二）卫生健康事业高质量发展对急救工作提出新要求

党的十九大报告指出：中国特色社会主义进入了新时代，我国社会主要矛盾已经转化为人民日益增长的美好生活需要和不平衡不充分的发展之间的矛盾。"十三五"以来，苏州市委、市政府先后出台了《健康苏州"2030"规划纲要》《苏州市深化医药卫生体制改革试点工作实施方案》等系列文件，对全市卫生健康事业建设发展做出部署谋划。按照"急病要急、慢病要准"的理念，进一步探索医疗卫生服务机制改革，增强对危害市民健康的主要重大疾病的专业预防和救治能力，提升医疗卫生服务水平，也对急救工作提出了新的要求。

（三）数字化改革战略赋予智慧急救工作新动能

随着信息化、网络化、智能化等现代新科技的广泛应用，经济转型、产业升级、社会治理手段提升等已成为中国社会发展的主线。院前医疗急救作为呼救者就医的第一环节，要更加快速有效地响应患者急救需求，提高急危重症患者的院前救治水平。必须坚持以数字化改革战略创新思维为引领，充分运用5G移动互联网、物联网、人工智能、大数据和云平台等一系列智能技术，进一步为院前院内一体化的智慧急救工作提速增效。

二、功能运用

（一）"需求即服务"，实现基于大数据算法的资源配置

合理配置急救资源布局是智慧急救平台高效运转的基础。根据全市

人口经济发展现状和态势，以全市人口聚集度、人口年龄结构分布为导向，做到"急救资源配置一张图"。基于大数据算法，统计分析院前急救业务过程数据，精准掌握各急救站急救任务的出车数、平均出车时间、平均反应时间、平均院内交接时间、急救任务平均用时等核心指标，结合特定区域的急救需求、资源分布、运行效率等，合理配置急救站点、急救车数量和急救人员，进一步消除急救盲点，提升统筹调度能力，加快优化急救体系。

（二）"呼入即调度"，实现基于大数据算法的统筹调度

通过智慧急救平台，在"急救资源配置一张图"上，叠加急救车当前位置、任务状态、工作量等信息，在急救调度过程中，系统对地理位置、医疗资源、急救资源等信息进行基于大数据的智能判断和高效匹配，形成最优响应算法。在国内首家引进医疗优先分级调度系统（MPDS），科学合理调派急救资源。120调度员根据系统算法提示，按"就急、就近、就能力"的原则第一时间派车，经过系统分级后，危重症患者和重点人群得到更高级别响应，为重症病人打通生命通道。实现各类资源利用整合化、呼叫受理统一化、车辆人员调度统筹化。

（三）"接线即救治"，实现基于人工智能的在线支持

按照"120电话响起，救治开始"的理念和要求，通过智慧急救平台为120接线员赋能，推动接线员从传统意义上的指挥调度急救资源出诊的"接线员"向紧急医疗调度员转变。MPDS系统收集总结了全世界范围内最广泛的急救病历，归纳为包括胸痛、车祸、抽搐等在内的34个主诉预案。在急救车到达前，接线员按照MPDS预案，持续与呼

救者保持通话，通过标准化问询快速获得呼救者现场情况，稳定呼救者情绪，判断病情严重程度，提供清晰、易于遵从的指令，电话指导呼救者在力所能及的范围内按专业规范开展自救和互救，有效填补急救车到场前的"空窗期"，实现急救工作"节点前移"，同时也为急救资源的轻重缓急调度提供科学依据。

（四）"上车即入院"，实现院前院内救治的无缝衔接

对全市急救站的救护车进行智能化升级，通过信息化手段在医院建设医院急救系统，实现院前与院内救治衔接，打造"上车即入院"急救新模式。通过对传统救护车提供车载智能终端、显示终端、5G移动网络等智能化设备，构建智能救护车联网系统，实现救护车相关设备信息的实时采集、集成，信息的传输与接收，同时配备呼吸机、监护仪、除颤仪等设备，随车医护人员可实时调阅患者健康档案、监测患者生命体征，开展心肺复苏、气管插管等救治措施，并可通过"一键预警"功能通知接诊医院做好救治准备，传输患者救治相关信息（视频、定位、监护仪波形、心电图、专科评分和病史等）到接诊医院，实现院前急救预告知功能。在全面提升车辆救治条件和随车医护人员能力的同时，实现"医生等病人"。在紧急情况下，急救车可以远程向院内专科医生发起线上协助请求，院内专家可远程调阅急救车上患者视频、体征监护和病史信息，全程指导途中救治。

（五）质控是关键，实现实时区域院前急救的分析模型

制定《苏州市院前急救电子病历标准》，建立院前急救电子病历和专科急救电子病历体系，实现急救电子病历的统一标准、统一书写、统

一保存。构建全市统一的院前急救大数据中心和急救质控管理平台,对电子病历开展质控分析和质量考核,全面提升智慧急救平台大数据中心数据质量的可靠性和一致性;针对心电图传输率、血糖检测率、静脉开通率、院前告知率等急救指标进行全市质控分析考核,最终形成全市统一的院前急救质控管理体系。在此基础上,构建实时区域院前急救分析模型,精准掌握区域内急救工作运行情况,进一步优化全市院前急救业务流程,为提高院前急救救治水平提供大数据支撑。

三、做法成效

(一) 急救资源持续优化

按照城区平均服务半径 3～5 公里,农村地区按建制乡镇设置或平均服务半径 10～20 公里设置 1 个急救站点的要求,通过呼救者区域分布数据,结合人口集聚度分析,判断急救力量分布合理性,有针对性地加大资源投入力度,强化院前急救分站建设,完善急救站点布局,填补急救盲区。近五年来,全市累计增加急救站点 34 个、救护车 198 台;姑苏区在急救站点不变的情况下,新增救护车 14 台;在吴中区、相城区、高新区和工业园区等新兴城市副中心区域,增加急救站点 11 个、救护车 64 台。随着急救资源的持续增加优化,进一步缩短了急救半径,提高急救效率,助力打通医疗服务"最后一公里",为市民提供更加快捷、高效、安全的急救医疗服务。

(二) 调度效率明显提升

目前,智慧急救平台已接入 105 个急救分站,逐步形成专业有序、高效协同的急救体系和支撑有力的数字化平台。从建设前后对比来看，平均派车时间从 4 分钟降到 18 秒，出车时间从 8 分钟缩短到 1 分 6 秒，到场时间从 25 分钟缩至 11 分 34 秒；平均派车时间、出车时间、到场时间分别缩短了 3 分 42 秒、6 分 54 秒和 13 分 26 秒，效率得到大幅提升。与南京、无锡、杭州、上海等城市相比，苏州的派车速度最快，到场时间最短，反应速度居于全国领先水平。

（三）急救水平提质显著

5 年来，全市已有超过 136 万人次患者通过平台得到院前救治。其中，调度员为呼救者提供远程电话指导"云急救"，在线指导 87.3 万人次，指导率达 63.43%，累计成功指导心肺复苏 494 例、分娩 46 例，有效弥补了急救医生到达现场前的空缺期，为病人赢得了更充裕的时间。院前抢救成功率由 85% 提升至 95.72%，院前心肺复苏成功率由 4.91% 提升至 8.53%，低血糖患者院前救治率由 45.91% 提升至 66.83%，相关指标均处于全国第一方阵。制定发布《区域急救平台及胸痛中心数据交互规范》信息化标准，强化急救质控管理，以平台产出数据为抓手，对车辆运行良好率、出车时间、电子病历完成率、急救处置率、病历书写质量、心电图上传率、专科评估上传率、院前告知率等主要指标进行评估，分析出车过程准备是否充分和随车急救人员专业性，针对性开展技能训练，提高急救人员业务能力，进一步提升 120 急救质量。

（四）协同救治畅通高效

持续推进建设 120 院前与院内协同救治网络，打造"上车即入院"的院前急救"苏州模式"。一是依托智慧急救平台，完善卫生应急和紧急医疗救援指挥体系,形成指挥灵敏、反应迅速、运行高效、衔接有序的卫生应急、院前急救和院内急诊服务链,实现各个业务环节患者数据全流程结构化采集和远程交互。目前,21家医院接入平台,308辆急救车均已完成数字化改造,经120急救的救治任务100%接入智慧急救平台。二是跨部门协同救治能力不断增强,依托智慧急救平台和110指挥平台的交互,进一步强化警医联动,建立警医协同救援救治网络,试点建设高速公路急救分站、执法与急救功能"二合一"的执法船,提升全市交通意外伤害救治率,减少伤残率和死亡率。

(五)示范效应不断显现

苏州早于国家政策两年前启动智慧急救项目的建设工作,成功运行近6年时间,为创新院前急救体系建设积累了实践经验,为各地卫生健康部门、急救中心建设院前急救信息化项目提供了实战化案例,在全国急救信息化体系建设中发挥了示范带头作用,央视、新华社和央广网等多家媒体均关注报道,全国各地超过30个城市来苏专题参观学习。

案例点评

苏州市智慧急救平台革新了传统的急救流程规范,基于医疗优先分级调派系统(MPDS)算法,通过大数据融合赋能,提升了紧急救治的速度和能力,实现了急危重症患者"上车即入院"高效救治流程。平台融合了院前与院内的病患数据,推动医疗数据的共享和整合,为协同救治提供有力支持,也为其他医疗健康领域的智能化发展提供了有益的借鉴和启示。

高新区"狮山随手拍"小程序

【引言】 党的十九大以来,党中央提出了加快城市数字化新进程。习近平总书记指出:"要把满足人民对美好生活的向往作为数字政府建设的出发点和落脚点,打造泛在可及、智慧便捷、公平普惠的数字化服务体系"。"狮山随手拍"通过数字化手段,充分调动人民群众的积极性、主动性、创造性,实现各领域问题早发现、早预警、早研判、早处置,让城市更安全、更有序、更干净,切实提升人民群众获得感、幸福感。

【摘要】 "狮山随手拍"利用数字化手段,借助于现代通信工具和宣传载体,通过宣传发动辖区广大群众常态化开展问题隐患"随手拍",实现及时、精准、全面、高效地发现和处理包括消防安全、出租屋安全、既有建筑安全、施工安全、弱势群体保护、市容市貌整洁、公共设施维护、污水扬尘治理等领域内的风险问题和线索,同时利用大数据处理手段为街道治理决策提供数据支撑。针对群众反映的问题线索,系统根据事件类型,自动分配到不同的处置单位(部门、社区)。通过"群众吹哨、部门报到"模式,各项社会治理工作得以落到实处,实现工作闭环,高效解决群众急难愁盼,切实提升辖区居民获得感、幸福感、安全感,为街道高质量发展注入新的动能。

【关键词】 数字化治理;群众参与;基层治理

扫码看VR

"狮山随手拍"小程序于 2023 年 8 月正式启用。上线以来，"随手拍"已成为街道重要的诉求服务平台，注册市民 600 余人，有效解决了金色家园、科大家属楼、供电新村、名悦雅苑等居民小区电瓶车乱停放、电线私拉乱接、楼道乱堆放等"老大难"问题，在文明城市创建、老旧小区改造等工作中起到重要作用。

一、建设背景

（一）时代背景

当前，以互联网为代表的网络信息技术日新月异，引领了社会生产新变革，创造了人类生活新空间，拓展了国家治理新领域。面对数字化、网络化、智能化的时代浪潮，如何推进政府治理理念、方式、手段创新，让网络信息技术充分赋能国家治理体系和治理能力现代化，让互联网发展成果惠及全体人民、更好满足人民日益增长的美好生活需要，成为摆在政府面前的一个重大而紧迫的实践课题。"狮山随手拍"的建设正是立足时代背景、针对现实问题、着眼未来发展作出的科学回答，是对新时代基层治理模式的一种积极探索。

（二）政策背景

党的十八大以来，以习近平同志为核心的党中央准确把握信息时代发展大势，围绕加快建设网络强国、数字中国，就加强数字政府建设作出一系列重大决策、实施一系列重大部署，先后出台《关于加强数字政府建设的指导意见》《数字中国建设整体布局规划》等文件。江苏聚焦打通"数据壁垒",努力构建数字政府"四梁八柱",通过数据开放共享服务企业和群众,促进各地各部门数字化转型,全力打造"数字化、智能化、一体化"现代数字政府,先后出台《江苏省数字政府建设2023年工作要点》《江苏省"十四五"数字政府建设规划》等文件。苏州立足推动高质量发展、高效能治理、高品质生活,深入推进数字政府建设,出台《数字苏州标准化建设实施方案》《苏州市数字经济"十四五"发展规划》等文件。在这样的政策指引下,"狮山随手拍"项目得以立项并实施。该项目旨在通过数字化手段,搭建一个群众参与、政府响应、社会协同的治理平台,从而实现对社区问题的快速发现和高效处理。

（三）工作背景

狮山横塘街道是苏州商务商贸核心区之一,拥有区总人口约30万人,户籍人口约14万人,流动人口约16万人。下辖馨泰、青春、万枫、狮山等13个社区,共有住宅小区108个。近年来,随着人民群众对美好生活的需求日益增长,街道基层治理依赖传统的人工巡查和群众举报,难以做到问题的及时发现和处理。特别是在面对一些突发性和隐蔽性问题时,传统模式的弊端更加明显。目前街道共有社区工作人员0.02万人,网格力量不足0.03万人,而辖区总人口约30万人、企事业单位3.16万家,很多基层治理问题难以做到"发现早、处置快"。"狮山随手拍"项目的实施,有效解决这一问题,通过发动广大群众利用手机等智能终端设备,随时随地拍摄并上传身边的问题,实现问题的快速曝光和精准定位。依托大数据分析,街道能够迅速响应,形成"发现问题—分析问题—解决问题"的闭环,大大提升基层治理的工作质效。

二、功能运用

在数字化浪潮的推动下,"狮山随手拍"小程序应运而生,它不仅是社区治理的创新工具,更是群众参与社会治理的桥梁。该项目紧密围绕"依靠群众,及时发现问题;依靠法理,高效回应群众诉求;依靠数治,工作成效一目了然"三大核心理念,通过微信小程序和 PC 端管理系统,实现了社区问题的快速发现、高效处理和透明监督。

(一)依靠群众,做到问题"早发现"

"狮山随手拍"小程序的首要功能,便是依靠广大群众的力量,实现街道问题的及时发现。为便于市民群众操作,"狮山随手拍"在设计之初,采用简单易用的微信小程序界面,让每一位社区居民都能轻松参与到社区治理中来。用户只需打开微信,搜索并进入"狮山随手拍"小程序,即可随时随地拍摄并上传身边发现的各类问题。这些问题涵盖了消防安全、出租屋安全、既有建筑安全、施工安全、弱势群体保护、市容市貌整洁、公共设施维护、污水扬尘治理等多个领域。同时为了激励群众积极性,创新设立积分奖励机制,用户每上传一个问题,都可以获得相应的积分,用户可通过文明排行榜看见自身积分;并设立积分兑换机制,用户可通过消耗一定积分换取电话费、现金等奖励。通过这种方式,成功地将群众纳入社区治理的体系中,让群众成为社区治理的"眼睛"和"耳朵"。这不仅提高了问题的发现率,还大大增强了群众对社区治理的认同感和归属感。

（二）依靠法理，做到问题"处置好"

在"狮山随手拍"小程序中，相关部门不仅注重问题的及时发现，更致力于问题的高效解决。为了确保每一个问题都能得到及时有效的回应，狮山横塘街道严格依据现有法律条例，梳理出相关法律条文55条，严格对应问题处置，起到"条"上及时处置，"块"上群众自治的作用。当群众通过小程序上传问题后，后台系统会自动将问题进行分类，并根据相关法律条文，将问题分配给相应的管理部门。这些部门在接收到问题后，按照法律条文的规定，及时进行处置，并在小程序内反馈处置结果。依托网格化管理优势，工单处置完成后会按照网格划分流转至网格长，由网格长对处理结果进行审核，审核通过即为工单结束。简单高效的运行机制提高了问题处置质效，大大提升了社区治理的效率和群众满意度。

（三）依靠数治，做到问题"全留痕"

"狮山随手拍"小程序的另一个重要功能，便是依靠数字化手段，实现工作成效可视化。通过大数据处理和分析技术，对小程序内收集到的各类问题进行深度挖掘和分析，为社区治理决策提供数据支撑。在小程序的后台管理系统中，可以实时查看各类问题的数量、分布、处理进度等信息。这些数据不仅可以帮助相关部门全面了解社区治理的现状和问题所在，还可以提供科学的决策依据。通过数据对比和监督功能，还可对各社区、各部门的事件处置效率进行实时监控和评估。同时，狮山横塘街道还特别注重公开透明性，群众可以随时查看问题的处置进度和结果，这不仅增强了群众对社区治理的信任感，也进一步提升了群众的参与度和满意度。

三、做法成效

"狮山随手拍"借助微信小程序的广泛覆盖和便捷性，以及强大的后台管理系统，在经济效益、使用便捷性和工作效率上都展现了卓越的表现。通过这一项目，得以窥见未来社区治理的新模式，并从中汲取宝贵的经验和深刻的启示。

（一）实现资金利用最大化

坚持"让每一分财政资金用在刀刃上"，通过前期大量调研，不断优化"狮山随手拍"开发方案，综合考虑研发成本、建设投入、运维成本等因素，聚焦财政资金利用最大化，利用现有平台和云计算资源，因地制宜制定以微信小程序为载体的"狮山随手拍"建设方案，节省了大量财政资金，并将节省下来的财政资金用于群众奖励，按照每年不超过50万的投入标准，对积极参与的群众实施奖励，实现开发成本最低、运维成本最低、奖励经费最高。

（二）实现问题处置高效化

辖区内的群众可以通过微信搜索并关注"狮山随手拍"小程序，点击"我要爆料"按钮，选择自己发现的问题类型，并填写相关问题描述，以及详细地址，最后点击"确认上报"。后台会立即生成相应的工单，并且通过对工单地址的判断，使工单智能入格，自动分发到相应部门联络员的"我的代办"中。相应部门处理人员按照问题信息前往现场进行核实并处理，填写处理结果并拍照上传，确认处理完毕。接下来工单将流转至对应社区，由社区领导审核处理结果。通过这种部门和社区互作裁判的方式，有效提升部门和社区双方处理事件的质量，保证居民的诉求能够得到高质量的解决。同时将狮山随手拍、狮山数据治理平台以及阅狮山APP三者进行联动，街道领导只要登录阅狮山APP，即可随时随地掌握每张工单的处理进度。通过"群众吹哨、部门报到"模式，各项社会治理工作得以落到实处，实现工作闭环，同时将工单数据与数据治理平台形成联动，做到有章可循，有据可依，高效解决群众急难愁盼，切实提升辖区居民获得感、幸福感、安全感，为街道高质量发展注入新动能。

（三）实现群众参与便捷化

通过主页及时发布安全生产、文明城市创建等热点工作宣传片、警示片，不断提高辖区居民法律意识、文明意识。充分考虑用户使用习惯、使用需求，结合辖区老年群体需求，按照"应简尽简"原则，将界面设置得简洁明了，上传功能设置一键上传，让群众轻松上手、一秒入手，广泛激发辖区各类群体参与社会治理积极性。采用OCR识别技术，系统从拍照上传的营业执照中自动获取并填写相应信息，高效助力日常信息采集工作，摸清相关主体底数，助力精细管理。

"狮山随手拍"通过数字化手段，有效搭建了政府与群众之间沟通的平台，让街道能够更加精准地了解居民的需求和问题，从而制定出更加科学合理的治理策略，进一步提升社会治理的效率和质量。同时按照法律条文对问题进行规范处置，不仅确保了每一个问题都能得到及时有效的回应，还能不断提高群众法律意识。"狮山随手拍"的成功，为未来的社区治理提供了宝贵经验和启示,为推动数字化治理在社区治理中的应用和发展打下坚实基础。

案例点评

> "狮山随手拍"项目通过微信小程序,创新性地提高了社区问题反馈的及时性和处理的高效性,实现了政府与居民之间快速互动。该项目不仅提升了社区治理水平,还增强了居民的参与感和获得感。此项目的成功实施展示了数字化手段在社区治理中的巨大潜力,对推动社会治理创新具有重要意义。

姑苏区好护家康养数字化系统平台

【引言】 习近平总书记在党的二十大报告中明确提出实施积极应对人口老龄化国家战略，发展养老事业和养老产业，优化孤寡老人服务，推动实现全体老年人享有基本养老服务。这一重大部署，为我国养老服务发展明确了方向，提供了根本遵循，对于人口老龄化加剧形势下实现好、维护好、发展好最广大人民的根本利益，使人民群众获得感、幸福感、安全感更加充实、更有保障、更可持续具有重要意义。

【摘要】 居家乐"好护家"康养数字化系统平台是基于虚拟养老院管理系统的数字化平台升级，是完善数字社会服务体系的典型案例，是集各类居家、社区、机构养老服务于一体、整合多元服务资源、面向C端客户开发的枢纽型互联网系统平台。上线近三年来，受益人群已超7.5万人。从入住养老机构到预约上门照护，从配餐入户服务到医疗康复到家，从查阅养老地图到了解养老政策，从子女代选服务到国外远程在线，从网上商城购物到线上支付结算，"好护家"将为居民轻松一键掌上搞定。"好护家"以居家乐业务为主阵地，努力实践探索创新，通过整合线上线下资源，实现了养老服务供给资源的集约化管理和供需有序衔接，为市场化、产业化发展铺平了道路。

【关键词】 智慧养老；银发经济；"数字＋"赋能

扫码看VR

2007年，居家乐在全国率先探索互联网＋居家养老服务新模式，打造了智慧居家养老——"虚拟养老院"模式，是居家养老行业的"苏州模式"。居家乐率先提出了"数据向上集中，服务向下延伸"的线上线下融合发展的养老服务模式，并依托自主研发的"虚拟养老院"智慧养老互联网＋管理平台，优化升级打造了新一代"好护家"康养数字化系统平台，高效运营管理的同时让老年人"一机在手全面无忧、足不出户享受服务"。

一、建设背景

国家统计局发布的数据显示，2023年末，我国60周岁及以上人口超2.96亿人。如何让老年人拥有一个幸福、健康的晚年生活，是全社会共同关注的问题。为应对日趋严峻的老龄化问题，居家乐智慧养老持续利用数字化赋能服务供给，在全国首创"虚拟养老院"模式，通过管理运营平台＋客户端的全场景信息系统，为老年居民提供更加便捷、高效、个性化的居家养老服务体验。

"9064"养老模式是当前养老需求的主流，即90%的老年人选择居家养老，6%的老年人购买社区照料服务，4%的老年人入住养老机构，希望在原有熟悉的生活环境中颐养晚年。

（一）家庭照护服务哪里获取

老人年纪越来越高，但子女常常忙于工作无暇照顾，且很难获取居家养老服务的有效信息，找到合适专业的护理人员。利用智慧养老平台，实现数字化赋能养老，老年人及家属可以根据自己的实际情况选择适合自己的服务方式、服务内容和服务人员,实现家庭照护服务。

(二)养老服务质量如何保证

养老服务市场良莠不齐,专业人员不足且队伍不稳,老人和家属购买服务时往往顾虑重重,老年人使用智能手机等设备存在"数字鸿沟",且亲属远程预订的现象越发普遍,因此以数字化赋能养老,利用数字化技术对接供需缺口,可以助推银发产业升级。

(三)多元养老需求怎样满足

传统居家上门生活照料服务已无法满足老人日益增长的个性化需求。通过数字化赋能养老,依托数字化技术手段,整合各类资源,针对不同的老年人,提供个性化的服务方案和全方位、多层次的养老服务,满足老年人在生活、健康、娱乐等方面的需求。

二、功能运用

针对上述情况,居家乐在全国首创"虚拟养老院"模式,探索打造智慧服务平台,为老人提供服务更专业、内容更多样、响应更及时的居家养老服务。

(一)远程便捷一键下单

居家乐依托虚拟养老院线上管理平台,提档升级推出好护家康养数字化系统平台,老人或家属通过登录"好护家"平台,可以浏览居家乐旗下居家服务、社区照料、养老机构等服务模块,实现平台下单服务和商品、在线支付、积分兑换等快捷功能，实时关注长者服务计划、服务时长、服务时间、服务内容、健康检测等内容，一键式操作，更加便利与贴心。好护家数字平台运用信息科技服务民生事业，为老年人提供一键了解政策、定制个性服务、动态健康管理、家属亲情互动的数字平台，打破老年群体与养老机构、养老服务商之间的壁垒，拉近家庭成员之间的距离，提高老年人晚年生活的便利性，加强居家安全防护，并赋予老年群体体验新知识和了解新事物的互动平台。目前，好护家康养数字化系统平台已成功接入姑苏城市生活服务总入口"惠姑苏"APP，且即将接入"苏周到"。在"惠姑苏"首页就有"好护家"图标，实现一键点击跳转。

（二）服务流程闭环监督

居家养老上门生活照料服务有着分散广、难管理的特点，为了保障服务的质量和效率，2007年居家乐创建伊始，便在国内养老行业创新发明了养老服务与管理工单流转智能化管控方法、闭环式工单运营管理，针对养老服务与管理的综合需求，依托数字信息科技，实现养老服务与管理的智能化。平台融合健康医疗电子、物联网、云计算、大数据、移动互联网等先进技术，通过采集人体体征、居家生活等数据，推动家庭、医疗机构、服务机构间信息互动互通，在提供智能化、个性化、多元化养老服务满足日益提升的养老需求的同时，以数字化赋能养老为理念，为政府打造实时监管的智能阳光平台，为企业打造高效运行的智能应用平台，为用户打造在线了解的智能交流平台，高效实现政府端、运营端、用户端三端实时同步监督。

（三）普惠定制共同发力

好护家康养数字化系统平台从入住养老机构到预约上门照护、从送餐入户到健康问诊、从自主下单到子女代选，均可一键掌上解决。平台还建立了老年人健康监测档案，结合平安通等物联设备的配置，7×24小时守护老人居家安全，实现主动响应与被动应急的融合。从筹备到系统平台的落地，历经一年探索实践，"好护家"客户端、商家端、服务端陆续投入上线使用，实现了居家、社区、机构三位一体的综合养老服务体系，为客户提供了统一的交互窗口。从技术层面来看，智慧养老强调对物联化、网络化、智能化技术的使用，因此对智慧养老技术创新的研究贯穿始终，且是智慧养老领域的研究重心。此外对智慧养老的相关产品和设备的技术研究也较多，例如可穿戴设备、传感设备等。从服务层面来看，智能养老突破传统养老的局限，依托大数据并以全智能化服务为特色，充分考虑老年人生活实际，为老年人提供更专业性、个性化的老年服务。

目前，智慧养老总体呈现两种发展方向，即数据智能化驱动与设备智能化驱动。前者以数据收集、评估、利用为核心，侧重服务的精细化投入与管理的全面化监督。后者以设备运用、平台总控为核心，侧重服务提供的智能性和服务获取的便捷性。好护家康养数字化系统平台提供老年助餐、家政保洁、健康配药等高频服务需求的同时，整合70多家产品供应商资源，推出VR订床、辅具租赁、家有护士等定制式服务，更好解决老年居民的多元化、个性化需求。

三、做法成效

（一）智慧养老全面无忧

随着社会老龄化进程加速，传统的养老服务模式逐渐无法应对老年人日益增长且多样化的需求。为此，居家乐积极响应国家智慧经济发展政策，借助数字化技术手段，依托自主研发的"虚拟养老院"智慧养老互联网＋管理平台，优化升级打造了新一代好护家康养数字化系统平台。通过整合资源、优化流程、保障质量等措施，致力于为老年人提供更便捷、高效、个性化的服务，使其能共享科技进步的成果，让老年人"一机在手全面无忧、足不出户享受服务"。好护家数字化平台通过线上平台与线下服务的无缝对接，保障服务高效有序供给和在线实时监控，提供便捷与安全双重保障。老人通过手机"一键预约"即可在家安心等待服务到来。围绕医、食、住、行、安等方面探索跨场景应用，健康监测、疾病预防、康复指导、安全监护等后台功能360度守护老人安全。平台操作简单，让居民购买服务更便捷；服务全程留痕，让企业运营管理更规范；数据动态跟踪，让政府综合监管更有力。

（二）整合资源订制升级

好护家数字平台运用信息科技服务民生事业，为老年人提供一键了解政策、定制个性服务、动态健康管理、家属亲情互动的数字平台。多元与定制持续升级，在满足老人基本养老需求的同时，居家乐不断整合优质资源，有效推出VR看房、在线订床、在线支付、在线照护计划及在线订餐等各类功能，更加便利触达一线服务消费者的多元化需求。根据老年人的个性化需求，指尖预约下单，一键支付完成。打破了老年群体与养老机构、养老服务商之间的壁垒，拉近家庭成员之间的距离，提高老年人晚年生活的便利性，加强居家安全防护。平台目前承接了民政、医保、残联等多个政府部门补贴的养老服务，实现了全区高龄老人服务全覆盖，并逐步拓展市场化空间。**一是服务对象持续扩面**。平台已累计服务姑苏区老人近 12 万，并拓展至长三角、珠三角、川渝等地区 20 个城市，全国范围累计服务 101 万老人。**二是服务能力不断提升**。融合"云大物智"能力，实现海量养老终端设备接入，个性化解决老人健康和精神需求。姑苏区已有超千人的持证服务团队，可支撑 6 大类 53 项服务。**三是服务产业稳步发展**。目前，老人自费购买已占年度总收入的 40%，不断带动银发经济上下游产业链发展。**四是服务成果对外推广**。先后出台了 4 项理论研究成果、3 项地方标准、25 项软件著作权，并获得民政部科技创新奖等 120 余项荣誉，主导了全国首个智慧居家养老标准化试点项目。

（三）促进发展不断创新

好护家数字平台将智慧养老技术创新贯穿始终，促进智慧养老产业发展，实现多元整合的协同机制创新和高效智能的服务方式创新。以老年助餐服务、居家助老服务、社区便民服务、老年健康服务、养老照护服务、老年文体服务等等方面为核心出发点，实现居家、社区、机构三位一体的综合康养服务应用体系，为老年用户和家属提供了统一便捷的交互窗口，让老年人享受更专业性、个性化的老年康养服务。上线以来，好护家数字平台受益人群已超 7.5 万人，实现居家服务月即时下单量超 1 300 单、居家账单月支付 4 120 单、社区账单月支付 1 024 单、机构账单月支付 441 单，月线上资金支付总额超过 360 万元。好护家数字平台实现从"虚拟养老院"到好护家数字平台的养老服务数字化转型升级，使科技不再冰冷，为推动江苏省乃至全国养老事业高质量发展提供了宝贵的成功实践经验。该平台也为康养服务行业提供了新的发展模式和思路，具有良好的示范作用，可为其他地区和企业提供借鉴和参考，助推养老服务高质量跨越式发展。此外，数字平台的普及使用，带领老年人跨越与科技时代的数字鸿沟，架起托载老人的 5G 桥梁。

近年来，"数字化赋能养老"为居家养老服务产业提供了新的发展方向。但是科技的发展，**不能忽视老年人的意愿和需求**。老年人的意愿和需求是智慧养老服务的重要指导，在智慧养老的过程中，需要重视老年人的意愿和需求，尊重老年人的人格和尊严。只有真正了解老年人的需求，才能够提供更加贴心和周到的服务。数字化赋能养老**需要注重隐私保护**。智慧养老需要通过先进的科技手段，收集老年人的信息和数据，以便为老年人提供更加个性化的服务。但同时，智慧养老也需要注重隐私保护，保护老年人的个人信息和隐私，确保老年人的权益不受侵犯。数字化赋能养老**需要注重人性化服务**。虽然智慧养老是一种科技服务，但是在服务过程中，需要注重人性化服务。例如，智慧养老操作设备需要具备简单易懂、方便老年人使用等特点。要培养专业化的人才，使居家上门服务更规范等。如今智慧养老已是社会发展的必然趋势，它将为老年人的晚年幸福生活提供有力保障。未来，居家乐好护家数字平台将更加丰富和完善，为老年人带来更多福祉。

案例点评

好护家康养数字化系统平台通过各类数字手段形成多渠道、全方位的监管体系，360度满足老年人的服务需求，24小时守护老人身心健康，让科技不再冰冷，让亲情时刻围绕。好护家康养数字化系统平台的升级转型，从老年人实际需求出发，形成"养、护、医、康、购、食、住、行、娱、智"一体的互联网＋康养生态体系，在促进养老服务创新和发展的同时，带动银发经济上下游产业链协同发展，推动整个养老行业的数字化转型。

吴中区智慧城管门前三包管理平台

【引言】 习近平总书记深刻指出："加快数字中国建设，就是要适应我国发展新的历史方位，全面贯彻新发展理念，以信息化培育新动能，用新动能推动新发展，以新发展创造新辉煌。"吴中区智慧城管门前三包管理平台的建设，是新时代城市管理创新的生动实践，是对总书记关于加快数字中国建设战略部署的具体落实。通过科技赋能，吴中区智慧城管门前三包管理平台不仅提升了城市管理的智能化、精细化水平，更为构筑国家竞争新优势、推进中国式现代化注入了新动力。

【摘要】 吴中区智慧城管门前三包管理平台是一个集信息化、智能化、精细化管理于一体的城市管理创新项目。该平台通过简化问题报告流程、引入激励机制、运用前端AI识别技术、建立问题推送机制等手段，实现了城市管理的多方参与、共治共管、管执联动。项目建设成效显著，提高了商户自治效率，提升了群众参与度，转变了传统管理方式，形成了群众积极参与城市管理的良好氛围。本案例的经验启示在于，通过科技手段创新城市管理模式，有效提升城市管理的效率和水平，推动城市治理体系和治理能力现代化。

【关键词】 智慧城管；门前三包；城市管理创新

扫码看VR

吴中区智慧城管门前三包管理平台是苏州城市管理的创新之作，以信息化手段优化城市管理流程。该平台将商户自治、群众参与和智能监管有机结合，广泛应用于沿街商户的市容环境管理中。通过简化报告流程、引入激励机制和 AI 识别技术，平台显著提升了问题处理效率和群众参与度。

一、建设背景

在当前城市化进程不断加速的新形势下，城市环境卫生状况作为展示城市形象与文明程度的窗口，不仅关乎市民的生活质量，更是衡量城市管理水平的重要指标。"门前三包"制度作为城市管理的重要措施，自 20 世纪 70 年代起便在城市管理中发挥着独特作用。市容环卫责任制暨"门前三包"管理制度，明确了对沿街商户和企业门前秩序的要求，有规范的管理执法流程，然而实际管理工作中仍存在着一些难点。首先，从管理到执法，缺乏有效的证据链，对偶发非有意的影响市容环境的行为，也需要柔性的管理；其次，商户业主和居民对城市市容管理工作缺乏了解，对执法工作理解不够，导致城管执法常遇非议；最后，对确需进行行政处罚的案件缺乏严格的执行。

以解决上述问题为出发点，吴中区城市管理局立足于信息化、智能化、精细化管理，构建一个多方参与、共治共管、管执联动的市容管理体系。吴中区智慧城管门前三包管理平台不仅是对传统管理方式的革新与提升，也是新形势下城市环境卫生管理的新动能。通过科技手段的运用，平台推动城市管理向更加智能化、精细化方向发展，旨在激发商户自治意识、引导群众参与，完善执法前期取证，落实柔性管理、严格执法，最终达到城市市容管理共治共管。

二、功能运用

（一）在线指挥一张图管理，实现全面可视化监管

在静态信息管理方面，平台详细记录了门店责任单位、城管事件、网格划分等基础信息。这些信息构成了城市管理的基石，为后续的决策分析和工作部署提供了有力支撑。同时，平台还支持对这些信息进行在线查询、修改和更新，确保信息的准确性和时效性。

系统高清地图将门店位置、责任范围、网格划分、网格人员等关键要素精准定位，使管理者可以更加直观地了解市容环境状况，便于及时发现和解决问题，推动城市管理工作的顺利开展。

（二）简化流程，提高自治效率

为了激发商户的自治意识，提高自治效率，平台对问题报告流程进行了优化。商户通过平台可以便捷地上传问题照片或文字描述，无须再通过烦琐的线下渠道进行报告。平台接收到问题信息后，会自动进行识别和分类，并快速推送给相关部门进行处理。同时，平台还提供了丰富的自治工具和功能，帮助商户更好地履行市容环境责任。商户可以通过平台查看自己的责任区域、了解相关要求、学习自治知识等，提高自身的自治能力和水平。此外，平台还定期发布自治动态和优秀案例，鼓励商户之间相互学习和交流，形成浓厚的自治氛围。为简化流程和提高自治效率，平台为商户提供了一个便捷高效的自治平台，使商户能够更加

积极地参与到城市管理中来，共同维护市容环境秩序。

（三）引入激励，提升群众参与

为了进一步提升群众参与城市管理的积极性，平台引入了激励机制。市民通过平台上传问题并参与解决，可以获得一定的红包奖励。这种奖励机制不仅激发了市民的参与热情，还促进了问题的及时发现和解决。

通过引入激励和开展互动活动，平台成功构建了全民共治新格局，使城市管理成为一项全民参与的事业，不仅提高了城市管理的效率和质量，还增强了市民对城市管理工作的认同感和满意度。

（四）技防替代人防，提升管理精度

为了提升城市管理的精度和效率，平台运用了前端 AI 识别技术，实现了技防对人防的替代。通过安装高清摄像头和智能分析系统，平台可以对主要道路路面及沿街单位和经营商铺的"门前三包"落实情况进行实时监控和智能分析。当系统检测到违规场景时，会自动进行预警并生成案件信息。这些案件信息会即时推送给相关部门进行处理，确保问题得到及时有效解决。同时，平台还可以对违规行为进行统计分析，为管理者提供决策支持。通过技防替代人防，平台实现了对城市管理的智能化监管新突破。这种方式不仅提高了问题识别的精确度和速度，还降低了人工巡查的成本和风险，使城市管理更加精准高效。

（五）建立推送机制，强化管理联动

平台建立了问题快速推送机制，将上传的信息即时传递至相关部门。这种机制促进了问题的快速解决和各方联动，使城市管理更加高效有序。管执联动机制的实施使问题得以更迅速、更全面地处理，进一步提升了城市管理的效率和水平。

（六）考核监督管理，确保责任落实与绩效提升

通过建立考核档案库、制定考核标准与分值体系，确保了考核工作的科学性与公正性。同时，采用任务考核与自主考核相结合的方式，提高了考核的灵活性和效率。平台支持实时上报考核情况，自动统计和分析考核数据，为管理人员提供了决策依据。整改管理与黑名单管理则强化了问题处理与责任追究，提升了城市管理的威慑力和公众满意度。通过考核监督管理功能的运用，平台有效促进了责任单位与房东的自律和自治，提升了城市管理的整体水平和效能。

三、做法成效

（一）广泛覆盖，明确责任

平台在构建之初，就立足于全区范围，通过细致的调查和研究，全面梳理了区域内的道路、商户、公共设施等资源信息。在平台的建设过程中，注重资源的深度整合，将各类数据、信息和功能整合到一个平台上，实现了信息的互联互通和共享共用。该项目在实施过程中，紧扣"一次投入，长久效益"的原则，科学规划和精心组织，取得了显著的建设成效。

截至目前，吴中区已成功将379条道路纳入系统管理范围，录入责

任单位数量达到 28 211 户，绑定单位数量也有 19 524 个，这一广泛的覆盖范围与明确的责任单位，为城市的精细化管理奠定了坚实基础。

（二）资源整合与信息共享

通过建立管理信息系统（MIS）和地理信息系统（GIS）相结合、图文表一体化的综合业务管理信息平台，管理人员可方便快捷地进行日常管理工作的处理和查询，并能在地图上直观定位和反映，实现了对各个区域的细致划分和精确管理，提升了城市管理的效率和水平。

（三）问题发现及时，整改效率高

吴中区门前三包管理平台通过引入先进的信息技术和智能化手段，实现了对城市管理问题的高效运行和智能管理。平台通过实时采集、分析和处理各类数据和信息，能够及时发现和预警城市管理问题，并自动推送相关数据和信息给管理人员和商户。管理人员可以通过平台快速响应并处置问题，商户也可以通过平台及时了解自己的责任和义务，自行整改和解决问题。另外，平台还具备智能分析功能，可以对城市管理数据进行深入挖掘和分析，发现问题的规律和趋势，为管理人员提供科学的决策支持。平台通过智能管理，实现了对城市管理问题的精准定位和高效处理，提高了城市管理的智能化水平和精细化程度。系统通过主动采集市容环卫责任制问题，共发现并记录问题 47 398 件。其中，商户自行整改率达到了 58.67%，这充分显示了商户对市容环卫责任制的重视和积极参与。同时，系统还推送了 1 020 起处罚案件，对违规行为进行了有效处理。

(四) 示范区域成效显著

在吴中区门前三包管理平台的推动下,区城管局选取了一些具有代表性的示范路和示范区进行重点打造。通过平台的精细化管理和智能化服务,这些区域实现了立面整洁、地面干净、规范有序的道路经营秩序。这些示范区域不仅提升了市容环境水平,也为其他区域树立了榜样,带动了整个城区城市管理水平的提升。为了确保示范区域的持续效果,还建立了长效管理机制,加强了对这些区域的日常巡查和监管。同时,还积极推广示范区域的管理经验和做法,鼓励其他区域学习借鉴,共同提高城市管理水平。

(五) 技术创新助力城市管理

项目充分利用物联网、4G 等高新技术手段,将海量、动态的门店信息、移动巡查、GIS 地图、数字城管、城管执法等数据有效组织起来,实现了信息的互联互通和整合利用。通过搭建综合业务管理信息平台,实现了对城市管理各类信息的实时监控、查询和统计分析,为管理人员提供了便捷的工作工具。同时,平台还利用大数据分析技术,对城市管理的热点、难点问题进行深入挖掘和分析,为决策提供了科学依据。这些技术应用不仅提高了城市管理的智能化水平和效率,也为未来的城市管理提供了更多的可能性和发展空间。

(六) 群众参与共治共享

通过微信公众号等渠道,项目成功搭建了一个群众参与城市管理的平台。市民可以上传问题、举报违规行为,并参与城市管理的讨论和建议。这种互动模式激发了市民参与城市管理的热情，畅通了监管渠道，促进了城市管理工作的顺利开展。同时，还积极开展各类宣传活动和志愿服务活动，向市民普及城市管理知识和法规政策，提高了市民对城市管理工作的认识和理解。这种共建共享的城市管理新格局不仅提高了城市管理的效率和质量，还增强了市民对城市管理工作的认同感和归属感，实现了共治共享的城市管理新格局。

案例点评

吴中区智慧城管门前三包管理平台的建设，成功解决了传统城市管理中存在的问题，提升了城市管理的效率和水平。通过信息化、智能化手段的运用，平台实现了多方参与、共治共管、管执联动的管理模式创新。同时，平台还激发了群众参与城市管理的热情，形成了全民共治的良好氛围。这一项目的实施不仅提升了吴中区城市管理的品质和形象，也为其他城市提供了可借鉴的经验和启示。吴中区将继续完善平台功能，优化管理流程，推动城市管理创新不断向前发展。

相城区"惠企通"平台政策全链服务应用

【引言】 习近平总书记指出："要全面贯彻网络强国战略，把数字技术广泛应用于政府管理服务，推动政府数字化、智能化运行，为推进国家治理体系和治理能力现代化提供有力支撑。"惠企政策是区县级政府经济治理的重要手段。本案例聚焦政策全链条中的痛点难点，建设共性服务能力，不仅是贯彻网络强国战略的重要举措，更是推动政府数字化、智能化转型的关键一步，可以提升政策落地执行效率，优化政策资源配置和营商环境，助力企业高质量发展。

【摘要】 围绕推动惠企政策直达经营主体、优化营商环境、服务民营经济等要求，针对惠企政策服务过程中常见的涉及部门散、政策事项杂、兑现速度慢等问题，提供从政策递送到兑现落地的全链条服务，并依托区块链技术实现全链监管。案例荣获2020年度智慧政务奖、相城区2023年度优化营商环境"十佳"优秀案例和"全国政务服务与优化营商环境示范单位"荣誉称号等。

【关键词】 政策全链服务；业务数字化改造；数字企服

扫码看VR

一、建设背景

2021年1月，相城区行政审批局建成"惠企通"综合服务平台，并正式上线政策全链服务应用。

这是加快数字政府建设的应有之举。国家出台《国务院关于加强数字政府建设的指导意见》、江苏省出台《省政府关于加快统筹推进数字政府高质量建设的实施意见》（苏政发〔2022〕44号）、《加快推进省科技系统数字政府高质量建设实施方案》（苏科办发〔2022〕174号）等政策文件，标志着政务信息化全面进入新一轮的数字政府高质量建设阶段。相城区紧跟时代潮流，积极落实上级文件精神，主动融入全国、全省、全市、全区数字政府高质量建设大局，快速推进区企业服务数字化转型，全面提升相城区企业服务体系和经济治理能力现代化水平。

这是优化营商环境的必然要求。国家层面要求"确保各项纾困措施直达基层、直接惠及市场主体"；江苏省层面要求"建设企业综合服务平台，开展涉企政策精准解读推送，完善政策发布、解读、推送、兑现和咨询建议功能，为企业提供更及时、更精准的服务"；苏州市层面要求"建设企业服务平台，深化和创新企业服务举措精准服务，推行惠企政策直达"。近年来，国家省市各级都出台了一系列优化营商文件，纷纷要求建立完整的惠企政策资金业务服务和管理平台，探索可示范、可推广的"惠企政策递送"解决方案。作为直接接触、服务企业的基层政府，相城区也一直聚焦政策直达，致力于构建面向企业的政策全链服务，提升政府主动服务能力，提高政务服务水平，推动营商环境优化。

这是提升企业服务的内在需要。在惠企政策兑现过程中，常常出现主管部门多、政策事项杂、兑现速度慢等一系列问题。具体表现为：一是惠企政策多、渠道散，企业不易找、理解难。惠企政策跨越国家、省、市、区和镇五级，对口工信、科技、发改、人社、金融和市监等多个条线部门。面对纷繁复杂的政策文件，各级各类不同的发布渠道，企业很难找到合适自己的政策。二是业务线下经办为主，流程繁，企业来回跑。各项业务以手工操作为主，企业需要现场递交纸质材料，反复奔波，体验感极差；同时数据资料没有电子化、结构化、标准化，也不能留存利用。三是资金兑现慢，进展不透明，风险控制程度弱。资金兑现涉及多个部门条线，缺乏一站式的政策兑现平台和窗口，企业需要反复提供账号信息，也无法及时查询在途资金信息；政府内部各部门操作流程不一，事项标准不一，数据也不互通，容易出现资金风险，出现企业钻空子、多头拿钱的情况。

二、功能运用

相城区线下成立企业综合服务中心，整合企业发展服务职能和服务资源，围绕企业发展全生命周期，实现线下落地一站式服务；线上建设惠企通服务平台，聚焦企业成长发展全生命周期，提供全方位服务。对于社会公众，可以一站获知各级政策信息、各类服务资源，业务一站办理，不必东奔西走；对于政府工作人员，提供统一工作台，集成企业服务和管理相关的各类应用入口，支持多种服务终端类型。

中心聚焦政策服务场景中的堵点痛点，高度总结分析共性刚需需求，建设政策宝、申报通、活动云、资金惠4个共性业务支持系统，支撑政策"递送—经办—兑现"的全链条服务，实现线上服务全闭环。

（一）政策递送

建立统一的惠企政策信息标准，建设统一的政策数据库，一库统管，为企业提供三种不同形式的政策信息，包括原始的政策文件、图形化的政策图解和从企业视角精细拆解的政策产品，企业可以随心检索，一网通查。其中政策产品立足用户思维，对各级政策文件进行进一步的精细化梳理，从政策领域、业务品种、业务事项、政策适用对象条件、可享受政策条款等维度进行深度结构化，同时又进行归类整合，帮助企业读懂政策。另外平台还提供政策精准匹配服务，应用人工智能技术，依托多维度企业画像，与结构化的政策库进行算法计算，为每家企业量身定制与之发展阶段真正适配的政策报告，申报业务启动后多维度精准推送，变"企业找政策"为"政策找企业"。

（二）政策辅导

举办各类政策培训辅导活动，平台提供"活动云"，一站集成各级各类活动信息，实现活动在线报名、发送参会提醒、现场扫码签到、课件分享收藏、活动资讯宣传等全过程线上服务支持；所有报名企业数据都自然沉淀系统，为后续统计分析提供相关数据。

（三）政策申报

打造集成化的"申报通"，提供精细化申报信息服务，一站汇集各级各条口申报通知、结果公示，并提示申报关键节点，关联业务系统，企业可以一站获知，一键直达经办系统；聚焦申报来回跑，根据业务特点集约化地规划设计统一的业务征集系统，一个系统可以支持 100 项以上的线下业务线上化。针对各类没有系统的业务，政府工作人员通过简单配置，快速实现业务网上受理、多级审核、导出汇总表等常见业务经办模式，可支撑覆盖预申报、项目摸底、调研统计、备案、需求征集、奖补申报等全部企业服务业务类型，满足了各种审核模式、用户类型控制、填报模板、非公开申报等各种细节要求，让企业少跑腿，数据多跑路。

（四）政策兑现

针对政策兑现落地过程中的企业"不知晓""兑现慢"和政府"任务重""退票多"等问题痛点，建设资金惠模块，打造全区统一的申报、办理入口，针对需个性化申报的政策兑现业务，建设政策落地链平台，率先探索区块链＋数字货币技术，利用区块链技术去中心化、不可篡改等特性，为政策事项申报、审核、兑现等关键环节，提供鉴证减材、存证溯源等服务，实现奖补资金数字化支付；针对区县政策资金业务部门，或区镇（街道），在各级各类政策资金已经明确"何资金、何企业、多少钱"的政策资金兑现"最后一公里"的资金拨付下达环节，建设统一的资金拨付服务平台，重构资金拨付流程，推行电子收据，支持免申即享，实现财政奖补资金高效直达企业，全面提升企业政策兑现落实服务体验。

三、做法成效

（一）小投入，大成效，构建了全区共建共享共用模式

在信息化平台建设方面，相城区高起点高站位统筹规划，基于惠企

通服务平台，建立了区级企业服务信息化顶层架构，形成了"统筹规划、分期建设、多部门共建共用"的一体化推进模式，改变原来各部门各自为政、零散建设的情况，从源头避免出现部门壁垒、信息孤岛的问题。对内，通过一个部门建设，已经支持了全区 17 个涉企部门及区镇上百个业务人员共同使用，包含 8 个区级主要涉企服务部门和 9 个板块区镇，培养了部门数字化习惯，也大大节约了财政资金支出。对外，"惠企通"平台上线运营以来，注册用户逐年增加，累计用户达 2.5 万个，全区规上企业、数字金融、先进材料、智能车联网和注册资金 100 万以上的新开办企业 99% 完成平台注册。

（二）智能化，场景式，形成了完善的政策匹配服务能力

平台独创政策结构化等级模型，指导政策结构化工作；建设政策智能匹配算法模型，提供不同层次和维度的政策服务，实现企业政策由"大水漫灌"向"精准滴灌"转变。同时，每年度都根据年度政策变动，通过 AI＋人工，持续完善"政策＋算法＋企业画像"，进一步提升匹配精准度。在应用场景上，构建了游客匹配、精准匹配双模式，提供在线版和电子版两种报告形式，满足走访、招商、辅导、宣讲等线上线下多维服务场景，实现更主动精准的政策递送服务。自 2021 年上线以来，结合实际应用场景持续优化迭代，逐步形成了完善的政策匹配服务能力，实现"企业找政策"到"政策找企业"的转变，实现政府惠企政策层面的职能由"管理型"（发布政策、解决"有没有"的问题）向"服务型"（发布—主动推送—跟踪落实—分析创新）转变。目前已汇聚各地各部门奖补政策文件 869 个，政策图解 382 个，政策产品 137 个，为企业提供政策定制报告 15 435 份，政策信息精准推送 45 334 次。

（三）优流程，减环节，实现了线上全闭环服务运行

平台以政策为纽带，整合全区政策服务信息和资源，把所有分散的各级各部门政策进行集成，连通营商惠企各业务环节，打破业务部门壁垒，改变了传统落后的服务模式，打造了面向企业的一体化惠企政策服务平台，构建了惠企政策信息递送—智能匹配推送—政策培训辅导（活动）—业务申报经办—资金享受全链条的一批共性应用能力，实现了线上全闭环运行，方便了企业，数据也自然沉淀系统，支撑后道精细化分析，也有效提升了基层政府管理服务能力。截至目前，各单位通过平台授权并发布政策业务事项共985个，为企业提供23 735件次服务，直接惠企金额近7.5亿元。

（四）强运营，重服务，构建一整套惠企政策服务体系

三分建设，七分运营。通过"机制＋平台＋运营"三位一体，打造以实体企服中心为主导、以数字企服为载体的服务枢纽模式，逐步形成了一整套完善、高效、可持续的政策服务体系。思路上，对内，通过"运动式推广"和"常态化推广"相结合、"被动响应支持"和"主动捕获对接"相结合的方式，持续开展业务应用场景的培训、推广，坚持把系统用起来，引导、推动、切实支持各企业服务业务部门转变观念，改变方式，用好用足系统功能，实现"数字化经办"，实现系统功能和部门实际企业服务业务的深度融合；对外，坚持用户思维，问需于企，不断优化，持续升级优化迭代功能，致力于让企业享受到"一站式集成、精准化直达、智慧化体验"的星级企业服务。机制上，出台了一系列平台工作制度、惠企服务改革要点等文件，定期举办部门、板块、企业座

谈会，与用户保持高频互动，持续收集部门优化需求和意见。业务上，通过系统功能把业务从线下搬到线上，对传统业务流程进行重构、优化。以资金拨付为例，针对"政策兑现最后一公里"的资金拨付下达环节，平台建设了统一的资金拨付业务系统。依托系统，相城区全面落实免申即享改革，建立了全区统一的免申即享业务工作机制，部门线上协同，业务进展透明，政策资金速达企业。同时通过系统自然沉淀了"资金一本账"，拨付过程规范有序，拨付记录随时可查。该系统广受企业好评。

案例点评

> 相城区坚持用户思维，聚焦政策全链服务中的痛点堵点，构建了惠企政策信息递送—智能匹配推送—政策培训辅导（活动）—业务申报经办—资金享受全链条的一批共性应用能力，实现了线上全闭环运行，方便了企业，也提升了基层政府治理能力。自平台运营上线后，荣获"智慧政务奖"和"全国政务服务与优化营商环境示范单位"两项全国奖项，充分凸显平台纵深推进数字相城建设、持续提升数字企服能力的效能作用。

吴江区"江村通"数字乡村平台

【引言】 数字乡村建设是乡村振兴的战略方向，也是推进数字中国建设的重要内容。2024年中央一号文件提出，持续实施数字乡村发展行动，发展智慧农业，缩小城乡"数字鸿沟"。乡村作为社会的基本构成单元，是国家治理体系和治理能力现代化的重要载体。数字化赋能乡村建设，是中国式现代化建设的重要内容，不仅为提升乡村建设科学性、时效性等提供科技支撑，而且为乡村治理现代化提供新的方法路径。

【摘要】 吴江区立足自身实际，坚持把"数字乡村"建设作为实施乡村振兴战略的重要抓手，从村民和村委会需求两个维度着手，探索数字乡村建设的路径。从2022年起，吴江数字乡村试点建设从先行先试转向整合优化新阶段，积极探索建设全区统一的"江村通"数字乡村平台，创新打造数字乡村客厅，通过线上平台和线下客厅齐发力，赋予数字乡村建设新的内涵。目前，全区210个行政村实现了"江村通"数字乡村平台应用全覆盖，已建设线下数字乡村客厅33家，累计服务覆盖村民15万户。

【关键词】 数字乡村；线上平台；线下客厅

扫码看VR

为抢抓数字化改革新机遇，激发农业农村经济活力，提升数字化治理水平，构筑面向未来发展新的战略优势，近年来，吴江认真贯彻落实国家、省市关于发展数字乡村的部署要求，抢抓乡村振兴和长三角一体化示范区建设的叠加机遇，通过实施乡村数字基建提档扩面、智慧农业升级赋能、信息技术惠农便民、乡村数字治理提升"四大行动"，以聚焦基层需求为切入点、以服务农民为落脚点，推动吴江农业农村数字化发展的创新转型。

2022年开始，吴江在数字乡村建设先行先试取得显著成效基础上，逐步转向整合优化新阶段，线上构建"江村通"数字乡村平台，线下以数字乡村客厅模式促进乡村治理。线上线下的模式，构筑了吴江发展数字乡村的新样板，入选2023年数字江苏建设优秀实践成果。

一、建设背景

当前，数字乡村建设浪潮席卷中国乡村。2020年，吴江被列为首批江苏省数字乡村试点地区，率先制定《苏州市吴江区数字乡村建设实施方案》，成立区数字乡村试点建设领导小组，全面启动乡村数字化改革。按照"先行先试、示范带动、整合优化、全面推进分阶段实施"原则，吴江全面加快数字乡村建设，充分发挥信息化对乡村振兴的驱动作用，数字乡村建设呈现竞相发展、亮点纷呈、争先率先的生动局面。试点改革以来，吴江两次获评全国县域数字农业农村发展水平评价先进县，成功协办全国智慧农业改革发展大会，为乡村振兴注入了新动能。2022年开始，吴江数字乡村建设逐步转向整合优化新阶段，由前期"村村点火"的建设模式转为全区统筹建设。

二、功能运用

（一）线上平台重构乡村空间

发挥"江村通"平台"1+1+1+N"（1个基础通用平台，1个区级各部门已开发用于乡村治理和服务的业务系统模块，1个镇和试点村已开发用于乡村治理的模块，N个特色应用模块）的统领优势，依托区平台的数据和业务资源，分类指导各试点村的智慧化治理应用场景的建设，有针对性地为各村配置数据资源，并指导、监测各村的应用情况。吴江"江村通"数字乡村平台以实用性、可操作、递进式为原则，以微信小程序为主、大屏展示端为辅，根据权限设置三种模式，分别满足村委会管理、村民使用、游客体验。进入微信界面搜索江村通可以直接添加小程序，程序包含近30个功能板块。首页包括常用应用模块、通知、活动头条、乡村简介、菜单栏5个部分。村民可通过"江村通"了解村里情况、开展各类活动，参与乡村治理，享受数字化公共服务，与村委会进行线上互动，提高村委会工作效率，提升村民办事便捷性。

常用应用模块分党建引领、乡村治理、乡村产业、公共服务四个部分。党建引领包括党组织情况、党员风采、党建活动、学习平台等，乡村治理包括三资监管、网格治理、出租房管理、人居环境等，乡村产业包括数字农场、工业库、农产品展示等，公共服务包括办事指南、智慧金融、智慧交通、便民教育等。**菜单栏**包括首页、金点子、江村码、消息通知、我家。金点子主要提供村民与村委会之间交流的平台，任务意见建议可以以文字、语音、视频的形式反馈给村委会，村委会会将处理情况及时告知村民。江村码赋予每家一个二维码，用于村民以家庭为单位参加各类活动，在参加活动时直接通过二维码取得相应积分，在积分兑换中也可以直接使用二维码。

（二）线下客厅汇聚乡村服务

数字乡村客厅主要针对乡村空心化现象，就如何让老年人享受数字化服务，让线上服务转为线下服务而建设。在各行政村因地制宜建设，统一标识、统一风格，以智慧、创新、服务为主题，集体验、参观、服务为一体，打造金融服务中心、网络服务中心、电商销售中心、政务服务中心、数字文化中心、数字医疗中心、智慧教育中心、供电服务中心等8大中心。

金融服务中心主要由苏州农商行在客厅设置江村驿站（金融普惠服务点），为当地村民提供全方位的金融服务，包括日常咨询、取现、小额度备用金等，提供农村建房、农业经营等各类金融贷款产品。**网络服务中心**主要由江苏有线在客厅设置吴线小站服务点，为当地村民提供网络服务，包括日常有线电视的维护、宽带的维护、5G应用等。**电商销售中心**主要目的是打造一个农产品双向流动平台，作为吴江农产品销售的分中心，本村村民可以在客厅采购全吴江各类农产品，引入的电商平台也可以帮助本村经营主体销售各类农产品。**政务服务中心**主要通过政务一体机为村民提供一些自助服务。**数字文化中心**主要引入喜马拉雅合作打造数字图书馆，进一步丰富文化形式，让本村村民通过声音了解村的历史人文，增加归属感、提高荣誉感。**数字医疗中心**由区卫健委、苏州第九人民医院联合打造，通过远程问诊的形式让村民享受到足不出户的专家问诊。**智慧教育中心**由江苏有线通过电视端提供线上培训，同时开展线下培训课程，在寒暑假期间为学生提供艺术培训。**供电服务中心**由吴江供电公司设立乡村电力服务驿站，延伸供电服务，设置电力服务员，以更坚强的电力保障和更优质的供电服务，为村民提供便捷。

三、做法成效

（一）推动平台集成化，优化资源配置

吴江"江村通"数字乡村平台采用"1＋1＋1＋N"的建设模式，可直接运用区、乡镇的已有平台，避免基础设施、通用模块的重复建设，减少财政投入，具有较强的灵活性和延展性。各村可根据自己的使用需求，添加自己的特色模块。在应用过程中，吴江逐步将区级各部门的更多相关数字应用模块融入"江村通"数字乡村平台中，同时以已创建成功的苏州市"智慧农村"示范村为标杆，以数字乡村先行试点村为创新载体，通过试验示范、总结提炼、统一标准、扩面推广，逐步将数字乡村平台和数字乡村客厅模式推广至全区。

（二）推动服务多元化，优化村务服务

通过线上线下共建数字乡村，农村的数字化和便民化服务治理得到了优化和解决，村委会通过"江村通"平台提供数字化线上治理和服务，也可以通过线下数字乡村客厅提供更加便利化的公共服务。目前，全区210个行政村实现了"江村通"数字乡村平台应用全覆盖，已建设线下数字乡村客厅33家，累计服务覆盖村民15万户。数字医疗方面，建立三大医联体，建成区域内远程会诊系统，实现全区25家医疗机构

远程医疗全覆盖,三年内累计实现区域远程会诊近 113.85 万人次。数字金融方面,建立乡村普惠数字金融服务点 123 个,3 年内累计交易 532.91 万笔,累计交易金额 17.83 亿元。

(三)推动治理双向化,赋能基层治理

把握"党委领导、政府主导、村委落实、村民参与"的乡村数字治理特征,围绕完善高频民生事项、方便村民操作使用等方面,依托"江村通"数字乡村管理平台,通过江村码赋予每家每户一个二维码,用于村民以家庭为单位参加各类活动。通过工作人员实地查看、实时上传、线上评分、定期维护,完成积分录入、跟踪整改、动态调整、评比排名、线上申兑、综合查询等工作。村民可通过手机小程序动态了解自己的积分加减明细、村内排名、奖励兑换等情况,推动乡村治理由"村里事"变成"家家事",由"要我参与"变成"我要参与",充分激发村民志愿者的生机活力和干事激情。通过党员带头干、乡贤帮着干、群众一起干,汇聚文明新风的强大合力,让"抢着干"的村民越来越多,"站着看"的村民越来越少,共同推动乡村振兴战略实施。

📖 案例点评

> 吴江"江村通"数字乡村平台融合部门、镇、村各层级数字应用模块,满足村委会管理、村民应用、服务游客多方位需求,变单一管理为双向互动,实现农村数字化提档跨越。试点建设以来,吴江数字乡村建设硕果累累。2018、2021 年两次获评全国县域数字农业农村发展水平评价先进县,2021 年获评苏州市"智慧农村"

先进县级市（区），2022年作为唯一一个县级市（区）代表参加第八届中德农业周交流，2023年获评数字乡村建设优秀实践成果，累计建成苏州市智慧农村33家。

张家港市永联村"1+3+N"数字乡村建设

【引言】 党的十八大以来，习近平总书记曾多次明确强调推进"数字中国"建设。2023年2月，中共中央、国务院印发《数字中国建设整体布局规划》，提出要以数字化赋能乡村产业发展、乡村建设和乡村治理。伴随着数字化、网络化、智能化在农村经济发展中的广泛应用，数字乡村建设成为乡村振兴的主要战略方向，代表未来发展方向的先进乡村形态。

【摘要】 数字乡村建设逐步成为当前乡村建设的新趋势，数字技术嵌入俨然成为发展乡村的新动能。永联村在多年发展中逐步借助数字化实现"1+3+N"的数字乡村建设，具体是打造"5G专网+双千兆"、数据中台等新基建建设，在产业发展、乡村治理、民生保障等方面实现数字化、智能化。借助产业数字化、治理数字化及民生数字化，永联村在全村域范围内有效推动了一二三产融合发展，促进产业高效化；构建网格化治理模式，实现管理精细化；升级建设"家庭信用体系"，焕发文明乡风；打造多样化数字应用场景，推动富裕共享。

【关键词】 乡村振兴；数字乡村；数字治理

扫码看VR

永联村自2013年提出建设"智慧永联"的目标后，陆续在农业生产、村域治理和民生服务等领域实现信息化、智能化开发应用，持续的数字化建设带动永联村实现全方位的提升优化。2021年7月，永联村率先成为苏州市首个实现双千兆＋5G专网全覆盖的乡村；2023年，永联村入选苏州国家社会治理示范案例、中国数字乡村优秀案例；荣获第五届"新华信用杯"全国信用应用场景微视频最佳纪实奖。

一、建设背景

21世纪以来，数字技术在推动社会发展中逐渐占据重要地位，随着"数字中国＋乡村振兴"战略的提出，数字技术深入农村，在乡村振兴中发挥重要作用。

（一）数字乡村建设逐步成为农村建设的重要方向

随着5G网络、大数据、云计算、物联网、人工智能、区块链等为代表的新一代信息通信技术的迅猛发展，数字技术逐步嵌入乡村发展，数字乡村建设在乡村振兴中也扮演愈加重要的角色。2024年中央一号文件明确提出，要持续实施数字乡村发展行动，发展智慧农业，缩小城乡"数字鸿沟"。通过数字化技术的应用，农民在农业上能够更科学地管理农作物，提高农产品的质量和产量；在产业发展上，尤其是一二三产融合发展上也可以开辟更多新途径。同时，利用数字技术推动数字化与乡村治理深度融合，可以有效吸纳更多主体参与乡村治理，不断创新乡村治理方式，全面提升乡村治理效能，促进乡村全面振兴。

（二）新型数字技术支撑建设日趋完备

2012年，在实现农业生产机械化自动化的基础上，永联村全面启动了数字化建设。为完善新型数字基础设施建设，永联村开展5G基站补盲建设，新建32个铁塔式5G宏基站、38个小基站，11个室分系统；在原有点位新增5G设备，实现5G网络深度覆盖。建立村域电子地图系统，基于物联网、5G、大数据等技术，提升道路、河道等市政基础设施管理数字化水平。建成了具有数据汇聚、数据治理、数据共享和数据开放等功能的数据中台，对接应用系统44个，输出服务38个。另外，永联村陆续围绕农业生产、村域治理和民生服务等开发多样化的系统和软件。如2017年，开发"永联一点通"APP，村民足不出户就可以通过手机办理各项事务；2019年，永联小镇开通张家港市首个5G基站；布局智能垃圾分类系统，实现生活垃圾智能化分类；建设了社区消防自动警示系统，河道防汛报警系统，人脸、车辆识别系统等，为全方位建设数字乡村持续助力。

二、功能运用

永联村围绕乡村建设全方位打造"1＋3＋N"数字乡村，以"5G专网＋双千兆"、数据中台等新基建建设为支撑，聚焦"3＋N"（聚焦数字产业、数字治理、数字民生三个方向，覆盖N个应用场景），全面实现永联村数字乡村建设。

（一）聚焦数字产业，推动经济高质量发展

永联村通过全产业链的数字化改造，赋能一二三产融合。着力建设高标准农田，依托"天天鲜"、食品加工事业部实现农产品产业化，推进农业高质量发展。在种植养殖端，应用"智能温室物联网监测系统"等物联网技术，实时监测和掌握土壤墒情等作物生长数据，实现科学管理；在加工环节，聚焦永联永润中央厨房优势，引入中央厨房生产加工系统，建立集"规模生产、标准制作、集中配送"于一体的"中央厨房（永联永润）＋N（终端门店）"的运营模式；在销售配送环节，搭建整合分销平台，开发物流调度系统和大数据可视化看板，将业务经验转化为数字逻辑，为产业发展提供数据支撑与决策支持服务；依托线上商城实现订单销售，与线下门店形成互补。同时，依托苏州江南农耕文化园与永联小镇旅游特色，结合农耕园二期改造工程，围绕永联村文旅核心业务需求，打造文旅数字化系统。在工业板块，永钢集团现在拥有智能炼铁、智能炼钢、精品线材、电炉大棒4个省市级智能制造示范车间。依据钢铁行业特性，设计开发符合企业实际的数字化应用场景，对生产车间现有智能装备、企业运营管理模式进行全面优化，构建实时互联、柔性制造、高效协同的智能制造体系。全方位实现永联村产业数字化升级。

（二）聚焦数字治理，构建网格化治理模式

依托大数据、物联网、三维可视化等新技术，对村域总览、生态、文明、治理、民生等指标进行多维度可视化监测，整合网格化综合管理平台、疫情防控平台、智慧安防平台，纳入地理空间、生态环境、建筑

结构、人员活动、车辆状态等数据，形成数字永联"GIS一张图"，构建数字化指标体系，从而实现精准精细、敏捷高效、全方位覆盖的数字乡村管控体系。目前，主要由永联运行管理中心通过信息上报、物联感知等方式，收集"人、地、事、物、情、组织"等信息，融合互联、监控预警，为网格化治理提供辅助研判。一方面，动态汇聚永联小镇所有居民、房屋等海量信息，通过AI赋能，自动标识3 000余类数据标签，精准构建人物画像，实现人、房、物的分类查询，实时掌握社区治理底册。另一方面中心对永联小镇五个网格内设施维修、安全防护、文明行为、垃圾分类等事件进行联动处置；对461名党员、14名网格员、2 800名志愿者、175名物业人员、20名业主监督员，进行实时调度指挥；同时整合永联小镇景区办警务室、城管、市场监督、交通等部门开展综合执法，协同经济合作社、物业、为民基金会、志愿者联合会等开展综合服务。整体有效织密数字治理网络。

（三）聚焦数字民生，打造多样化数字应用场景

将数字化技术逐渐融入日常生活场景，以场景串联民生服务资源供给，以"人"为第一落点和第一推动力，让永联村的社员和居民能用、会用、想用。开发应用"永联一点通"APP、"福村宝"医疗互助体系、健身管理系统、垃圾智能分类系统以及海豚急救自助系统。一是聚力打造农村家庭信用体系，全方位应用"积分制"管理工具，将居民在社区中的文明行为进行量化、积分化，形成由文明家庭积分与智慧平台积分交互的"社区分"，再与信用体系对接，实现积分在不同权益场景的兑换，将居民的文明行为兑换为实实在在的实惠，从而实现"好人有好报，好人处处有好报"。引导居民共建美好社区，共享美好生活。二是

开发建设健康小屋、数字健康档案、护理云平台、数字金融服务，实现居民在健康、消费、金融、养老等场景中的数字生活体验。三是全域布局智能垃圾分类系统，根据垃圾投递习惯、产废量、人员密集程度、进出路线等因素，在永联小镇布局100个二分类智能垃圾桶，居民刷卡（专属二维码）投递，投放自动巡检打分、结果可溯源、桶箱满溢报警、破袋分离，从而实现生活垃圾投递、分拣、称重、预警等过程智能化、结果智能化。多个数字生活场景的打造，让居民享受更加丰富多元的现代化社区生活。

三、做法成效

（一）助力产业质效发展

依托各类数字系统，永联村在全产业链实现高质量发展。借助高标准农田建设，大幅提高耕地产出能力，显著增强抗灾减灾能力，提升资源利用效率，改善农业综合效益，有效打造"永联"大米品牌；积极开展业务系统建设，通过构建永合管理平台，降低了20%的人力成本，同时对客户进行更加精准的管理和服务，有效提升服务质量，居民满意度得到极大提高；积极开发"天天鲜"线上服务，推出到店和到家服务，线上日均浏览超1000人次，下单率保持在11%以上。2023年永联村实现工农业销售收入1616亿元，村级经营性收入3.35亿元。

（二）有效赋能乡村治理

永联村总结提炼现代化社区治理经验，打造永联治理模式，逐步实现智能化网格管理。持续优化永联运行管理中心联动机制，精简编制，建立社区服务、数据处理、联动处置、综合协调四中心，形成永联村区域指挥一门户，调度一张网，决策一平台；打造永联档案服务站，实现档案数据共享，增强公众档案意识，便利居民查档需求；持续保障永联文体馆智慧化运营，累计服务 20.92 万人次；有效优化数字化服务阵地，利用无人机航拍测绘手段，获取高质量的农耕园图像数据，通过三维立体建模技术，持续优化永联小镇主干道、小区内部道路修正及农耕园 30 多处建筑物精细模型，提高运行管理中心 GIS 模型的精度，实现管理的精细化；持续开展监控集成项目，累计接入新旧电梯、小区、文体中心、永合公司等 1 031 个视频监控，授权永联运行管理中心监控人员进行查看，其他单位人员分级分权，实现监控平台的统一管理。

（三）焕发乡风文明新气象

永联村充分利用家庭信用体系，以"信用风"催生"文明风"，鼓励全体社员、职工积极参与。截至 2023 年，永联信用体系参与人员共计 26 733 人。其中 A＋＋等级有 344 人，A＋等级有 4 865 人，A 等级有 1 072 人，B＋等级为 19 949 人，B 等级为 503 人，C 等级为 0 人。目前，永联村在张家港友爱港城网注册并加入团队志愿服务者 2 051 人。18 岁以下 115 人，占比 5.61%；18～40 岁 875 人，占比 42.66%；40～60 岁 834 人，占比 40.66%；60 岁及以上 227 人，占比 11.07%。其中永卓集团员工 792 人，占比 39%；永联实业集团员工 203 人，占比 10%。近三年年均服务时长约 8 万小时，参与志愿服务者约 2 万人次。获得张家港市终身成就奖 45 人。同时，借助智能垃圾系统提升居民环保意识，整村垃圾分类群众参与率达 100%，居民投放积分总数 3 781.3

万分，已实现垃圾减量（可回收物）483.7 吨，居民投放厨余垃圾 1 833.5 吨，其他垃圾 879.7 吨，有力打造和美宜居乡村。

（四）推动实现村民共享富裕

永联村为引领村民群众跟上时代步伐，投资 2 000 万元，购置电脑设备，对上机考试合格的村民给予 1 000 元奖励，鼓励村民使用电脑，习惯用银行卡。同时，全面接入了 100 兆光纤宽带，让村民通过网络了解外面的世界。一年时间，全村实现了家家有电脑，户户能上网。2022 年建设了数字生活馆，村民可随时体验最新的数字技术。通过数据共享，为在永联村工作生活的居民、职工提供数字人民币快捷消费、信用权益兑付、身份认证、信贷申请等多功能的金融及生活服务，以此让村民跟上数字时代的步伐。同时，利用数字化手段更好地服务居民。接入、筛选卫健委居民健康数据，汇聚 12 678 名永联居民档案，定制化改造健康一体机及养老平台，重点服务 3 518 名老年人。持续开展永联信用体系建设，优化永联分构成指标，打造永联居民、职工喜闻乐见的权益场景，2023 全年累计核销 10 439 次权益，进一步深化永联村民共享富裕。

案例点评

> 借助数字技术，永联村已基本实现了习近平总书记所强调的"完善网格化管理、精细化服务、信息化支撑的基层治理平台"。永联村不仅让永联村民跟上数字时代的发展，走在时代发展的前列，更逐步将永联村打造成为数字乡村建设的样板间，进而形成可复制、可推广的经验，助力全国数字乡村建设。

昆山市农村宅基地信息化监管系统

【引言】 习近平总书记指出,农村闲置农房放在那里任其破败是一个大浪费,但是利用起来却是一笔大资源。推进农村宅基地制度改革,是深化农村土地制度改革、实施乡村振兴战略的重要抓手,也是贯彻落实习近平总书记关于"三农"工作重要论述精神的具体体现。在农业农村现代化的发展道路上,必须坚持稳中求进工作总基调,坚持审慎与创新并重,不断将宅基地制度改革向纵深推进。

【摘要】 昆山市农村宅基地信息化监管系统建立宅基地基础信息数据库,将宅基地和农房测绘信息、户内成员信息及宅基地利用现状等信息进行有效整合,实现人、地、房信息的一库管理,通过对库内数据比对,有效摸排宅基地超规定面积、一户多宅等历史遗留问题;构建宅基地线上管理体系,实现宅基地和农房翻建的线上审批归档和宅基地流转的线上申请,加强数据共享,做到与省农村产权交易平台、区镇农房监管平台、不动产登记平台有效对接。系统实现宅基地"一张图"可视化管理,直观展示宅基地权籍信息,实时分析宅基地流转、闲置以及翻建审批等情况。设置利用现状、居住情况等不同宅基地信息专题热力图,为宅基地规范管理、有序盘活和推进农村宅基地制度改革试点提供数字支撑。

【关键词】 农村宅基地;信息化;监管

扫码看VR

昆山市农村宅基地信息化监管系统构建了宅基地"1+N"信息化管理网络，构建全市 40 136 条宅基地基础信息、3.76 万户宅基地使用权人信息数据库，并全部上图。通过系统办理宅基地（农房翻建审批）649 笔，并与锦溪、周市等镇农房建设审批现有系统无缝对接相关数据 4 221 条。系统先后入围昆山市数字政府优秀案例和苏州国家智能社会治理实验优秀实践成果。

一、建设背景

2020 年，中央全面深化改革委员会第十四次会议审议通过了《深化农村宅基地制度改革试点方案》，强调要积极探索落实宅基地集体所有权、保障宅基地农户资格权和农民房屋财产权、适度放活宅基地和农民房屋使用权的具体路径和办法。昆山市获批全国首批农村宅基地制度改革试点地区，探索农村宅基地"三权分置"具体实现形式，完善宅基地制度体系，推进宅基地规范管理。承担改革试点以来，昆山在全国范围内率先启动宅基地基础信息调查摸排工作，明确数据调查目标，建立调查工作方案，全面掌握宅基地规模和现状，夯实宅基地数字化管理基础，形成数据完备的宅基地数据库，并整合其他部门宅基地管理数据，实现集数据查询、信息展示等于一体的宅基地管理工作底图，建设了昆山市农村宅基地信息化监管系统。

通过全面测绘、调查，整合宅基地管理人、地、房数据，建立了 4.02 万宗宅基地和使用权人信息数据库；推进宅基地相关业务线上办理，实现对宅基地权属信息变更、农房建设审批、宅基地流转的规范办理；加强宅基地监督管理，利用移动巡查方式强化宅基地监管责任，及时发现宅基地违规建设情况；通过与区镇农房建设审批、省农村产权交易等系统的数据对接和信息共享，实现相关数据互联互通。系统自建设以来，通过数据库管理、动态巡查、信息共享等手段，全面梳理了宅基地管理历史遗留问题，推进了农村宅基地的规范管理，也为农民办理宅基地业务提供一站式服务。

二、功能运用

昆山市农村宅基地信息化监管系统，构建了宅基地"1＋N"信息化管理网络，"1"是宅基地基础信息数据库，"N"是依托信息数据库建立的宅基地管理功能模块，即6个业务功能模块和3个后台管理模块。6个业务功能模块包括宅基地地理信息、利用信息、监管信息、权属管理、审批管理和流转管理，实现宅基地相关数据的可视化展示、利用状况统计、超面积占用监管以及宅基地权属变更、宅基地申请审批、宅基地流转的线上规范办理。3个后台管理模块包括数据库管理、共享接口和角色管理，提供数据共享，提高使用效率，实现对宅基地数据、用户的有序管理。系统服务于市、区镇、村三级宅基地管理部门及相关工作人员及有宅基地申请需求、闲置宅基地和农房流转需求的农村宅基地使用权人。一是宅基地监管部门查询区域或个人宅基地基础数据，包括位置、户内成员、面积等；二是宅基地分户、不动产权证办理时查询户内成员信息；三是办理宅基地（农房翻建）审批及宅基地出租、互换、转让等宅基地流转相关业务。

（一）宅基地数据数字化管理

支持对宅基地的基础信息以及业务数据，包括宅基地空间数据和属性数据等各类数据进行统一管理和维护，满足宅基地数据检查入库、组织管理、查询检索、导入导出、统计分析、数据分析、台账管理、服务发布、专题制作、更新维护等要求。

（二）宅基地业务数字化管理

一是宅基地权属管理业务。对全市宅基地所有权进行管理，生成电子台账，提供查询、信息变更的线上办理，实现业务留痕；对宅基地资格权进行管理，基于昆山市宅基地资格权认定管理相关要求，对资格权人、资格户信息进行管理，包括资格认定、调整、退出、核验等。

二是宅基地审批管理业务。对宅基地审批业务中涉及的农业农村、自然资源、住房和城乡建设等相关部门节点进行流程匹配设置；实现对申请、审查、审核、审批各环节的流程定制及规范管理。支持公开透明、高效便捷的宅基地审批服务，为农户、村、镇区及各级农业农村、自然资源等部门开展宅基地用地建房审批业务提供科技支持。

三是宅基地综合监管业务。支持宅基地问题分析汇总，利用移动巡查等方式强化基层宅基地监管责任，为宅基地管理提供高效的信息化手段。

（三）为宅基地数据信息共享提供渠道

一是通过与区镇农房建设审批系统、不动产确权登记系统、省农村产权交易系统数据共享和信息推送，实现宅基地相关数据的互联互通。

二是通过宅基地相关业务的线上办理，实现数据"跑腿"，为农民办理宅基地业务提供一站式服务。

（四）为宅基地管理决策分析提供依据

一是一张图可视化管理。提供宅基地相关数据地图可视化渲染和常用数据交互操作功能，通过空间图形进行可视化管理，叠加专题图层与展示窗口，从宏观上汇报展示农村宅基地管理与改革的各项指标，作为宅基地制度改革成果的窗口，为综合分析、汇报与展示提供服务。

二是基础数据台账分析。支持从多层级、多视角展示宅基地台账数据信息，基于宅基地台账数据信息，实现从不同业务维度对其进行汇总统计、智能分析，通过图表和文字的组合形式展示可视化结果信息。

三、做法成效

（一）上下联动，部门合作，"一库一图"集成人、地、房综合信息

主要做法：明确技术路线。作为宅基地制度改革试点基础信息预调查地区，昆山市会同部技术指导单位开展了基础调查技术标准和调查方式的探索研究。立足改革试点需要，明确基础调查应全面覆盖人、地、房三类信息，达到"人员信息全面""宗地信息标准""房屋利用信息准确"的数据收集标准，制定了《昆山市农村宅基地基础信息专项调查工作实施方案》，设计了信息调查表，为建立统一完善的基础数据库奠定了工作基础。**加强统筹协调**。成立了宅基地制度改革试点领导小组，通

过联席会商，统筹整理了资规、公安等部门的国土调查、航飞影像、不动产登记、公安户籍、承包地确权等核心数据。通过身份信息、坐落地址等关键字段将数据进行有效挂钩。同时结合现有工作任务分工开展调查摸排工作，由资规结合房地发证权籍调查工作开展房屋土地测绘，由农业农村结合资格认定工作开展人员信息建档，镇村结合巡查监管做好利用现状的摸排统计。多方合作节约了人力物力，也加快了工作推进。

创新工作手段。在宗地测绘上，采取无人机倾斜摄影结合现场核实的技术方式，在提高宗地房屋的测绘精度的同时，也大幅提升了测绘速度，加快宅基地数据底图建设，为其他信息收集打下了坚实的工作基础。在数据整合上，将宗地信息叠至航飞影像图中，形成直观的基础信息调查底图，匹配农村户籍信息和确权人员信息，由村宅基地协管员对照底图逐户核实修订信息，同时围绕此流程开发的调查工作系统，大大简化了基层工作量，也保证了调查成果的完整性、准确性。

综合成效：**信息一库统管**。通过基础信息调查，将全市4.02万宗宅基地信息，3.9万农户信息全部纳入管理底数，摸清了宅改工作家底。基于数据库的数据整合和分析功能，实现了宅基地信息的高效统计，宅基地超标、一户多宅、小产权房、私下买卖等宅基地历史遗留问题也同步排查清楚，为下一步研究处置历史遗留矛盾，做好工作决策打好了数据基础。**全貌一图展示**。建立"一张图"宅基地管理平台，打造了规模有数、布局清晰、数据准确的可视化宅基地管理基础。宅基地房地面积、四至、户内成员信息、农房利用现状等与最新航飞影像图全面叠加，形成了市、镇、村宅基地管理"指挥平台"。**数据一键分析**。宅基地信息化监管平台集成了宅基地权属信息、宅基地利用信息等的一键分析汇总功能，支持选定区域、选定属性和范围汇总宗地情况，各级各部门可根据需求意见梳理汇总数据，及时掌握问题数量。

（二）管理规范，数据共享，"一网一链"确保管、批、治规范有序

主要做法：**全面梳理工作内容**。对目前昆山市涉宅管理事项进行全面梳理，编制《昆山市农村宅基地信息化监管平台建设方案》，以需求为导向，将资格户信息变更、宅基地和农房翻建、宅基地和农房流转等宅基地审批事项，及监管巡查、违规问题移送、涉宅信访办理等宅基地监管事项全部纳入信息化管理平台内容，宅基地管理主要工作事项全部实现线上办理。**健全审批工作程序**。对照上级要求和区镇管理标准，制定了《加强和规范农村宅基地管理工作实施办法（试行）》《昆山市农村宅基地资格权管理指导意见》《昆山市农村宅基地使用权流转办法（试行）》等制度文件，明确了宅基地申请、资格权管理、宅基地流转等工作程序、要求，并形成线上办理流程图，实现审批的规范化管理。**推动数据互通共享**。打通相关平台数据接口，实现横向协同、纵向联动，与省农村产权交易平台打通流转交易数据，与市不动产登记发证平台打通农房权属人员信息，与区镇农房翻建审批平台打通农房和宅基地翻建审批数据。同时相关信息数据在符合保密要求的情况下，同步至市大数据中心，便于后续相关部门根据需求获取各类信息。

综合成效：**一网通办提升效能**。通过信息化监管平台，农民分户管理、建房审批等事项实现了线上申请、线上审批，相关数据系统内流转，大大缩减了数据比对、审核时间，方便了农民涉宅事项办理。同时相关部门也可通过一个平台查看各类管理信息，部门工作效率明显提升。系统建设以来，累计完成线上审批3 300余宗。**一链监管提升质**

量。宅基地监管、问题处置形成完整工作链，线下巡查监管与线上登记处理相结合，做到问题处置全网留痕，件件有落实、件件有回应，2023年已开展宅基地巡查1700余次，及时整改问题20余起。**制度建设提升规范**。围绕宅基地线上审批和监管要求，制定完善了宅基地管理制度体系，审批程序、附件材料、巡查记录等更加清晰明确，宅基地规范管理机制初步形成。

案例点评

> 系统实现不同层级宅基地管理部门对宅基地汇总统计信息和具体信息的快速查询以及宅基地相关数据的互联共享，助力农村宅基地闲置资产盘活利用，建房申请、审批、验收、发证"一条链"管理。形成的宅基地数据库成果已直接应用于村庄规划、农房安全、乡村振兴等重大任务中，并将广泛应用于现代数字农业农村建设，发挥显著作用。

常熟市基于社会保障卡的智慧单位一卡通

【引言】 2020年8月,习近平总书记在扎实推进长三角一体化发展座谈会上指出:"探索以社会保障卡为载体建立居民服务'一卡通',在交通出行、旅游观光、文化体验等方面率先实现'同城待遇'。"常熟市作为全省唯一社会保障卡居民服务"一卡通"综合试点县级市,创新打造一卡通"虞快+"品牌服务矩阵,推出以基于社会保障卡的智慧单位一卡通为代表的10余项跨领域、智能化的"小、巧、灵"一卡通用民生服务应用。

【摘要】 以社会保障卡的实名认证、用卡大数据输出能力为支撑,常熟市创新引入社保卡(码)作为单位管理的服务载体,配套搭建"常熟市智慧单位一卡通"统一门户平台,助力企事业单位打造集立体安防、就餐消费、后勤服务、安心充电、福利发放等菜单式功能于一体的单位智慧管理运营生态体系,实现流程场景"一卡通办",服务数据"一网汇聚",决策分析"一体协同",极大降低了运营成本,提升了服务效能及服务满意度。截至2023年底,基于社保卡的智慧单位一卡通应用已在市政府集中办公区、市行政审批局、虞山街道等7家单位投用,日均刷卡(码)1 800余人次,全年累计服务约40.53万人次,打造了可复制、可推广、可更新完善的单位运营管理新模式。

【关键词】 社会保障卡;智慧单位一卡通系统;实名制管理;集成服务

扫码看VR

常熟市作为全省唯一的社会保障卡居民服务"一卡通"综合试点县级市,自2021年起累计发行第三代社会保障卡136.3万张,常住人口社保卡覆盖率达95%以上。同步拓展政务服务、绿色出行、智慧单位等10余项"一卡通用"居民服务应用,构建"虞快+"一卡通民生服务品牌矩阵,让"一卡在手,生活无忧"成为这片高品质江南福地的生动注脚。

一、建设背景

(一)"一卡通用"服务管理模式不断完善

常熟市自2021年5月20日起发行第三代社保卡,持续完善以第三代社保卡为载体的居民服务"一卡通"服务管理模式,顺利完成社保卡、市民卡"二卡合一"无感切换。

1. 注重高位统筹规划。联动全市近20个职能部门组建市社会保障卡居民服务"一卡通"工作领导小组,压实责任,凝聚合力,推进应用共建。先后出台3个市级文件,明确"一卡通"建设时间表、路线图。

2. 主动健全工作机制。率先打造市人社局统筹管理,市人社局信息中心(兼市社保卡服务中心,同时挂牌市大数据中心)牵头落实,市一卡通公司负责市场化拓展的"一局一中心一公司"格局。

3. 能力输出集成服务。基于社保卡广发行覆盖、实名认证、用卡大数据输出、金融支付等能力,社保卡具备跨部门、跨地区的多维联动服务载体功能。第三代社保卡从起初的人社业务、医疗卫生、金融消费功能,逐步拓深拓展了公交出行、绿色骑行、园林旅游、档案调阅、图书借阅、政务服务等10余项"一卡通用"民生服务,形成以社保卡为核心的"虞"快行、"虞"快游、"虞"快省、"虞"快花等"1＋N"服务矩阵。

（二）"一高两低"单位管理痛点普遍存在

单位门禁、食堂等后勤服务面对人员借调、新增等情况，需要一一登记办理，流转烦琐且耗时较长，对已经不在单位的人员名单也没有及时清理，存在一定的管理风险。2021年底，在一次"一卡通"联席座谈的头脑风暴中，市机关事务局抛出了能否通过"一卡通"提高单位内部管理水平的设想。两部门联合调研发现，目前各单位内部管理普遍存在成本高、效率低、满意度低的痛点。

经调查，单位内部的访客、门禁、就餐、充电等系统普遍独立存在，多系统投入运维支出庞杂。与此同时，食堂就餐的食物浪费、跨部门（科室）流转的无纸化程度不高，增加了单位运转经费压力。内部管理多个环节依赖人工操作，用人成本居高不下。除了单位运转的高成本，低效率也是饱受诟病的堵点。后勤管理工作无统一的管理渠道，无法实时跟踪督办，拖累单位运行秩序。各种形式的手工登记信息，影响办事效率，不易保存和查找。经办流转一定程度依赖口头知会，不易追溯，且工作留痕、统一管理程度不高，工作流程粗放。

由此，导致员工对单位管理的满意度低。服务过程存在钝感，在高峰期经常出现排队拥堵、响应滞缓的现象。单位食堂菜品单一，无法满足员工个性化的用餐需求；员工工会福利产品种类固定，纸质兑换流程烦琐，员工体验感不佳。员工和管理者之间缺乏意见收集和反馈的统一平台，不利于改进提升。

基于上述调研，智慧单位一卡通项目于2022年正式启动，市人社局联合应用单位及合作厂商成立了应用专班和技术保障组，坚持以需求为导向，统一规划，分步实施，稳步推进。

二、功能运用

常熟市人社局相关负责人介绍智慧单位一卡通应用建设初衷是依托社保卡的输出能力，赋能轻量化、精准化、高效化的单位管理。智慧单位一卡通是以社会保障卡（码）为载体，以实名认证和大数据输出能力为基础，坚持数据动态化、场景系统化、业务算法化、交付服务化，融合多种智慧应用，以流程场景和数据分析为核心，有效实现立体安防、高效办公、智慧消费、绿色节能等一体化智能管理的单位运营体系。整个单位运营体系包含4大板块、25项功能应用。

该应用在前端配套打造"常熟智慧单位一卡通"小程序，通过智慧管理、智慧食堂、智慧服务模块的菜单式服务集成，为单位员工打造一体化线上服务门户。在后端配套网页管理端与可视化数据分析汇总，通过实名管理、实时监测，对应用服务、设备运转、人员使用等情况进行动态跟踪与统计分析，让单位管理变得清晰可控、高效可及。

（一）智慧管理

从小切口提升实名管理、安防能级、后勤运转效能，智慧单位一卡通应用从以下几方面着手：

1. 人员门禁管理。外部通行道闸：对一卡通系统内白名单人员设置通行权限，通行记录可在后台系统内进行实时查看。内部门禁管理：主要由门禁设备、通信网络、系统管理软件等部分组成，可支持三代社保卡刷卡、电子社保卡扫码、人脸识别。若干门禁设备通过通信网络与系统管理软件，根据单位的特定需求，以特定的网络拓扑共同组成用户的安保网络。该服务在市委机要局为代表的一批单位落地，进一步夯实了单位安全保障。

2. 车辆门禁管理。为单位日常访客车辆出入提供登记管理服务，来访人员可通过线上发起申请，实现快捷出入，实现访客信息精准记录、可查可溯。

3. 会议签到。与会人员使用社保卡或电子社保码在签到机上签到，一卡通平台即可统计人员签到信息并生成统计报表，解决了纸质签到无法确认实名出席或替代出席的问题。

4. 物业报修。单位员工在智慧单位一卡通小程序内进行报修，工单便可在直接责任人之间沟通和流转，有利于集中管理和进度跟踪，大幅缩短了报修流转时长。

5. 设备签到。将所有设备信息录入系统并生成巡检计划，物业人员根据巡检计划，实时扫描设备巡检二维码登记巡检信息，对单位所有设备信息统一管理，全流程留痕、可溯可查，提高行管后勤保障人员的工作效率，实现了设备巡检无纸化。

（二）智慧食堂

从规范预约接待申请、线上订餐、实名用餐统计到用餐数据可视化分析，食堂用餐的全流程线上闭环管理，让琐碎的备餐从"多备点，万一要"变成"不贪多，少浪费，成本低"，员工评价从"有得吃"变成"吃得好"。具体而言，智慧食堂服务主要从以下几方面进行改善提升：

1. 实名认证。依托第三代社保卡刷卡、电子社保卡扫码、人脸实名认证的方式，规范食堂实名制就餐。

2. 白名单管理。管理人员可配置白名单用户消费权限、场景。白名单数据采用增量下发方式推送至各食堂终端设备，可用于离线环境下的身份合法性鉴定。

3. 公务接待申请。系统具备公务接待审批管理功能。部门可在微信小程序端发起申请（包含申请事由、人员、地点、预定时间等基本信息），食堂管理员可在系统管理后台查看申请并审核，实现了对公务接待流程的规范化管理。

4. 线上提前订餐。通过食堂报餐制度，职工可线上提前选择菜品，满足职工个性化的用餐需求，极大减少了单位早餐供应等员工自选服务的备餐浪费。

5. 访客电子餐券。升级纸质餐券为电子餐券，满足会议人员、培训人员、外部访客等临时用户用餐需求。

6. 个性化补贴制度。针对不同人员设置不同补贴金额、补贴周期、是否清零、补贴及现金支付比例。

7. 可视化分析。通过领导驾驶舱，分析日用量及变化曲线，了解清楚"吃得怎么样"。

（三）智慧服务

为提升单位员工的工作干劲，单位配套福利成为当下单位管理不可忽视的维度。福利发放、满电回家、办公配套消费服务，也纳入了智慧单位一卡通体系建设。

1. 阳光福利。依托"一卡通"居民账户体系，实现职工工会福利线上发放和使用，提升公正性和透明度。员工可在线随时查询福利发放状态和消费记录，提升参与感和满意度。

2. 智能充电桩。围绕"提升电动车充电的安全监管能力"课题，本应用为单位提供一整套电动自行车管理解决方案。依托社保卡的实名认证功能实现充电实名制管理，使用者身份信息、充电时段、充电时长、充电量等数据实时归集至后台管理系统，全流程处于政府监管之下，有效降低火灾风险。

3. 多元化消费场景。用户可通过三代社保卡刷卡或扫码，在单位咖啡吧、洗衣房、商超、理发室、洗车店等场景便捷消费。

三、做法成效

市级机关事务管理中心工作人员充分肯定智慧单位一卡通系统："自从系统上线后，单位运营成本降低了，内部管理规范了，员工也更加满意了。这么高效的系统，应该在全市企事业单位普及。"用户的口碑成为推广智慧单位一卡通系统的最佳方式，截至2023年底，智慧单位一卡通已服务市政府、行政审批局、珠江路集中办公区（水利局、农业农村局、民政局）、人社局、机要局、工信局、虞山街道板块，累计服务约40.53万人次。

建设智慧单位一卡通应用系统的初衷就是帮助企事业单位提升内部管理水平，在拓展优化应用的过程中，结合用户反馈，可总结归纳为三大成效。

（一）成本低

主要反映在人、财、物三个方面。① **人：降低人力成本，食堂登**

记窗口人员由 3~4 人缩减为 1 人。职工通过三代社保卡（码）和人脸识别进行实名认证就餐，升级访客纸质餐券为电子餐券，无需窗口人工登记，通过系统的自动化和智能化降低人力成本。② **财：减少经费支出，食堂采购支出节省近 30%**。通过食堂报餐制度，可根据就餐人数和菜品售卖数据动态管理每日备餐用量，最大限度避免粮食浪费。③ **物：全流程电子化管理，多系统融合至 1 个平台**。智慧单位一卡通平台将就餐系统、门禁系统、后勤管理系统融合连接，场景化重构升级，数据互通且终端互联，系统建设投入显著降低。全过程电子化管理淘汰了纸质传递，节约办公物资的同时服务效率也进一步提高。

（二）效能高

主要表现在三个方面。**一是溯源可查**。通过小程序渠道报事报修，系统操作溯源可查，便于集中管理和跟踪修复进度，办结时间由 7 天缩短至 1~2 天。**二是效率提升**。设备巡检员以前需要一整天时间把所有设备信息登记在巡检登记本上，并把所有设备巡检完后进行二次登记统计。现在只要扫描设备巡检二维码就能登记巡检信息，单个点位的巡检登记时间由 2 分钟缩短至 30 秒，极大提高了工作效率。"**三是规范有序**。食堂公务接待申请在小程序端申请及审核，全过程可控可查，实现了对公务接待流程的规范化管理。

（三）服务优

一是服务精准化。通过食堂报餐制度，职工可提前选择菜品，满足职工个性化的用餐需求，就餐率由 76.5% 提高至 98.9%。**二是服务透明化**。员工福利由线下兑换转换为线上发放，可为员工提供种类更加丰富、价格更具竞争力的福利产品，员工可在线随时查询福利发放状态和消费记录，提升员工参与感和满意度。**三是服务定制化。**智慧单位一卡通功能是可复制、可定制的，能够根据单位不同阶段成长过程的需求进行二次开发，节约再建设的成本和时间。市行管局办公室负责人表示："智慧单位一卡通系统功能齐全，根据功能清单，我们结合单位实际，选择了食堂管理、会议管理、门禁管理、助动车充电等服务。"虞山街道智慧单位一卡通系统目前正在筹备中，街道工作人员表示："通过几次调研，我们了解到智慧单位一卡通管理模式不仅是可复制的，更可提供菜单式功能配置，目前我们已经上线了智慧食堂等基础功能，后续我们还会按需进行个性化功能定制。"

案例点评

> 常熟市充分发挥社会保障卡居民服务"一卡通"的跨领域服务载体功能，主动将社保卡（码）引入单位服务管理过程，全新打造"智慧单位一卡通"系统，以多元实名认证提升单位内部登记管理效能，以菜单式功能集成破解单位服务碎片化难题，以数据动态归集分析构造系统化的单位数据底座。未来，该应用系统可拓展服务于更多单位、园区、社区，进一步扩容用卡数据互通共享渠道，将数字社会服务触角延伸至工作、生活细微处。

太仓市置业一件事系统

【引言】 习近平总书记强调指出,要全面贯彻网络强国战略,把数字技术广泛应用于政府管理服务,推动政府数字化、智能化运行,为推进国家治理体系和治理能力现代化提供有力支撑。通过政务服务数字化改革,推动行政审批、住建、资规、税务等多部门的信息协同、事项集成、流程重塑,实现"碎片化部门"向"整体性政府"的转变,持续有效提升政务服务效能,是落实习近平总书记指示要求的重要方面。

【摘要】 太仓市行政审批局通过多部门协同、多系统联通、多业务集成,打造"置业一件事"集成服务。该服务核心是"一触之间,看百家楼,办全部事"的新型涉房服务平台,包括前端集聚看房、选房、购房和租房功能的线上房产超市,后端电子网签、按揭、纳税、不动产登记过户、水电气视联动、交易业务好差评等功能模块。该服务充分应用大数据、人脸识别、OCR、电子签名等新技术,实现"线上买卖、自主交易、信息透明、掌上办证"的房产交易服务新模式,有效解决了房产交易市场信息不对称、房源信息发布渠道分散不规范、办事群众交易成本过高等问题,进一步降低市民购房交易成本。

【关键词】 掌上办;集成办;不见面

扫码看VR

太仓市通过部门协同办理、流程重塑再造、打破数据壁垒，构建"置业一件事"服务体系。建成前端集聚看房、选房、购房和租房功能的房产超市，后端提供电子网签、按揭、纳税、不动产登记过户、水电气视联动、交易业务好差评等一站式综合服务平台。2023年以来，住宅类一手房线上办件占比约57%，二手房线上办件占比约96%。

一、建设背景

（一）响应企业市民办事诉求

置业对我国广大百姓来说，不仅仅是一次简单的"买卖"行为，而是一个涵盖选房、交易、贷款、登记、入住等多个环节的复杂办事过程。在这个过程中，购房者需要面对诸多烦琐的手续，涉及多个政府部门。一旦不小心碰到无良中介，更有可能蒙受财产损失。房产交易相关政策的变动，滋生出诸如"办理房产证需要哪些材料？如何办理？""房屋过户需要缴纳多少税费？""这套房子是否还在学区范围内？""中介公司的信誉如何？""最新的贷款政策如何享受"等问题，让老百姓常常感到无所适从。同时，随着长三角一体化深入推进，跨省置业人群规模不断壮大，异地办理房产证需求随之增加，如何更好服务百姓置业，成为政府部门的重点任务之一。

（二）满足营商环境考核要求

随着信息化和数字化浪潮的推进，政务服务与营商环境的优化已经成为各级政府的工作重点。为了打造一流的高效、规范、便利政务环境，近年来，从中央到地方，各级政府纷纷出台了相关政策和措施。国家层面，国务院发布了《国务院关于进一步优化政务服务提升行政效能推动"高效办成一件事"的指导意见》（国发〔2024〕3号），强调要充分利用"互联网＋"思维，结合互联网新兴技术，推动政务服务的高效化和智能化。省级层面，《江苏省优化营商环境行动计划》进一步明确了优化营商环境的具体措施。市级层面，苏州发布了《2024年优化营商环境十条政策措施》。这一系列政策文件的出台，为各级政府进一步优化政务服务提升行政效能提供了明确的指导和考核要求。

（三）技术支撑满足业务需求

以"互联网＋政务服务"为核心的电子政务发展呈现出信息化、共享化、移动化和智能化的趋势，为公众提供了更加高效、便捷、透明的公共服务。当前各级政府部门信息化程度显著提高，政府服务流程也逐渐实现电子化。随着数据共享和互联互通成为发展趋势，云计算、大数据等技术的飞速发展，政府部门之间的数据交互程度日益加深，信息孤岛现象逐步破除，为跨地区、跨部门的业务协同提供了良好的数据基础。同时，随着移动互联网的普及，人工智能、大数据等技术的应用，使政府服务更加智能化、个性化，企业市民通过使用政府部门移动端应用随时随地获取政务咨询、办理政务服务已成为常态。

二、功能运用

（一）房源线上租售，数据共享核验智能可靠

房企、中介和个人可通过平台发布房源，为了确保房源信息的真实

可靠，提升市场交易的透明度和效率，太仓市行政审批局采用了一系列先进的技术手段，包括实名认证、人脸识别和大数据比对等，构建了一个安全、可靠的房源发布机制，以确保"人房证合一"。与住建局"商品房预售系统"、资源规划局"不动产登记系统"数据共享核验，实现自动填充房源基础信息且不可更改，从源头确保房源信息真实可靠。通过简洁明了的智能引导，发布人在平台上只需补充少量的信息，如租售价格、房源照片和装修情况等，即可轻松发布房源。

（二）房产一网选购，一站汇聚交易智慧便捷

平台汇集全市在售楼盘、二手房、出租房等各类房源，市民进入"太e办"小程序即可在移动端"零距离"了解项目位置、户型图、环境、周边配套等信息。通过对房源进行标签化管理，如根据房源发布方身份对房源增加"业主直售""国企"或"中介发布"标签。或根据房源的优惠力度及客户评价，设立优惠榜、热销榜等榜单。通过榜单加标签多种筛选方式，为群众提供精准、高效的找房、选房服务，并提供一键导航、在线咨询、房贷计算、智能推荐、意向房源标注等便捷实用工具。

（三）服务一站集成，多元配套购房贴心简便

系统围绕房产交易过程中的实际需求，提供相应的配套服务。政策资讯一键直达，提供房地产市场有关政策法规、办事指南等资讯；金融服务线上申请，提供在线向金融机构申请住房贷款、线上带押过户等服务；价格评估在线预约，引入合规第三方提供价格评估，保障交易双方权益；交易情况自助查询，直观了解租售价格走势；评价信息一屏了

解、环境、服务、区位等多维度评价随时了解；宽带产品在线办理，通过与通信运营商互动，实现宽带套餐服务在线查看和咨询。

（四）产证全程网办，流程重塑办事高效省力

重塑业务全流程，通过"一件事"集成服务模式将税款缴纳、不动产权证办理、银行他项权证办理、水电气视开（过）户整合至"一网通办"平台。依托电子证照和材料互认共享，公积金中心、住房置业担保公司、银行、开发商与审批部门联动，后台通过"数据归集、证号关联、信息共享、自动核验"完成部门联办，有效提高审核效率。将缴纳环节需支付的税款与不动产登记费合并为一笔订单，购房人只需要进行一次扫码支付，即可缴纳不动产登记中涉及的税费，后台自动分库入账，全链实时监管。利用人脸识别、电子签名、音视频双录等技术手段，太仓市在全省率先实现房产交易从网签到水电气视过户的全程"不见面"掌上办。

三、做法成效

（一）零跑动不见面，提升服务满意度

住建局"房产交易系统""资金监管系统"，资源规划局"不动产登记系统"，税务局"金税三期系统"和国家电网的"供电营销系统"等4个部门的5个业务系统实现数据互通、业务协同，各部门根据业务需求精准共享数据。依托省、市政务服务中台，实现身份证、户籍簿等证照自动调用，打造不动产业务"全程网办""掌上办"新模式，实现减

材料81.2%、减环节87.5%、减跑动100%。2023年1月至2024年3月底，一手房住宅线上全程不见面14 772件，占比45.2%，存量房住宅线上申请办10 418件，占比95.2%。全程网办件中涉及非太仓市户籍人员36 809名，其中上海户籍人员2 570名，不动产异地办件更加便捷，"好差评"满意度100%。

（二）降成本提效能，优化营商环境

系统通过"线上有渠道、线下有窗口"的方式，打破传统依赖房产经纪机构的交易模式，满足交易双方自主发布、自主交易要求，增加交易双方的选择空间，提升房产交易的效率，为买卖双方提供更为自主、便捷的交易体验。打造线上交易渠道，房源认证、房价透明，实现从挂牌到贷款、过户到入住全程"一网通办"，不仅降低购房成本，节约交易时间，同时也有效解决了存量房交易中信息不对称的问题，推动房产交易更规范、更安全、更高效，进一步优化营商环境，提高市场活力，为经济发展注入新的动力。

（三）强协同重集成，推动一网通办

太仓市制定《太仓"置业一件事"实施方案》，明确各部门职责、各环节流程，打破数据壁垒，通过强化信息协同、事项集成、流程重塑，促进减材料、减环节、减时间、减跑动、减成本、提效率、免证办。实现跨系统协同办、跨行业一网办，推动"碎片化部门"走向"整体性政府"，加快"整体性政府"转型"数字化政府"，从源头解决系统互通、数据共享问题。畅通数据资源大循环，通过数据分级管理向相关部门提供数据支撑，方便企业群众办事。同时做到数据有序回流，不断丰富数据关联关系，为提升政务服务和社会治理能力提供精准化、智能化的数据支撑，打造高质量政务服务。

案例点评

> 如何通过数字化手段让市民置业更简单、更安全？太仓市行政审批局坚持问题导向和目标导向相结合，打造掌上的新型涉房服务平台，实现市民"一触之间，看百家楼，办全部事"，有效解决了置业办理中信息不对称、流程复杂烦琐等问题，实现了置业各事项的集成办理，进一步提升群众办事便利度。

苏州工业园区"知社区"数字化平台

【引言】 习近平总书记强调:"基层强则国家强,基层安则天下安,必须抓好基层治理现代化这项基础性工作。"党的二十大报告作出"完善网格化管理、精细化服务、信息化支撑的基层治理平台"的重要部署。苏州工业园区深入贯彻落实党中央、国务院关于数字政府、数字社会建设的有关决策部署,率先开展基层治理数字化转型改革,推进基层治理体系与能力建设现代化。

【摘要】 作为全国开发区产城融合发展的样板区域,同时也是全国和谐城区建设示范城区、全国社区治理和服务创新实验区,苏州工业园区始终坚持像重视经济发展一样重视基层治理体系和治理能力现代化建设。根据国家九部委《关于深入推进智慧社区建设的意见》等文件要求,园区顺应数字化时代带来的新趋势新机遇,从推进大数据在社区应用、拓展智慧社区治理场景、强化数字技术赋能基层治理等重点任务入手,创新打造了"知社区"数字化平台,建立了满足区、街、社共享使用需求的"社区治理公共数据资源库",不断强化"数字"支撑、"数智"分析、"数治"实战,以数字化、信息化、智能化助力社区数据共享赋能、社区工作减负增效、社区治理创新创优。

【关键词】 基层治理;数字化改革;知社区;数据共享

扫码看VR

苏州工业园区"知社区"数字化平台紧扣问题导向、需求导向，以"为社区减负、赋能、增效"为目标，解决了基层社区数据汇而不聚，社区治理主体联而不通，社区信息采集难、维护难，基层工作负担重、管理效率低等难题，获得了基层社区和上级有关部门的充分认可。2022年以来，先后获评"江苏基层社会治理创新成果""江苏民政数字化转型最佳应用"2项省级荣誉，"苏州市城乡社区治理创新案例""全市高质量民政事业发展创新成果"2项市级荣誉，并获得《人民日报》《中国民政》《苏州新闻》等官媒平台数次报道。

一、建设背景

苏州工业园区"知社区"数字化平台建设之初，深入全区5个街道、180个社区开展多轮循环调研，重点收集基层减负和信息化平台在基层运用中最突出的问题。

（一）基层需求对接不充分、反馈机制不完善

数字技术在基层的应用没有结合街镇居村的实际情况进行在地化调整，更多的是行政体系自上而下干预的结果，不利于基层进行社会动员和数字社会系统建设。在数字信息系统设计和建设过程中，职能部门一般从自身业务需求角度出发，难以考虑到基层对数据及时更新、因地制宜拓展相关功能、开展数据综合应用等方面的需求，对基层实践需求对接不充分，基层工作人员在日常使用时发现的问题也难以反馈，导致系统建成以后难以根据基层需求进行更新升级，系统的针对性、数据的指向性与基层治理存在偏差，无法形成"基层反馈—职能部门改进系统—

基层应用—基层再反馈"的良性循环。

（二）基层业务系统多、行政负担重

由于科层架构、职能分工、权力分割等现实因素，业务部门单独自建系统，造成基层人员管理的平台较多、基层干部疲于应对现象较为普遍，基层需通过多次输入的重复劳动做好各系统的数据采集上报，但因多重填报、口径不一，反而导致基层数据资源存在底数不清、质量不高、完整性不足等问题。急需统一录入端口，实现数据一次采集、多方使用。

（三）基层数据共享难、工作压力大

由于各条线业务系统的承建公司、运维单位各不相同，系统技术数据等标准不一，尚未建立信息互通、资源共享、数据联动机制，出现采集数据者、需要数据者无数可用，而大量向上汇聚的数据闲置无处可用的状况，基层工作过程中产生的数据无法发挥辅助基层治理和公共决策的作用。亟须打通数据共享共用渠道，为社区开通调取使用数据的权限，将部门专属资源转换为社区共用资源。

（四）基层便捷工具少、管理效率低

基层治理面广、业务繁杂、事项琐碎，且大多数工作具有一定时效性，基层效能提升尤为重要，但目前基层在用的数字信息系统，大多用于填报上传数据，真正用于提升工作效能、支撑社区善治的反而很少，导致基层往往还在利用EXCEL等传统软件来管理社区信息，无法借助信息技术提升工作效率。亟须构建便捷化信息服务工具，为解决"最后

一公里"问题、提升基层效能铺设"快车道"。

二、功能运用

（一）用"数据赋能"，在基层负担上做"减法"

1. 精简归并数据录入，实现"有数可用"

平台构建了满足区、街、社三级共享使用需求的"社区治理公共数据资源库"，将原本分散独立的社工、社区、人口、房屋、社会组织等全要素信息进行电子化收集、标准化管理、智能化利用，并支持一键导出生成电子台账，提升数据一致性、可用性的同时，最大限度减少重复性材料报送和报表填报，在全面摸清基层数据资源家底的同时，各层级随时一键查询，推进数据一次采集、资源多方共享。

例如，社工队伍、社区要素等基础信息，经常需要报送园区相关局办和省市部门，"知社区"平台统一录入端口、录入规范、共享路径，实现社区信息统一采集、分类归集、科学管理、集中报送，基层数据社工实时动态更新，多级相关部门随时检索，大幅减少台账报表、提高数据准确率。

2. 打通交换共享渠道，实现"有数好用"

根据基层服务群众需要，从源头集中开展业务条线数据的全量化汇聚、标准化治理、场景化应用，常态化对接公安、卫健委、民政等相关局办单位，常态化共享户籍人口、重点人群、社会救助对象等 36 项业务数据资源，构建违规车库住人、仍在居民库的已死亡人口、不在居民库的民政对象等10余个应用场景，助力基层社工更新数据从"铁脚板采"转变为"以核代采"，不断核实校正精准鲜活的基层数据资源。同时设置社区资源、民政对象、重点人群3大类33小类的人员标签和居民信息条件、居民信息管理等2大类19小类的查询项，向基层开放，供基层使用，支撑基层准确锚定各类服务对象提供专业化、特色化、精准化服务。

例如，通过对接卫健委的老年人健康体检、居民健康档案、慢病患者等数据，社区可以有针对性地推进老年人健康体检、居民健康档案补建工作，有效保障重点人群享受基本公共卫生服务。

3. 拓展数据应用场景，实现"数尽其用"

建立多方校准、关联反馈的数据碰撞使用机制，通过数据清洗比对、智能分析、价值提炼，形成覆盖园区全部实有居民的精准鲜活的"数字底座"、百万级社区公共权威数据资源，并将"知社区"平台数据资源100%共享至园区"智能中枢"，并按照数据属性管理，分类提供给10余个业务部门单位应用，助力园区各条线业务管理工作的高质量开展。

例如，园区法院通过共享使用"知社区"平台房屋、居民等数据后，便捷化了解各街道社区的社会治理类案件分布情况，准确计算各街道基层治理法治指数等指标，助力于为园区街道社区和居民提供更加精细高效的司法服务。

（二）用"场景驱动"，在服务基层上做"加法"

1. 实施敏捷开发，注重需求响应

创新采用敏捷开发模式，需求提出一个响应一个、功能开发一个上线一个，建立面向基层的需求跟踪和问题反馈机制，在"开发—试用—优化"中不断循环往复，迭代提升用户体验、功能实效，解决传统开发模式无法根据应用场景变化拓展功能的问题，强化系统建设的实用性、前瞻性和可扩展性，持续跟踪回应用户痛点、难点和堵点。

例如，社区在对辖区内流动人员进行维护管理时提出，居民搬迁后，删除该居民信息的同时提供信息保存，以便后续该居民再次流入时无需重复录入。接到需求后，平台1天内完成功能开发，为基层社区便捷化维护居民信息、精准化掌握居民底数、灵活化管理流动人口提供技术支撑。

2. 强化数据应用，实现精密智治

发挥基层社区数据资源多元、应用范围广的优势，在全量化汇聚、标准化治理的基础上，加强社区治理基础信息数据的智能分析，深度挖掘数据分析结果与服务应用场景的关联，为社区开展精细化治理、精准化服务锻铸"最硬内核"，为政府科学决策、靶向施策提供"一手信息"。

例如，基于"知社区居民数据底座"，以居民生命周期为轴线，形成一体化居民身份标签图层，一屏统览居民数量、结构、分布等多维度情况，有效甄别失能老年人、未成年人、妇女、精神障碍患者等重点人群、特殊人群,为精准有效回应不同个体、不同群体的不同诉求提供数据支撑,改变了传统社区治理中"经验决策"的思维方式。基于大数据分析研判,全面提升社区监测预警、主动发现、即时干预、分级处置的能力水平,满足多元化服务需求。

(三)用"技术创新",在基层治理上做"乘法"

1. 打造服务工具,提高工作效率

改变原有社工"铁脚板扫楼"现状,联合基层社区人员形成"大数据+铁脚板"工作机制,集成GIS地图、OCR智能识别、移动端"扫楼助手"、社民互动助手等多种智能工具,将信息化和"铁脚板"进行强有力结合,提高社工工作效率,提升社区服务效能。同时创设社工在线学习平台——知社区·空中课堂,为全区社工提供党建引领、法治解纷、社区治理等优质培训课程,通过汇聚专业化培训资源、打造互动式分享体验、塑造可视化学习档案,满足社工多样化、个性化学习需要,为社工综合素质和服务能力双提升充电赋能。

例如,充分考虑常态化管理和应急管理动态衔接的实际需求,平台率先推出了全省首个"扫楼助手",改变基层"铁脚板扫楼+笔杆子记录"的现状,社工在走家串户中随时可以"按人、按楼、按图"查询,更新居民信息。借助居民身份证、户口簿信息智能识别功能,社工采集居民信息从"手写"变为"智读"。

2. 精简业务流程,强化共建共治

立足精简高效定位,梳理全口径业务,借助信息化推进基层民主自治、五社联动、专业社会工作服务、社情民意联系日活动等业务流程智能化再造、闭环式管理，实现治理流程由繁到简、指导监督贯穿始终，推动多元自治力量互联互动互促。例如，将"五社联动"项目化工作体系进行智能化再造，覆盖项目采购前社区需求收集、评审决策，项目实施中社会组织承接、实施过程，项目结项后社区党组织绩效评估全流程，推进五社联动项目从结果公开向全程公开转变。

三、做法成效

平台从应用场景出发，建成了一批"管用好用、实战实效"的跨场景功能，其构建的社区资源库为科学决策筑起"蓄水池"，创设的智能工具为社区减负铺设了"快车道"，简化的业务流程为多元参与开辟了"直通车"。上线至今，平台已汇聚 2 000 余个社工、180 个社区、36 个工作站、21 个民众联络所、128 万居民、63 万户籍人口、46 万余套房屋、2 000 余个社会组织、1 000 余个五社联动项目等全要素信息，满足园区各业务局办、各街道、各社区、各社会组织使用需求。

具体成效如下：

（一）社区工作减负增效

园区搭建基层一体化平台，开发移动手机终端，从源头到末梢实现"社区、社工、人房"等全要素数据一网采集、一键上报，解决基础信息多头管理、重复填报等问题，将"基层报送"转为"部门提取"，变"重复录入、多头上报"为"统一采集、共同使用"，让智能工具减轻工作负担，通过强化信息归集流转、简化业务流程环节，从小切口入手扎实推进"靶向减负",切实做到为基层"松绑解压"、赋能增效。

(二)社区治理创新创优

借助信息化、标准化再造基层民主自治、五社联动、社情民意联系日等业务流程,构建基层治理完整链条,拓宽多元主体参与社区治理的数字化通道,引导多元自治力量良性互动,实现高效能治理与充满活力的社区自治机制、多元融合机制、社区服务体系相得益彰,激发社区共商共治、共建共享新活力。

(三)社区数据共享赋能

把职能部门掌握的数据和基层工作人员采集的数据集中起来,构建了满足区、街、社三级共享使用需求的"社区治理公共数据资源库",并围绕数据汇集、共享、应用打造相应功能,包括**数据汇集功能**,常态化共享各部门36项条线业务数据,将12大类、50余个子类、500余项数据电子化、规范化。**数据返还功能**,将已归集的百万级社区公共权威数据资源,对下下放到街、社一级,支持综合多维度查询条件进行数据脱敏导出,满足基层高频数据需求;对上共享给园区公安局、组织部、行政审批局等10余个部门,通过数据分类、分级、分权限共享,破解数据共享难题。**数据应用功能**,共打造人均居住面积低于12㎡的出租房、违规车库住人、仍在居民库的已死亡人口、不在居民库和户籍库的民政对象、不在居民库的参加健康体检老年人、不在居民库的业委会成员等10余个应用场景,对下助力基层在人员排查、精准服务等工作中提质增效,不断核实校正精准鲜活的基层数据资源;对上助力各部门业务管理高效开展,营造了社区动态数据自下而上、部门专业数据汇集共享的大数据应用开放新格局。

案例点评

苏州工业园区秉持"为用而开发"的建设初心,从基层治理场景和社区工作实际需求出发,创建了跨部门、多层级共建共享的"知社区"数字化平台,为党委政府和参与社区治理的相关部门提供了数据参考的决策平台,为社区工作者提供了高效便捷的工作平台,为多元力量提供了共建共治共享的协同平台,着力构建了全域统筹、管理精细、服务精准的现代化社区治理体系。

第六篇 推进数字生态文明系统建设

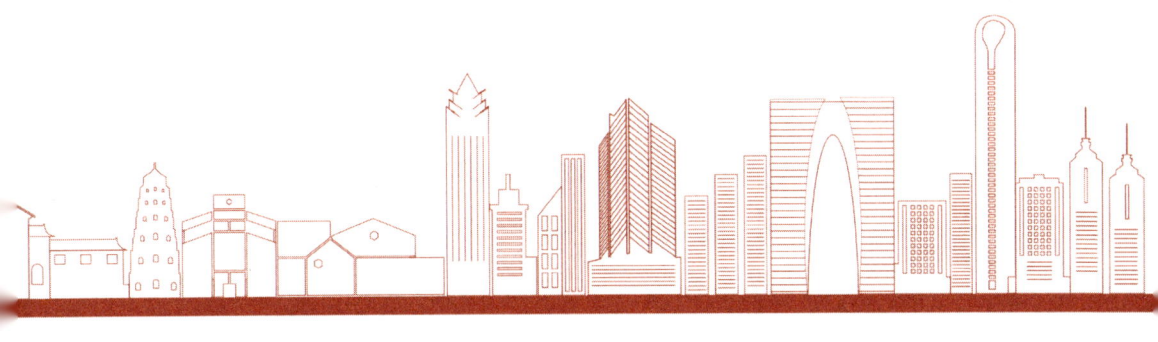

苏州市企业环保自查自纠服务平台

【引言】 《中共中央 国务院关于全面推进美丽中国建设的意见》指出："建设美丽中国是全面建设社会主义现代化国家的重要目标，是实现中华民族伟大复兴中国梦的重要内容。"并明确提出："实施国家环境守法行动，实行排污单位分类执法监管，大力推行非现场执法，加快形成智慧执法体系。"

【摘要】 苏州市生态环境局通过对企业日常环境管理内容反复研究打磨，梳理了 263 个日常环境巡检项和 77 个提醒项纳入自查自纠平台。平台自 2023 年 11 月 1 日正式上线后，通过在苏州电视台、地铁换乘站、户外电子屏等投放公益广告，引导和鼓励企业免费使用。企业普遍反映：平台好用、有用，喜称之"环保宝"。截至 2024 年 4 月底，全市已吸引 **1.2 万家** 企业自主申请使用，共设置自查二维码 **5 万余个**，开展自查近 **1900 万次**，及时发现并自纠异常情况达 **4.3 万个**（次），平均每天约 **300 个**（次），平台 22 天查纠的问题数相当于全市执法队员全年发现的问题数。企业通过第一时间发现问题和解决具体问题，不仅减少了污染排放，也及时治理了环境隐患、降低了法律风险。

【关键词】 企业；生态环境；自查自纠；服务

扫码看VR

为贯彻《中共中央 国务院关于全面推进美丽中国建设的意见》实施"国家环境守法行动"的要求，落实苏州市委市政府优化营商环境促进经济社会高质量发展的有关部署，促进企业环保合规建设，拓展提升生态环境执法监管能力，市生态环境局经过认真调研，创新建设"苏州市企业环保自查自纠服务平台"（简称"自查自纠平台"），帮扶1.2万家企业，不仅保障企业进一步规范环境管理，提升本质治污能力，远离法律红线，而且有效提升了生态环境非现场执法监管的精准性和科学性。

一、建设背景

（一）企业细化落实法律法规不到位

生态环境领域已有法律42部、法规32部、部门规章86部、环境标准2140项，企业排污许可要求内容多、信息量大、专业性强，企业掌握与其相关的环保合规性要求难度大，缺乏一个能将各项环保制度措施串联并产生"化学反应"的"催化剂"。

（二）缺少事前指导帮扶有效手段

分析近三年企业环境违法情况，发现企业易发频发的环境问题缺乏规范指导和及时提醒，需要一种高效的信息化手段，在违法行为发生前，及时指导和提醒企业依法依规运行，防患未然。

（三）环境执法部门"人少事多"

苏州作为全国的经济大市，工业企业超16万家、规上工业企业超

1.3万家,而全市生态环境一线执法人员不足280人,一线执法人员经常处于夜以继日的工作状态,按照传统"铁脚板式"的执法方式,执法监管难以达成全面覆盖。

(四)精准治污能力亟待提升

保证有限的执法力量精准辨识和打击恶意排污行为,首先需要借助信息化手段携手企业共同筑起社会化、普惠化守法新格局,在此基础上,通过数据融合比对,才能够更加高效地非现场捕捉恶意违法线索。

苏州市生态环境局经过走访调研、迭代思维、创新思路,研究开发自查自纠服务平台,帮扶企业更加高效便捷地自我体检、自我保健,主动合规运行,环保管理由"靠人盯"向"靠数据治"转变,从靠"执法监管"向"执法监管+自我诊治"转变。

二、功能运用

(一)聚焦企业落实环保要求更规范

为解决部分企业对生态环境法律、法规、标准等要求拿不准、吃不透等问题,对企业日常环境管理内容反复研究打磨,秉持具体化、通俗化、精准化的理念,自查自纠平台梳理纳入了263个日常环境巡检项和77个提醒项。

(二)聚焦企业使用服务平台更便捷

一方面平台只需通过苏州市生态环境局微信公众号或苏商通进入即

可使用，无需安装或后续更新手机应用软件。另一方面，企业根据治污设备，可以个性化选择定制巡检事项和内容，平台据此向企业发送巡检任务，提醒企业开展巡检，确保巡检内容符合企业实际需要。此外，企业可根据自身情况在平台中增减巡检项（不限于环境保护方面），自主拓展自查自纠平台功能。

（三）聚焦企业污防设施运行更高效

当前，企业污染防治设施带"病"运行，"出工不出力"甚至因故停运等情况仍时有发生，自查自纠平台将各类治污设施运行参数、运行状态、维护周期等方面的具体化要求列入自查项，通过系统自动推送，督促或提醒企业落实好自查任务，可以很大程度上保障污染防治设施正常甚至高效运行，达到消减污染物的目的。

（四）聚焦企业环境风险防线更密实

环境隐患排查治理是保障环境安全的重要防线，在开展隐患排查治理方面，企业限于自身管理水平、技术能力、人员素质等因素，往往达不到预期效果，排查流于形式。自查自纠平台自查项涵盖了企业环境安全隐患排查的各项内容，通过推送巡检任务，督促企业自我排查关键点位，助力企业事前预防和及时排除环境安全隐患。

（五）聚焦企业落实合规治理更有效

平台已经具备协助企业落实合规治理的功能。事前，通过平台推送法规政策、典型案例讲解等内容，普法释法，警示教育企业自觉守法；事中，针对符合合规治理条件的违法行为，鼓励企业制定合规计划、作出合规承诺，并利用自查自纠平台积极落实整改；事后，通过平台跟踪回访、指导完善内控机制等，引导企业强化法律意识，推动企业规范守法经营，防止再次发生违法行为。在执法事前、事中、事后全过程中，充分发挥平台功能，引导企业防范违法风险，给予违规企业"悔过改过"的机会，让环境执法既有力度又有温度。

三、做法成效

平台自 2023 年 11 月 1 日正式上线后，通过在苏州电视台、地铁换乘站、户外电子屏等场所投放公益广告，引导和鼓励企业免费使用，取得了优异成绩。企业普遍反映平台好用、有用，喜称之"环保宝"。**一是企业环境风险逐步走低**。截至 2024 年 4 月底，全市已吸引 1.2 万家企业自主申请使用，共设置自查二维码 5 万余个，开展自查近 1 900 万次，及时发现并自纠异常情况达 4.3 万个（次）。企业自查异常情况占比从 1.5%下降到了 0.5%。**二是企业环境管理成本降低**。使用免费的平台后，聘请第三方环保管家的企业数量由 52%降至了 19%，平均每年为企业节省环境管理成本约 1 亿元。**三是执法效能大幅提升**。由传统模式的 280 名执法人员，扩展到企业参与员工 43 000 多人。执法人员平均每天约发现 18 个问题，而使用平台平均每天可以发现 300 多个问题。自查自纠平台 22 天发现问题量相当于全市执法队员全年发现问题量。

苏州在建立企业环保自查自纠服务平台的过程中，也获得了以下的经验启示。**一要坚持依法监管、有效服务**。生态环境部门要处理好外部约束和内生动力的关系，在重监管的同时加强服务，为企业提高环保管理水平提供可靠有效的实施途径，推动企业由"被监管"向"自主管"转变，促进企业绿色稳健发展。**二要坚持创新推动、协同并进**。紧跟时代步伐，顺应实践发展，深化数字技术运用，使环境监督执法的思路从传统人盯人查、现场执法的窠臼里跳出来，由政府部门"执法监管"转向企业"自我诊治"，以生态环境高水平保护促进经济社会高质量发展。**三要坚持系统治理、分类施策**。环境监管既要敢于"切一刀"，更要防止"一刀切"，要善于总结规律，将大量企业的管理分解为若干类型企业的管理，细化针对性管理标准和要求，坚持精准治污、科学治污、依法治污，才能有效提升监管部门执法效能。

案例点评

在帮助企业提升环保管理能力的工作实践中，苏州市生态环境局首创"苏州市企业环保自查自纠服务平台"，让企业实现环境问题"早筛早诊早治疗"，是绿色助企的重要举措，是构建苏州市生态环境治理"共建、共治、共享"格局的有力尝试。

高新区工程渣土"一码一单"管理应用

【引言】 渣土运输作业是城市建设发展中不可避免的一环，渣土监管面临渣土运输频次多、动态信息掌握难、溯源调查成本高等管理难点问题。近年来，高新区深入学习贯彻习近平生态文明思想和习近平总书记关于污染防治的重要指示，进一步落实《中华人民共和国固体废物污染环境防治法》《城市建筑垃圾管理规定》相关要求，准确把握"渣土管理工作一头促建设促发展、一头优环境优秩序"的方向定位，积极探索、大胆实践，不断强化行业监管、提升治理效能。为此高新区建设工程渣土"一码一单"管理应用，初步形成了具有特色的工程渣土治理新路径。

【摘要】 该应用基于三端载体，通过管理小切口，创建数字台账，生成电子运单，预警监管闭环，落实共管共治。实现渣土管理数字化流程再造，达到了赋能服务社会民生、提高渣土监管效能、深化数据融合应用等一系列成效。

【关键词】 城市管理；工程渣土；数字化；智能预警。

扫码看VR

一、建设背景

近年来,我国加速推进城镇化,建筑垃圾排放量越来越大。苏州作为较发达区域,城市发展迅速,建设总量大。目前苏州市高新区面临的工程渣土问题主要体现在以下五个方面:

一是渣土运输频次多。全区年均出土工地102个,运输车辆1150辆,运输频次20余万次,现有人员力量薄弱,无法做到每车次检查。

二是动态信息掌握难。一个工地对应多个消纳点,一辆渣土车同时承运多个项目,申领多张处置证,是否按审批定点消纳全靠企业自觉,管理部门难以掌握每车次的动态实时信息。

三是溯源调查成本高。违规倾倒案件需要公安、交通、城管、住建等部门联动,调阅比对大量的监控,缺乏高效完整的信息链条,使得溯源调查取证难、时间长、效率低。

四是主体责任落实不到位。建设、施工单位思想认识不够,缺乏对自身项目产生的渣土全过程负责的意识,普遍存在"一包了之"现象。

五是数字化监管手段不足。统撒网式巡查存在全时段监管执法能力有限,渣土问题信息不完整,运输企业、司机责任意识淡薄等问题,无法做到应查尽查。

市、区两级相关政策对渣土管理提出了更高的管理要求。为积极响应政策要求,全面提升渣土管理成效,进一步增强高新区城管系统在建筑垃圾管理方面的履职尽责能力,规范工程渣土处置核准工作,提升高新区营商环境,并基于对目前区内工程渣土运输作业现状的分析,亟须借助信息化手段,解决渣土管理中的重难点问题。

二、功能应用

为有效解决工程渣土的源头问题，苏州高新区着重在精准管理出消行为、数字化管理出消台账、落实管理责任等方面进行了尝试，开发了苏州高新区工程渣土"一码一单"管理应用，主要建设功能如下：

一是创建数字管理台账。通过"一工地一码"，汇聚工地基础信息和市区审批备案信息。根据运输出消情况，实现工程渣土相关的工地建设信息、工程渣土产生量、审批信息在内的工程名称、建设单位、施工单位、渣土备案数量、渣土处置证许可数量、消纳地点信息、处置证信息等数据的实时、动态管理。汇聚建设工地、渣土处置备案和准运许可等信息，赋予每个出土工地一个二维码，后续每次出土前，通过扫码填报信息，实现出土消纳实时管理，自动形成准确、完整的动态数字台账。

二是创新电子运单模式。每辆渣土车离开出土工地前，扫码填报相关信息，系统会自动抓拍并比对审批信息，生成电子运单，实现"一车一次一单"。到消纳工地后，也会通过抓拍比对完成运单，可以精准掌握每车次动态"出土—运输—消纳"全过程行为。从原有的一车多证的粗放式管理转化为精细管理每一次运输行为，形成每次运输从出土到消纳的闭环管理。

三是打造预警闭环监管。通过智慧工地探头抓拍、自动比对、全球定位系统（GPS）实时轨迹，对未经审批、未按规定路线行驶等违规行为，进行预警信息实时推送，建设和施工单位以及执法人员接收预警信息并核实后，由相关监管部门进行闭环处置。针对常见问题预设预警范围，并将预警信息通过工单系统分类推送至住建、城管、交警等行业监管部门进行处置，形成执法闭环。

四是完善落实共管共治。由施工单位明确专人负责，全量填报出消土信息，接收预警信息，掌握作业态势，压实建设、施工单位的全链管理责任。各管理部门通过"行政＋市场"的手段，惩戒违规企业，引导渣土处置各环节落实责任，自觉规范行为。

五是一图总览工地情况。将工地各个方面的数据和信息整合到一张图中，使管理者能够快速、全面地了解工地的整体状况。

六是融合跨区信息数据。复用苏州建筑垃圾数字化监管平台能力，实时与市平台进行工地、运输单位、运输车辆及电子联单信息同步，并及时与区平台融合，拒绝做"信息孤岛"。

三、做法成效

一是目前，全区范围内已推广至110个出土工地及65个消纳地点，实现了工地数据的全面覆盖。与此同时，新区平台与市监管平台实现数据无缝对接与深度融合，极大提升了监管的广度与深度。

二是在渣土车离开工地和进入消纳点前，司机需扫描"一码"填报相关信息，确保通过"一单"即可精准追踪每车次从出土到运输再到消纳的全过程，实现了运输过程的全面监管，有力推动了"一单运行"模式。截至目前，随着区电子运单与市电子联单的融合，累计填报了超2.2万条数据。

三是赋能出土工地监控系统，自动抓拍渣土车的出车情况，并即时与"一单"（运输联单）和"三库"（车辆库、工地库、消纳点库）进行精准关联。能够快速识别异常行为，自动生成预警信息，并即时下发至相关板块进行高效处置。大幅提升了监管效率，更为渣土管理的闭环流程提供了坚实的技术支撑，确保了渣土运输的规范与安全。

四是为加强交流机制与数据融合，区平台积极与市平台进行数据同步，截至目前已完成建筑工地、消纳点、运输车辆、运输单位及电子联单等数据，合计超 2.2 万条。

案例点评

苏州高新区工程渣土"一码一单"管理应用基本做到了建筑工地底数清、渣土运输全过程监管。经过试运行验证，该平台能够有效解决高新区渣土运输监管过程中的问题。主要从三个方面体现：

一是切口小，该平台找准源头管理小切口，通过多层级构建管理业务实现事前管理，基于多途径保障运输合规并完成事中监管，应用多方式实现问题事后溯源和渣土监管数字化流程再造。

二是应用巧，工程渣土"一码一单"管理应用通过多场景功能应用，支撑渣土业务实现从车辆资质到每一次运输记录的精准管理。对违规问题精准追溯，提供实战研判能力，快速分析告警问题，精准定位责任源头。同时提供企业服务，解决了渣土运输资源调配多次线下申请的问题，车辆扫码申报登记后即可出发运输。

三是效果灵，主要体现在三个方面。首先是平台建设赋能服务企业居民，简化渣土运输申报流程，减少了渣土事件投诉数量，提高居民满意度和幸福感。第二点是提高渣土监管效能，服务多个应用场景，掌控出消源头，监管区内和过境的运输车。第三点是支撑部门数据协同，将多部门数据进行互通，汇聚全量数据，同时通过分类监管快速溯源，提高处置效率。

姑苏区餐饮油烟"码上洗"服务系统

【引言】 习近平总书记指出"要全面贯彻网络强国战略,把数字技术广泛应用于政府管理服务,推动政府数字化、智能化运行,为推进国家治理体系和治理能力现代化提供有力支撑。"数字政府是技术革命时代政府治理改革发展的结果。为贯彻落实习近平总书记对于数字政府建设的指示精神,姑苏区创新研发餐饮油烟"码上洗"服务系统,通过非现场监管的方式服务餐饮企业、赋能餐饮油烟的治理。

【摘要】 为了更好地服务餐饮企业,促进环境持续改善,姑苏区创新开拓非现场监管方式,研发了餐饮油烟"码上洗"服务系统。通过强化落实企业主体责任,规范运行净化设施,解决了餐饮单位油烟净化装置使用不规范、清洗不及时等问题,真正做到了自主注册填报、系统自动及时提醒、无事不扰守法商户、全时段在线监管,减轻餐饮企业被检压力,变"单向管理"为"双向共治"。截至目前,"码上洗"服务系统已经推广注册餐饮用户900余家,在优化营商环境的同时也提升了管理效能,不断助力餐饮行业绿色健康发展。

【关键词】 餐饮油烟;自助上报;逾期提醒;非现场

扫码看VR

"码上洗"服务系统投入使用一年多以来，惠及姑苏区2 900余家餐饮企业，在提升管理效能、优化营商环境、减少油烟污染排放等方面取得显著成效。这种提醒式监管破解了城市餐饮油烟污染"老大难"问题，在《中国环境报》（2023年3月1日03版）中被作为优秀案例进行宣传报道；2023年7月7日，生态环境部调研姑苏区餐饮企业油烟治理工作，也对姑苏区餐饮"码上洗"服务系统给予充分肯定。

一、建设背景

（一）餐饮油烟污染问题日益凸显

姑苏区是全国首个也是目前唯一一个国家历史文化名城保护区。随着姑苏区"退二进三"产业结构优化调整，以餐饮业为重要组成部分的第三产业迅速发展。据统计，姑苏区现有各类餐饮单位近5 000家，其中涉及油烟排放的餐饮商户超过3 000家。遍布大街小巷的餐饮店，在提供饮食服务的同时也引发了油烟、噪声等环境污染问题。与此同时，随着生活水平的提升和环境保护意识的增强，人民群众对餐饮油烟排放污染也更加关注，与餐饮油烟扰民相关的投诉信访占比增大。

（二）个别餐饮业主环保意识不强

个别餐饮业主对油烟排放扰民问题不重视，一方面存在饮食烹制前不能及时开启油烟净化设施，油烟净化设施形同虚设的情况；另一方面，油烟净化设施清洗不及时，会导致油污黏附较多，油烟净化器净化效率降低，难以起到有效净化效果，造成餐饮油烟排放污染现象。

（三）环境执法监管效率低成本高

餐饮业基数偏大、现有环境监管力量偏小，环境执法监管效率较低，难以做到全覆盖；现有法律法规设定的行政执法成本较高，对环境违法行为难以形成有效震慑。

（四）传统纸质报告商家难以保管

《苏州市餐饮业环境污染防治管理办法》规定餐饮企业需保存油烟净化装置的清洗维护报告6个月，传统纸质报告难以长期保管，给商户造成额外负担。

二、功能运用

为更好服务餐饮业绿色健康发展，促进环境质量持续改善，姑苏区创新研发餐饮油烟"码上洗"服务系统。

（一）自助注册，突出"便民"

餐饮业主通过"惠姑苏"APP点击直接进入"码上洗"，无需下载、更新。随后选择商户信息，进入注册界面填写简单基本信息，即可注册成功。注册后实现资料电子化，商户信息自动生成商家专属二维码，一码可查全部信息。使用过程中，餐饮单位也可通过扫二维码的方式留存清洗照片等台账记录，方便自我管理。

（二）逾期提醒，突出"服务"

管理人员可在管理端对商户上报的清洗信息进行查看，针对逾期商户，分别在10日、7日、3日前予以短信提醒；发生逾期后，通知属地街道，进行现场提醒，做到精准管理，规范并减少现场检查。姑苏生态环境局把这种提醒式监管作为一种不干扰餐饮企业正常经营的监管手段，也是对现场检查的重要补充，助力餐饮行业持续健康发展。

（三）分类管理，突出"精准"

餐饮种类众多、餐饮商户大小规模不一，不同店铺的实际油烟排量有很大差别，因此"码上洗"服务系统对全区餐饮服务业进行科学分类，按照油烟产生量将油烟净化设施清洗频次分级分类设置。例如，重油烟的烧烤、油炸店铺，大型餐饮等油污较重的餐饮商户，就需要在系统设定2个月的清洗周期，来减少油污积累对油烟净化装置净化效率的影响，普通炒菜等一般餐饮店一般需设置3个月的清洗周期，而包子铺、无油炸的早餐铺等轻餐饮则设置6个月的清洗周期。与此同时，管理人员可通过管理端查看当前每日注册数、已清洗数、检查数、逾期未上报商户数以及各街道月度统计情况，对商户的清洗情况实时掌握，为决策提供数据支撑，实现精准管理。

三、做法成效

（一）优化餐饮行业营商环境

注册、使用该服务系统，可减少对餐饮单位的检查频次，做到对守法业主"无事不扰"。目前，姑苏区"码上洗"累计注册2 900余家。服务系统使用过程中，餐饮单位可通过扫二维码的方式留存清洗照片等台账记录，对于清洗周期临近的商家，程序后台会进行提醒，督促其及时清洗，方便企业自我管理。姑苏生态环境局将非现场监管作为对现场检查的重要补充，是一种不干扰餐饮企业正常经营的监管手段，通过规范并减少现场检查，做到无事不扰，对于营商环境的优化将起到越来越重要的作用。姑苏生态环境局还把"码上洗"服务系统作为普法宣传的又一个重要阵地，从企业注册开始就让企业当守法的明白人，清楚经营活动中应该做什么、怎么做、违法成本是多少。针对部分对油烟净化设备认识不足、微信端操作不熟练、注册困难的商户，执法人员会主动上门，手把手指导商户注册，提高商户注册积极性，从而使服务系统惠及更多餐饮商户，推动行业绿色健康发展。

（二）提升执法监管效能

姑苏餐饮油烟"码上洗"服务系统的开发实现对用户数据进行收集和保存，管理者也可以使用该服务提供的本地存储功能或结合云服务实现数据的存储和管理。"码上洗"服务系统针对餐饮单位数量多、油烟清洗不及时、执法力量少、家家覆盖难等难点，重点解决餐饮单位底数不清、油烟净化器清洗频次不清、反复检查等情况，显著提升了执法监管效能。执法人员通过"码上洗"管理端研判，以非现场方式实施餐饮油烟精准治理、全时段监管；同时，云平台向业主和公众开放，监测数据接受全社会监督，共同提升执法监管效率。

（三）减少餐饮油烟排放污染

"码上洗"投入使用以来，管理和服务效果显著，提升了餐饮企业油烟净化设施的使用率和清洗率，减少污染排放。同时姑苏生态环境局联合姑苏各街道办事处，大力推广餐饮单位使用"码上洗"服务系统，充分利用微信公众号等网络媒介，持续加强餐饮油烟问题相关内容宣传，重点介绍一些先进经验做法和典型案例等，进一步提升餐饮业主对于大气环境保护和油烟净化的重视程度，从源头减少油烟排放污染，不断助力改善区域大气环境质量。

案例点评

"码上洗"服务系统建设以来，实现对餐饮商户的点对点精准管理，提高了管理效能，真正做到业主自主注册填报、系统自动及时提醒、无事不扰守法单位、全时段执法监管，减轻餐饮企业被检压力，变"单向管理"为"双向共治"，为进一步优化营商环境、推动助企纾困、提高执法效能开辟了新途径，更为姑苏区持续改善大气环境质量、深入打好污染防治攻坚战提供新动能。

吴中区"固管通"系统

【引言】 习近平总书记在关于生态文明建设的重要讲话和重要指示中强调，要推动绿色低碳发展，加强生态环境保护，推进环境治理体系和治理能力现代化。吴中区开发使用"固管通"系统，探索固废数字化管理新模式，以"智"促"治"，提升固废治理现代化水平，正是对讲话精神的深入践行。

【摘要】 吴中"固管通"系统在适用固废信息化管理新要求、全区产废单位面广量大且行政管理力量有限、手机小程序普遍应用等背景下启动研发，经过近三年的运行与完善，逐渐成为吴中区固废管理的有力手段，系统通过构建标准数据库，建立政企互通新渠道，简化排查整治流程，完成了企业从粗放式到规范化管理、政企沟通从点对点到点对面、排查整治从材料"堆积如山"到"无纸化"办公的三大转变，提升了行政管理部门的固废管理效能，解决了企业固废管理的共性难题。

【关键词】 固废管理；政企互通；数字化改革

扫码看VR

2021年，吴中区启动开发吴中"固管通"系统，经过近三年的运行与完善，已成为全区固废（包括危险废物及一般工业固废）管理的重要工具，覆盖辖区内2 200多家企业。系统可适配电脑端＋移动端小程序，适用于办公场所及企业现场两种使用场景。建立标准数据库，帮助企业解决固废"怎么管、管不好"的问题；构建政企互通，推动管理部门与企业的高效互动沟通；简化检查流程，实现"无纸化"排查及闭环整改。

一、建设背景

（一）固废信息化管理新要求

近年来，我省不断加快推动固体废物信息化管理工作，针对固体废物的产生、贮存、运输、处置利用等环节，逐步实现全省范围内固体废物的全生命周期监管，固废信息化管理已形成较为成熟的新态势。

（二）产废单位呈现面广量大态势

目前吴中区2 200多家产废单位被纳入省固废管理信息系统管理，但全区环境执法人员仅有20余人，监管人员数量与企业数量相差巨大，同时危险废物的规范化管理、危废领域的安全专项整治成为近年来的常态化工作内容，现有监管力量与上级管理要求均难以覆盖全区产废单位。

（三）智能手机普及与可操作性

目前，我国智能手机已基本普及，手机小程序已普遍运用于工作、生活、学习中，而小程序等软件开发已日趋成熟，这也为吴中"固管通"系统开发、企业普及使用提供良好的基础保障。

二、功能运用

（一）构建标准数据库，适配多场景运用

"固管通"系统建立标准隐患库、法律法规库、固废代码库等数据库，便于区镇两级生态环境部门及企业多维度参与固废管理工作。标准隐患库汇总了常见的固废类环境问题、突发环境事件隐患等，每种环境问题都关联对应的法律法规要求，每种隐患均可分级判定为一般隐患或重大隐患，标准隐患库可以帮助企业及时发现环境问题、识别环境隐患，同时以图文的形式给出相应整改建议，进一步让企业掌握环境问题和懂得隐患该怎么查、怎么改。法律法规库涵盖了关于固废污染防治的各类法律法规，以及固废相关标准、技术规范，并及时更新，供企业管理人员系统学习、随时翻阅。固废代码库包括了国家危险废物名录及固体废物分类与代码目录，帮助企业简易快速匹配自己产生危废的废物类别、行业来源、废物代码、危险特性，有针对性地判断危废所需贮存条件，比如易反应的危废需要稳定化预处理后贮存。

（二）建立政企互通新渠道，切实提升沟通效率

区镇两级生态环境部门可通过"固管通"系统一键线上群发通知及固废类自查任务，按需分组推送至对应企业，做到不漏一企一人。企业通过小程序实时接收通知或任务，企业管理人员打开阅读后系统自动显

示该通知或任务为已读状态，确保相关工作任务通知到位。针对排查整改类任务，生态环境部门管理人员与企业在线进行工单互动，完成检查及问题整改的闭环管理，实现部分管理工作的非现场办公，打破沟通滞后的堵点。同时系统设置咨询模块，企业在线实时联系区镇两级生态环境部门固废管理工作人员，满足企业危废转移实时通过审批的需求，固废政策、业务类咨询也能得到及时解答。

（三）简化排查整治流程，实现"无纸化"办公

检查人员使用"固管通"系统手机端小程序开展线下危险废物规范化环境管理评估等排查工作，排查表单在手机小程序上呈现，检查人员直接勾选是否符合排查要求，上传问题照片，自动生成线上排查报告后发送至企业。企业针对线上排查报告中所涉隐患问题落实整改闭环，将整改完成的照片、说明等材料上传至小程序，再次自动生成线上整改报告后流转至检查人员。上述排查报告、整改报告以及各类统计报表在"固管通"系统电脑端支持批量化打包下载导出，实现"无纸化"排查及整改工作的闭环管理。

三、做法成效

（一）助力企业实现规范化管理

吴中区小量危废产生单位数量庞大，占总数80%以上。小规模单位企业主要负责人、环保负责人往往环境保护意识不强，危险废物规范化管理水平不高，普遍存在不愿管、不会管、管不好的情况。区镇两级

生态环境部门通过"固管通"系统派发通知及排查任务，企业从接收通知或排查任务到完成排查任务整改，全流程可视化，定期督促企业按时、保质完成排查，解决企业不愿管的问题。排查任务清单式呈现，排查清单按照危险废物规范化管理评估要求及新《中华人民共和国固体废物污染环境防治法》科学制定，内容包括了污染环境防治责任制度、管理计划制度、排污许可制度、台账和申报制度、环境应急预案备案制度等管理制度的制定实施情况，贮存设施环境管理、危废标识设置、源头分类贮存等贮存环节管理情况，以及交给有资质单位委外规范处置的转移环节管理情况，从危废的产生、收集、贮存、运输各环节全流程指导企业完成排查整改，同时配备系统的固废法规、标准及技术规范的知识库供企业管理人员针对性学习，有效解决了"不会管、管不好"的问题。

（二）助力政企沟通实现高效互联互通

区生态环境部门以往普遍通过电话、微信群、QQ 群与企业沟通，电话沟通为点对点联系，无法发布周知性的通知及任务，微信群、QQ 群往往无法实现企业全覆盖，群内信息回复多，易导致信息遗漏，通知及任务的时效性也无法完全得到保证。"固管通"系统能够一键线上群发通知及固废类自查任务，并分组推送至企业，做到不漏一企一人，同时消息能够显示已读、未读状态，实时掌握企业是否接收到位。此外，企业固废类政策、管理咨询、危废转移审批等需求量巨大，以往通过拨打固废管理部门固定电话形式进行沟通解决，电话占线情况时有发生，导致沟通效率低下，企业急需解决的问题难以快速回应。"固管通"系统咨询模块启用后，企业可在线实时联系固废管理工作人员，甚至可实现多线路同时沟通，及时解决企业危废转移审批、问题咨询等诉求。

（三）助力管理部门实现排查便捷化

近年来，固废领域的专项排查整治任务趋于常态化，同时每年需对全区大量产废单位开展危险废物规范化环境管理评估工作，常规的检查模式为固废管理工作人员填写纸质排查表，收集大量企业提供的佐证材料及整改报告，一轮专项排查整治下来，相关检查材料已堆积如山，文件材料的归档工作量较大，同时催促企业落实问题整改也多以电话、微信方式，效率低下，还容易遗漏。现在，固废管理工作人员使用"固管通"手机端小程序开展现场排查，全程在手机小程序上操作，自动生成排查报告并线上流转至企业，企业在接到线上排查报告后及时落实整改，并在手机小程序端上传整改照片、说明等材料，自动生成线上整改报告。上述排查报告、整改报告以及各类统计报表在"固管通"系统电脑端支持批量化打包下载导出，实现排查材料电子归档。同时在一轮排查过程中，管理人员通过"固管通"可实时掌握企业隐患问题整改情况，并及时督促企业尽快完成整改，避免出现整改遗漏的情况。

案例点评

吴中"固管通"系统坚持以人为本，借力数字赋能，为区镇两级生态环境部门的固废管理人员提供更高效快捷的线上管理模式，让企业的环境管理人员在固废管理工作中愈加规范，同时为双方建立高效、便捷的沟通新渠道，进一步提升固废管理效能，是推动全区生态环境信息化进程的一次有效尝试，也是构建智慧型生态环境信息化体系的有力补充。

相城区污染源在线监控系统应用平台

【引言】 环境信息化赋能生态文明建设已成为提升生态环境治理现代化水平、全面推进美丽中国建设、加快推进人与自然和谐共生的关键所在。我们要牢固树立和践行绿水青山就是金山银山的理念，坚持绿色发展是高质量发展的底色，聚力打好污染防治攻坚战，深入挖掘、融合应用生态环境监测监控数据，构建智慧高效的生态环境管理信息化体系，全面提升环境治理的整体性、系统性和协同性。

【摘要】 建立污染源在线监控系统平台，基于生态环境大数据资产管理中心整合的环境数据，全面准确掌握相城区污染源的整体情况，实现集中式预警，将感知的环境状况及时发布，为环境管理人员提供污染信息情报，及时监管执法。企业可通过污染源在线监控平台发出的预警信息，及时关注自身排污状况、摸排核查情况，提前避免污染风险事件发生，创建了相城特色环境管理新模式。

【关键词】 污染源；信息化；非现场监管

扫码看VR

本项目基于分析废水、废气等污染源排放企业的排污状况，充分发挥污染源企业废水、废气自动监控设备的作用，将污染源在线监控站点作为预警预报前端。污染源在线监控软件系统作为数据分析与展示平台，实现污染源监控的全面管理。

一、建设背景

（一）污染源精细化管理水平低，可追溯性差

长久以来现有的管理手段，企业管理人员无法实时掌控废水废气的现场排放污染和突发异常情况，管理工作复杂，现场情况受人为因素影响较大，常常无法客观公正反映当时的生产设施、治污设施、排放设施实际情况，可追溯性差。

（二）污染源监督管理效率低下，手段单一

环境执法缺乏有效监督手段，超标排放和偷排现象时有发生，由于信息流转产生"信息差"，环境执法人员无法第一时间现场监督核实，工作效率和质量大幅度降低。

（三）污染源实时预警不足，管理难及时

生态环境保护工作的不断发展，对污染的精准管控、及时预警提出了更高要求。在新的形势下，建立专门的预警分析平台，借用现代高新信息化技术手段，对环境监测数据进行有效管理，实现集中预警，将感知的环境状况及时发布，为环境管理人员提供污染信息情报、决策支

持，是当前相城环境信息化体系亟须建立健全的。

二、功能运用

（一）摸清污染源底数，建立污染源全生命周期管理系统

该平台以一企一档的方式将相城区 6 855 家污染源企业的关键重要数据集成，全面准确掌握相城区污染源的整体情况，有效解决污染源监管业务条块分割带来的污染源"信息差"问题，实现对污染源的精准化管理，同时提升数据共享与业务协同能力。

（二）初步打通生态环境智能预警

基于生态环境大数据资产管理中心整合的环境数据，实现集中式预警，将感知的环境状况及时发布，为环境管理人员提供污染信息情报，及时监管执法。

（三）形成企业污染源闭环管理

将企业全方位信息整合管理，提升企业生态环境治理工作成效。企业可通过污染源在线监控平台发出的预警信息，及时关注自身排污状况、摸排核查情况，提前避免污染风险事件发生。

三、做法成效

（一）上下贯通"一盘棋"助力污染源监督管理

该平台对生态环境智能预警信息研判后进行各部门的任务流转，在"掌上环境"APP的辅助配合下及时反馈环境管理人员现场核查情况，有效提升预警处理和现场执法的效率，助推管理部门环境风险管控能力提升。

（二）污染源减排助推相城环境质量改善

2023年，阳澄湖心断面为Ⅲ类水质，总磷浓度为0.047mg/L。为确保阳澄湖水质全面稳定保持Ⅲ类，相城区积极利用污染源在线监控系统平台，重点关注阳澄湖周边企业废水排放情况，为助力相城区地表水环境质量进一步提升和污染排放溯源追踪提供有力支撑。

（三）预警数字化办理，减少企业污染排放风险

相城区监控中心对污染源在线监控平台开展日常巡查，发现苏州市相城区黄埭污水处理有限公司入河排污口的pH值小时均值长期维持在6.96~6.97（无量纲），结合入河排污口流量数据发现企业污水排放量大、流速快，判定pH值恒值为异常情况。平台向企业发出持续恒值预警后，企业检查入河排污口pH计发现故障情况，及时开展检修。此类非现场监管的预警提示，避免了企业无效数据上传和pH值超标排放的风险。

案例点评

相城区通过信息赋能提升了生态环境领域非现场监管工作水平，提升了污染源在线监控日常监管质量，帮扶指导企业开展规范化管理。对排污单位的污染源自动监控超标预警和异常情况及时现场核实，配合"相城掌上环境"APP的污染源监理模块投入使用，及时反馈监理人员现场核查情况，有效提高预警处理和现场执法的效率，以及管理部门环境风险管控能力。

吴江区"太浦河云管家"智慧管理平台

【引言】 习近平总书记多次强调，长三角区域要加强生态环境共保联治，推进重要生态屏障和生态廊道共同保护，深入开展跨界水体共保联治。作为长三角一体化示范区高度关注的重点河流，太浦河既为青浦、吴江和嘉善三地提供了水源补充，也服务了区域经济发展，成为联结沪苏浙的重要纽带。

【摘要】 吴江积极打造"太浦河云管家"智慧管理平台，坚持将高质量的数据供给、便捷的数据流动作为新型生产要素，通过跨部门、跨区域、跨层级的数据融合，持续打破数据信息壁垒，聚焦新时代跨界水体现代化治理新需求，加大生态环境领域资金技术投入，通过拓展水质自动监测因子、加密覆盖范围、集成沿线视频监控以及无人机巡航能力，以科技支撑开启治水新阶段。坚持有效整合、全面提升，切实发挥智慧管理平台作用，保障生态环境治理"新质"发展。构建"常规水质、特征因子、水面保洁、航运安全、水文信息、管理体系、非法倾倒和重点关注"八个功能模块，联通了有关部门预警系统，优化了环境问题处置流程，一旦发现异常情况可推动实现预警分析和问题处置。

【关键词】 数据融合；现代化治理；有效整合

扫码看VR

吴江积极扛起"上游担当"、作出"上游贡献",大力开展数字生态文明创新实践,打造"太浦河云管家"系统,构建生态环境智慧管理平台,统揽环境状况、统管环境问题、统筹人员力量,全面构建跨区域现代化治水新模式,以"小切口"改革实现长三角一体化发展"大提升"。

一、建设背景

2019年,上海青浦、江苏吴江和浙江嘉善全域纳入长三角生态绿色一体化发展示范区。示范区三地同处长三角腹地,河网密布、水网相通,交界河湖近50个,其中太浦河是三地共同关注的重点河流。太浦河是在特定历史时期沪苏浙三地联手开挖的人工河,西起东太湖边的时家港,向东至平望北与苏南运河相交,再经汾湖至南大港入西泖河接黄浦江,兼具防洪、除涝、供水、改善水环境和航运条件等综合功能,既为三地提供了水源补充,也服务了区域的经济发展,成为联结沪苏浙经济、文化、民生的重要纽带。2009年,嘉善县建成太浦河长白荡饮用水水源地。2016年,上海金泽水源地投运,对太浦河生态环境保护工作提出了更高要求。为了进一步扛起"上游担当",作出"上游贡献",坚定不移推进长三角区域一体化高质量发展,吴江区坚持把握新定位、抓牢新机遇、注入新动能,以打造"太浦河云管家"等生态环境智慧管理平台为切入口,全面构建跨区域现代化治水新模式,为加快数智赋能美丽中国建设提供先行示范。

二、功能运用

（一）完善水质实时监测

在"十三五"时期新增 3 个重金属锑监测站点（6 小时一次自动分析）的基础上，进一步推进水质自动站建设替代人工加密监测，水质 9 参数自动监测站数量由 3 个增加至 12 个（溶解氧、pH 值、电导率、浊度、水温 1 小时一次，高锰酸盐指数、氨氮、总磷、总氮 4 小时或 2 小时一次自动分析），进一步提升重点指标分析频次（6 个站点高锰酸盐指数、氨氮、总磷、总氮分析频次由 4 小时一次提升至 2 小时一次），在界标汾湖大桥构建完成异味物质自动监测系统（加装 2-EDD、2-EMD、二甲基异莰醇、土臭素 4 个参数异味物质在线监测，每 4 小时一次自动分析），在太浦河周边建立无人机机场，搭载高清镜头和红外热成像镜头，全天候开展巡河巡测，实现水陆空立体监控。

（二）整合部门信息数据

集成生态环境、水务、交通、公安等 4 个部门的涉水综合数据，打通太湖局、铁塔公司、电信等外部单位海量信息，采集 14 座水质自动站数据（其中 2 座上海境内水质自动站通过数据共享方式获得实时数据），汇集水质常规九参数、重金属、异味物质等实时监测数据，接入沿线主要路段、重要桥梁视频探头影像信息、太浦河河长无人机巡河、生态环境无人机巡航信息，融入以太浦河为重点的环境应急信息（各段应急负责人、联络员、应急物资、应急专家），实现生态环境要素全域集成。

（三）一网统管智慧管理

构建"常规水质、特征因子、水面保洁、航运安全、水文信息、管理体系、非法倾倒和重点关注"八个功能模块。常规水质、特征因子模块主要展示生态环境局水质自动站数据，整体分析太浦河40公里水域水质变化情况。水面保洁主要展示水务局水面漂浮物工单及打捞船只电子轨迹信息，并接入两个河段6路监控视频信息，可实时查看水面保洁情况。航运安全接入交通局视频数据，主要展示太浦河航运情况，包括铁塔高空监控、重点码头监控、重点桥梁监控。目前已对接1路铁塔高空监控、7路重点码头监控、11路重点桥梁监控。水文信息模块接入太湖局太浦闸信息，展示太浦闸当前流量、当日引水量和年度累计供水量。管理体系模块中有河长制和环境应急体系2大内容，河长制展示省级—市级—区级—镇级—村级河长相关信息，环境应急体系展示包括示范区应急管理联盟、区级应急处置队伍、区镇应急组、应急物资等内容。非法倾倒模块接入公安视频信息以及生态环境局无人机巡航情况，视频信息目前已接入10路。重点关注模块通过一张图展示太浦河附近29个加油站、3个化工企业、3个入河排放口以及7个太浦河沿线码头情况。

三、做法成效

（一）全域化数据归集，提升环境治理效能

坚持将高质量的数据供给、便捷的数据流动作为新型生产要素，持

续打破数据信息壁垒，打造涉水数据全域集成的平台。**一是跨部门融合**。集成生态环境、水务、交通、公安等多个部门的涉水综合数据，打通铁塔公司、电信等单位海量信息，汇集水质常规参数、重金属、异味物质等实时监测数据，接入沿线主要路段、重要桥梁44路视频探头影像信息，定位42家沿线重点关注企业，融入以太浦河为重点的环境应急信息，实现跨部门生态环境数据全域集成。**二是跨区域融合**。充分发挥长三角一体化协同发展优势，建立青吴嘉三地生态环境数据互通共享机制，获取上海市范围内金泽水文站、金泽水库水质，包括常规参数、生物毒性、总有机碳以及锑等在内的实时监测数据。通过数据共享方式跨地域收集了上海境内5705条水质实时监测数据，为跨域一体推进太浦河水环境治理提供支撑。**三是跨层级融合**。积极向上争取数据回流政策支持，打通国家、省、市、区数据融合通道，获取生态环境部门3座国省控水质自动站常规水质参数实时数据，导入水利部太湖流域管理局太浦闸实时水文信息。目前平台已汇集国家以及省级水质自动站9553条水质实时监测数据，多层级协作充实太浦河水生态基础数据库。吴江通过打造太浦河智慧管理平台，进一步优化了市、区、镇、企业四级环境应急网络，完善生态环境保护体制机制，搭建示范区环境应急联盟，持续推进三地联合执法、联合监测、联合应急，有效提升太浦河综合治理效能。

（二）全链式科技赋能，保障环境安全稳定

聚焦新时代跨界水体现代化治理新需求，加大生态环境领域资金技术投入，以科技支撑开启治水新阶段。**一是聚焦新要求，拓展监控因子**。随着环境监测技术的不断发展，以及对化学物质危害认识的不断深入，可被识别出的新污染物持续增加。吴江高于国家标准要求，在太浦

河新增建设 3 个重金属锑监测站点，在界标汾湖大桥构建完成异味物质自动监测系统，对 2-EDD、2-EMD、二甲基异莰醇、土臭素 4 个异味物质实施在线监控，切实保障下游供水安全。**二是聚焦新任务，科学分段管理**。太浦河是一条太湖通黄浦江的四级航道，每天通航船只约 600 艘次，而太浦河吴江段原有环境监测站点仅 3 个，且各站点间相距较远，一旦发生突发环境事件，较难及时发现和溯源。特别是界标上游靠近下游水源地，亟须科学推进网格化管理，强化分段管控并加密监测。吴江在太浦河新增水质自动站点 9 个，细化管控分区；对氨氮、总磷、总氮等重点指标提高监测频次，将自动分析间隔时间缩短一半，确保水质异常状况及时感知。**三是聚焦新技术，推进立体监管**。随着环境执法监管力度加大，一些环境违法行为越发隐蔽，汛期排污、船舶倾倒等环境污染案例在全国多地频现，常规监管手段难以发现。吴江在太浦河周边建立无人机机场，利用无人机搭载高清镜头和红外热成像镜头，全天候开展巡河巡测，实现对太浦河高空、重点码头、重要桥梁以及沿线道路实时查看。科技化、智能化手段加持，使水环境治理的决策更科学、执法更精准、督办更高效，人民群众用水安全得到进一步保障。2024 年以来涉及太浦河的环境信访投诉量明显降低，共受理环境信访举报投诉 17 件，同比下降 52.9%。

（三）全方位功能复合，持续提升环境质量

坚持有效整合、全面提升，切实发挥智慧管理平台作用，保障生态环境治理"新质"发展。**一是一网统揽环境状况**。构建"常规水质、特征因子、水面保洁、航运安全、水文信息、管理体系、非法倾倒和重点关注"八个功能模块，实时更新有关图表、数据、影像，在线查看水体

状况、水面情况、重点码头桥梁状态、船舶轨迹等。运用水动力学模型，模拟污染物在河流中的扩散，实现对污染团的追踪，让太浦河生态环境脉络清晰可见、实时感知。**二是一网统管环境问题**。平台联通了有关部门预警系统，优化了环境问题处置流程，一旦发现异常情况可推动实现预警分析和问题处置。比如，通过对接水面保洁平台，实时获取太浦河水面漂浮物发现、流转、打捞处置的全流程闭环管理情况，查看13个打捞船只实时运行轨迹，从而实现太浦河水质综合管理。**三是一网统筹人员力量**。平台全面汇集了来自示范区环境应急管理联盟的沪苏浙三方成员及市区镇三级河长7名、环境应急处置队伍15支、应急物资储备点23个和应急专家21名，实现应急物资线上调配、应急专家随时联系、应急队伍实时增援，全面防范各类环境风险隐患，环境应急人员确保半小时内能够准确到达。通过数智赋能生态环境保护工作，太浦河水质持续提升，界标断面年均水质连续6年稳定达到Ⅱ类，较2017年改善一个类别，化学需氧量、氨氮、总磷、总氮等污染物指标分别改善18%、54%、40%和36%。吴江区持续圆满完成进博会等水环境安全保障任务，连续6年收到上海市河长办感谢信。

案例点评

> 吴江区通过"太浦河云管家"智慧管理平台，打破数据信息壁垒，深挖数据资源价值，通过整合利用原有硬件设备、部门平台，达到了"最小方案、最低成本，最大效能"智慧治水模式。平台将各部门分散的数据进行融合分析，多维度综合性研判太浦河实时水质情况，为太浦河综合治理提供科学依据。

张家港市生态环境监管新模式的探索与实践

【引言】 习近平总书记强调，要深入实施创新驱动发展战略，推动数字化、网络化、智能化发展，提升国家治理体系和治理能力现代化水平。在这一战略指引下，苏州市张家港生态环境局积极探索创新，推出"三联动一执法"工作机制，以市场化和科技化手段强化生态环境治理，为推进生态文明建设提供了有力支撑。

【摘要】 "三联动一执法"工作机制，通过引入监理单位，将污染源自动监控与环境监测和监察执法有机整合，形成完整的工作流程，实现闭环管理，同时更加突出执法的精准性。张家港市生态环境局通过建设污染源自动监控"云监管平台"，将企业主体、运维单位、监理单位、生态环境主管部门整合到统一平台，信息共享、公开透明，动态对企业和运维单位进行打分和排名，逐步建立污染源自动监控的良性生态圈。监理单位很大程度上补充和强化了监管队伍力量和能力，专业的人＋专业的监控设备，有效放大科技化监管的效果。这一机制为苏州市张家港生态环境局强化污染源自动监控管理工作提供了有力支持，成功提升了污染源自动监控管理的效果，提高了监控设备稳定运行率、异常事件处置效率和企业达标排放率。

【关键词】 三联动一执法；生态环境监管；数据融合；精准执法

扫码看VR

近年来，随着工业化进程的加快，污染源自动监控管理成为生态环境监管的重要一环。为此，苏州市张家港生态环境局创新推出"三联动一执法"工作机制，通过引入市场化力量，利用科技化手段强化生态环境监管工作，取得了显著成效。

一、建设背景

（一）新形势下的生态环境治理挑战

随着工业生产规模的不断扩大，工业废气、废水、废渣等污染物显著增加，各类污染源排放口也日益增多，如不加强日常监管，将可能破坏生态环境和生态平衡。但是生态环境系统普遍存在人少事多的问题，张家港只有50多个执法人员，如何有效、高效地加强污染源监管，减少污染物排放，最大限度避免对人们的健康和生活质量造成严重影响就成了一个突出难题。针对这些难题和挑战，苏州市张家港生态环境局提出了"三联动一执法"工作机制。这一机制强调政府、企业和社会三方联动，共同参与到生态环境监管中来。政府负责制定严格的环保法规和政策，提供技术支持和资金保障；企业则需要承担起环保主体责任，加强内部管理，减少污染物排放；而社会各界则需要积极参与监督，共同营造良好的生态环境氛围。

（二）市民对生态环境质量的新期待

随着生活水平的提高，市民对污染源监管的实时性、准确性和公开透明度提出了更高的要求。他们希望政府能够利用先进的技术手段，实时监测污染物的排放情况,并及时采取措施加以控制。同时,市民也积极参与到环保活动中来,通过举报、监督等方式,共同维护生态环境的安全和健康。为了满足市民对生态环境质量的期望,苏州市张家港生态环境局不断完善和创新治理机制,加强与市民的沟通互动,也采纳了政协和人大代表们的意见和建议,建成了水、气、声、废全要素的自动监控监测网络,并利用自动监测监控设备实现24小时全天候监管,对知法犯法、屡教不改的违法企业加大处罚力度,形成了强大的震慑效应。

(三)科技创新为生态环境监管注入新活力

在科技飞速发展的今天,数字化、网络化、智能化、物联网等新技术为生态环境监管提供了新的机遇。苏州市张家港生态环境局紧抓这一机遇,将科技创新与生态环境监管相结合,为提升生态环境质量注入了新的活力。

首先,物联网技术的应用使得污染源自动监控更加精准和高效。通过安装先进的监测设备,可以实时监测污染物的排放情况,并将数据传输到云端进行分析和处理。这不仅提高了监控的准确性,也提升了处理效率。其次,网络化技术的运用使得生态环境治理更加便捷和透明。政府、企业和社会各界可以通过网络平台进行信息共享和交流,共同参与到环境监管中来。这种开放式的治理模式,不仅提高了治理的透明度,也激发了社会各界的参与热情。最后,智能化技术的引入使得生态环境监管更加智能和高效。通过应用人工智能、大数据等先进技术,可以实现对环境质量的智能预测和预警,提前采取措施加以控制。这不仅提高了治理的智能化水平,也大幅提升了监管效率和效果。

二、功能运用

"三联动一执法"工作机制是一种创新性的环境管理模式,其核心在于通过信息化手段,将企业、运维单位、监理单位和监管部门四方紧密联结在一起,形成一个高效、协同的工作网络。该机制旨在提高环保执法效率,确保执法公正,并推动整个行业的健康发展。具体功能运用如下:

(一)同步在线监控平台,实时高效分发报警

系统实时同步接收张家港在线监控平台报警相关数据,并迅速将这些报警内容自动分发至相关污染源排放企业和运维单位,确保报警信息能够准确无误且及时地传达至每个相关方,以便迅速采取应对措施。同时为相关监理单位自动创建督办任务,由监理单位确认核实报警内容与原因。大大提高报警的传递效率的同时,确保了环境的安全。

(二)深度对接企业应用,搭建高效沟通桥梁

为优化与污染源排放企业的协作与沟通,引入"环保企业通"应用,系统实现了与该企业应用实时对接,企业可通过应用,即时查阅监理单位下发的整改通知单、监管部门的私信或公告,以及执法部门的执法笔录等关键信息。这种双向、实时的沟通模式极大提升了信息传递效率,确保了企业、监理单位和监管部门之间的沟通畅通无阻。

（三）与运维平台深度融合，全面监督运维过程

通过与辖区内运维单位统一使用的运维工作平台紧密对接，系统能够实时接收并查询运维单位的相关数据，包括单位资质、资源配置、运维台账、日志记录等关键信息。基于这些数据，系统能够自动分析运维单位的工作质量，如定期维护校准的执行情况、故障问题的处置效率等。这种全面的监督和分析不仅提高了运维工作的透明度，也为企业和监管部门提供了有力的数据支撑。

（四）无缝连接监理平台，把控辖区全局

通过接入辖区内监理单位统一使用的监理工作平台，系统能够实时监控监理单位的工作情况。该平台提供对监理单位关于督办问题的处置情况、例行检查与协同检查的情况、比对校准合格情况，整改记录，以及对企业或运维单位反馈的实时查询功能。此外，系统配备的监理监控大屏为监管部门提供了直观、实时的监控手段，确保监理工作的质量和效率。

（五）与执法平台对接，精准打击环境违法行为

为提升环境违法行为的打击力度，平台与江苏省执法系统实现对接。通过这一对接机制，能够直接向相关执法中队推送疑似违法线索。这种精准、高效的推送方式显著提高了执法部门的工作效率，并极大提升了环境违法行为的查处率。

（六）整合多平台数据，构建综合数据网络

通过整合监理、运维、企业等各方平台的数据资源，为企业生成了一套详尽的电子档案。这些档案不仅包含企业的基本信息，还涵盖了故障率、比对合格率、运维情况等关键数据。通过查阅电子档案，可以迅速掌握企业概况，为决策提供坚实的数据基础。

（七）优化工作流程，实现问题追溯与闭环管理

为确保工作的规范性和高效性，对整个流程的关键环节进行了规范化管理，并强制要求填写图片文档说明。这形成了一套详尽的闭环流程，系统自动收集汇总相关内容，并通过企业主线迅速梳理问题始末。这种规范化、可追溯的工作流程不仅提高了工作效率和质量，还增强了企业的责任感和归属感。

（八）实施自动考核管理，激发良性竞争活力

为激发各方主体的积极性和竞争力，内嵌了以自动考核为主体、手动考核为辅助的智能考核功能模块。该功能覆盖辖区内的污染源排放企业、运维单位、监理单位等各方责任主体。通过统一、公开、透明的考核规则，对各方进行科学的排名和计分。这种考核方式不仅强化了责任意识，还营造了良性竞争的氛围。同时，通过排名能够及时发现问题突出，甚至严重违法违纪的企业和单位，系统自动固定数据，为末位淘汰提供有力依据。这种考核管理方式不仅提升了各方的竞争力，也推动了整个行业的健康发展。

三、做法成效

"三联动一执法"工作机制自实施以来,取得了显著的成效,不仅极大地提升了环境管理的效率,而且促进了相关责任方的良性竞争,推动了整个行业的健康发展。以下是对该机制做法成效的详细列举:

(一)提高执法效率,确保执法公正

通过"三联动一执法"工作机制,实现了企业、运维单位、监理单位和监管部门之间的实时信息交互和共享,使得环境执法工作更加高效和精准。系统能够实时接收并处理在线监控平台的报警数据,迅速将报警信息分发至相关责任方,确保了报警信息的及时传递和处理。同时,通过与监理平台、运维平台和企业应用的深度对接,监管部门能够全面掌握企业的运营情况和环境数据,为执法提供了有力的数据支撑。这些措施有效提高了执法效率,确保了执法公正,为环境管理工作的高效开展提供了有力保障。依托"三联动一执法"机制,监理单位累计提交了22条违法线索,涉及重点排污单位干扰自动监测设施正常运行等违法行为。这些行动极大地打击了弄虚作假行为,起到了强烈的震慑作用。

(二)促进良性竞争,提升行业水平

"三联动一执法"工作机制通过实施自动考核管理,激发了各方主体的积极性。系统通过统一、公开、透明的考核规则,对辖区内的污染源排放企业、运维单位、监理单位等各方责任主体进行科学排名和计分。这种考核方式不仅强化了责任意识,还营造了良性竞争的氛围。通

过排名，监管部门能够及时发现问题突出，甚至严重违法违纪的企业和单位，并采取相应措施进行整改或处罚。这种竞争机制促使企业更加重视环保工作，提升了整个行业的水平。

（三）实现实时监控，确保环境安全

通过与企业应用、运维平台、监理平台和执法平台的深度对接与融合，"三联动一执法"工作机制实现了对污染源排放企业的实时监控。系统能够实时接收并处理在线监控平台的报警数据，迅速将报警信息分发至相关责任方，以便及时采取应对措施。同时，通过与监理平台的无缝连接，监管部门能够实时监控监理单位的工作情况，确保监理工作的质量和效率。此外，通过与执法平台的对接，系统能够直接向相关执法中队推送疑似违法线索，提高了环境违法行为的查处率。这些措施有效确保了环境安全，为人民群众提供了良好的生态环境。

在过去三年中，监管平台累计推送异常报警高达 77 391 次。其中，通过平台非现场核查的次数达到 67 978 次，现场督办 9 413 条。此外，平台还开展了例行比对检查 816 次，质控样考核 2 056 次，手工采样 2 558 次。总计提出了 3 256 条规范性问题。

（四）优化工作流程，提升管理效率

"三联动一执法"工作机制通过优化工作流程，实现了问题追溯与闭环管理。系统对关键流程进行了规范化管理，并强制要求填写图片文档说明，形成一套详尽的闭环流程。系统自动收集汇总相关内容，并通过企业主线迅速梳理问题始末。这种规范化、可追溯的工作流程不仅提高了工作效率和质量，还增强了企业的责任感和归属感。同时，通过整

合多平台数据资源，系统为企业生成了一套详尽的电子档案。这些档案不仅包含企业的基本信息，还涵盖了故障率、比对合格率、运维情况等关键数据。通过查阅电子档案，监管部门能够迅速掌握企业概况，为决策提供坚实的数据基础。

（五）促进公众参与，提升环保意识

"三联动一执法"工作机制还注重公众环保意识的培养。通过引入"环保企业通"应用等信息化手段，提高了环保信息的透明度和公开性。企业和公众可以通过应用查看企业的环保信息、监管记录、执法情况等关键数据。这不仅增强了企业的环保责任感和归属感，还增强了公众的环保意识、提升了参与度。同时，通过向社会公开违法企业的信息和处罚情况，起到了警示和震慑作用，有效遏制了环境违法行为的发生。

（六）推动可持续发展，实现生态文明

"三联动一执法"工作机制的实施不仅解决了当前的环境问题，还为可持续发展和生态文明建设提供了有力支持。通过提高执法效率、促进良性竞争、实现实时监控等措施，该机制有效改善了环境质量，为人民群众提供了更好的生态环境。同时，通过优化工作流程、整合数据资源等措施，该机制为环保工作的科学决策提供了有力支撑。这些措施有助于推动可持续发展和生态文明建设，实现经济、社会和环境的协调发展。

案例点评

"三联动一执法"系统作为张家港生态环境监管的一项重要创新项目,有效提升了环境监管的效率和水平。通过数据融合和多方联动,实现了对污染源的精准监管和高效执法。这不仅为张家港市的生态环境监管工作注入了新的活力,也为其他地区的环境监管提供了有益借鉴。未来,张家港市将继续深化对该系统的研究与应用,不断探索创新环境监管的新模式和新路径。

昆山市环保检查员业务平台

【引言】 习近平总书记强调要"深化人工智能等数字技术应用，构建美丽中国数字化治理体系，建设绿色智慧的数字生态文明。"加速数字化绿色化协同发展的生态文明，为推进人与自然和谐共生的现代化指明了新方向，对实现经济转型升级和高质量发展、加快绿色发展意义重大，不仅有助于达成我国既定的生态文明建设目标，更能引领全球生态治理、共享绿色成果。

【摘要】 昆山市环保检查员业务平台的建设打通了移动执法、排污许可、信访总量、审批总量、环境应急、行政处罚等相关数据，整合了13 000多家污染源单位，实现了从底层数据至上层业务应用系统的全面贯通。

统筹绘制昆山市12个二级、44个三级以及244个四级网格地图，完善网格单元间的统一协调机制，合理利用各个单元之间组织的资源，落实各区域监管执法人员的监管职责和工作任务制度，有效整合管理资源、提升监管效能，督促各级地方政府及有关部门认真履行环境监管职责，推进监管重心下移、力量下沉，实现环境监管执法的完全覆盖。

健全昆山市生态环境网格化绩效考核机制，结合大数据技术设置考核规则，推进环境监管关口前移，高效调配各网格人员，实现对环境监管区域和内容的全方位、全覆盖、无缝隙管理，实现环境监管不留盲区、不留隐患，确保生态环境质量改善落实。

【关键词】 高效；便捷；可持续

扫码看VR

昆山市环保检查员业务平台多次获得苏州市生态环境局、苏州污防攻坚办的表彰认可。依托网格化监管，积极推动环保工作向"主动"和"精细"转型，全面深入排查环境问题，从源头防控生态环境风险隐患。充分发挥问题采集、现场检查、闭环处置工作合力，依托生态昆山APP实行流转、考核、统计，有效打通网格化监管末梢神经、破解环境保护"最后一公里"难题。

一、建设背景

昆山市为进一步优化环境监管体制，切实强化属地管理责任，不断完善环境监管考核体系，全面促进环境管理水平有效提升，根据国务院办公厅《关于加强环境监管执法的通知》（国办发〔2014〕56号）和江苏省委办公厅、省政府办公厅《关于建立网格化环境监管体系的指导意见》（苏办发〔2015〕65号）等文件要求，制定了《昆山市网格化环境监管实施方案》。自方案实施以来，昆山生态环境局开展了细化监管网格、配备网格管理人员、明确网格员工作职责、建立网格员考核制度、组织网格员业务培训、建立生态环境网格化平台等各项工作，生态环境保护网格化监管工作取得了很好的效果。

与此同时，苏州市昆山生态环境局根据昆山市生态大数据建设规划，应法律法规变更提出的新型管理和执法要求，按昆山市执法权委托下放和环境监管网格员制度，针对从精细化、网格化入手的新型环境监管模式，在原有业务系统基础上，按照"全覆盖、明情况、抓重点、落责任、强监管"的工作目标，构建"市督查、区（镇）检查、网格巡查"的全方位生态环境监管业务信息系统，实现全市生态环境行政管理和监管信息的动态采集和统一管理功能。

原先系统建设较早，技术架构不适用于当前浏览器、信息技术的发展，同时功能模块和界面设计不够简洁、全面，存在数据报表、功能模块互相嵌套，数据汇聚不全等问题，导致操作不便捷，系统使用不顺畅，很大程度上影响工作效率，无法满足当前网格化管理体系的要求。为响应整体生态环境规划部署，通过数字赋能，推动落实环境保护职责制度，苏州市昆山生态环境局亟须建设环保检查员业务平台，完善横向到边、纵向到底、覆盖全区域重点排污企业的环境监管网格体系，充分利用便捷、智能化的手段，全面提升环境监察执法的精细化程度。

二、功能运用

（一）建设生态环境网格化决策指挥地图，网格化管理"一目了然"

基于昆山市自然资源和规划局提供的 GIS 地图，对网格化的管理情况进行全面分析展示。包括网格化态势总览、网格划分专题图、绩效考核专题图、网格员分布专题图、网格员巡查轨迹地图。

一是网格态势总览。GIS 地图展示昆山市网格化的总体情况，支持查看各个网格员的网格区块地图，展示网格内的企业分布情况。支持展示昆山市网格化整体的统计分析情况，包括网格情况、污染源情况、考核情况、任务完成情况等。

二是网格划分专题图。GIS 地图展示网格总体的划分情况，分为市级网格专题图、区镇网格专题图和基层网格专题图。

三是绩效考核专题图。基于考核指标库设置，自动计算考核等级，并以热力图形式整体展示昆山生态环境网格化的考核工作情况，主要包括市局级考核地图和区镇级考核地图。

四是网格员分布专题图。基于 GIS 技术，系统支持在地图上展示网格员现场巡查的实时定位，可根据定位情况了解网格员位置动向，及时掌握各个区镇的巡查情况，必要时做出合理的调整安排，逐步形成全面协同的一体化指挥调度网格化管理格局。

五是网格员巡查轨迹地图。系统通过对所有网格员的地理信息数据进行统计分析，可以在地图上对各个网格的网格员运行轨迹进行展示，根据网格员巡查企业的时间顺序，绘制网格员的巡查轨迹图，并可以按区镇来查看各个网格员的巡查轨迹，方便管理人员了解各个网格员每天所检查的企业情况，核验网格员巡查情况。

（二）建设 PC 端网格智管台，网格化管理"细致入微"

一是污染源管理。结合网格化巡查 APP 中污染源更新模块和一厂一档模块，实现在 PC 端对污染源进行同步管理。按照区镇企业划分，构建分级管理能力，各区镇可对辖区内的污染源企业进行管理，PC 端的变更内容与网格化巡查 APP 端保持实时同步。

二是网格划分管控。支持不同网格划分方式，同时可以展示各个网格的相关信息。区镇管理人员可以对网格进行新建、更新、注销等操作。同时系统提供提醒功能，提醒管理人员该区镇中还有未被划分到网格的企业。

三是网格员管理。建立网格员管理模块，区镇可以自主新增、调整网格员、网格组长信息，网格组长则可以调整网格员的信息，整体设计上便于网格员新增、轮换、注销，并支持在系统上对网格员进行网格分配。

四是网格管理台账。网格管理台账需包括日常巡查台账和污染源更新台账。管理平台端的数据同APP端数据进行实时同步，保持数据一致性。

五是绩效考核。建设昆山市生态环境网格化绩效考核模块，按考核规则要求在平台上实现市局对区镇的考核管理以及区镇对网格员个人的考核管理。

六是任务下发。市局可对区镇或区镇下的网格员下发任务，区镇可对区镇内的网格员下发任务。

七是智能报表。基于平台层的报表工具建设智能报表模块，用户可以指定时间周期，系统支持自动计算生成数据报表发送给相关领导或负责人，用户也可以手动导出相关报表，包括季度、年度的区镇或整体的考核报表，及区镇污染源更新台账等平台中所涉及的表格内容。

八是统计分析。管理人员可以查看统计分析情况，系统可多维度分析网格的考核完成情况，为网格精准监管提供决策依据。包括考核管理分析、网格划分分析、污染源信息分析、任务分析。

（三）建设移动端生态昆山，网格化管理"雷厉风行"

一是移动应用集成。将网格化移动端应用集成至OA移动应用，统一用户管理，统一用户认证授权，实现网格员移动应用的单点登录；整合昆山生态环境局现有昆山环保、环境质量功能，通过生态昆山移动端统一提供应用入口。

二是态势总览。面向管理部门，构建态势总览模块。对区镇的巡查情况和网格员的巡查情况进行统计分析，实时展示区镇本季度考核任务的完成情况排名清单和网格员任务完成情况排名清单，便于直观掌握整体的网格巡查情况。

三是任务跟踪。面向网格员建设任务跟踪模块，对各个网格员当前季度的考核任务完成情况进行实时跟踪，以图表的形式进行展示，包括网格员本季度已完成任务数和剩余巡查任务数。

四是日常巡查。引入人工智能技术，重构日常巡查模块业务逻辑，对污染源巡查表单以选择列表的形式进行升级，为网格员提供便捷化、规范化巡查工具。

五是污染源更新。将污染源更新的权限下发至区镇和区镇的网格员，实现实时更新。同时对污染源更新操作进行记录，提供更新回退功能，避免网格员操作失误造成污染源信息错乱。

六是网格管理台账。建立网格管理台账模块，数据台账包括巡查台账和污染源更新台账两部分，并支持数据的统一检索。

七是一厂一档。一厂一档模块，整合各个污染源的数据进行统一展示，包括污染源基本信息数据、环评审批数据、行政处罚数据、移动执法数据等污染源相关数据展示。

八是生态环境知识库。生态环境知识库，方便网格员提升环保相关知识，便于更好地进行环保相关工作执行。生态环境知识库包括环保法规、环保标准、规划指南、应用管理、危险化学品等。

三、做法成效

（一）多端口应用延伸，实现互联网十监管数字转型

基于昆山市生态环境网格化管理现状，结合昆山生态环境网格化平台使用情况与局内相关业务管理需求，建设昆山市环保检查员业务平台，满足现有业务需求，并在此基础上，向移动端延伸，拓展应用手段，实现更便捷、高效的网格化管理，提升全市整体网格业务应用管理水平。

（二）畅通信息共享通道，促进政务公开和服务意识

本项目的建设应能促进上下级之间、区镇之间的信息交流和共享。建设成果在符合信息安全和保密管理相应规定的前提下可提供给相关部门，促进信息公开和政务公开。增强服务意识，在信息平台与政府网站之间建立信息交换机制，提供全面的网格化相关生态环境信息和服务。

（三）健全绩效考核应用，落实网格巡查任务

运用高新技术手段为昆山市环保检查员业务平台全面赋能，构建"图说网格"体系，运用 GIS 技术，全面展示网格化管理情况，为科学决策提供有力依据；移动端融入关联分析技术，使网格员更高效、更智慧地开展网格日常检查、联合执法等工作，及时查处和精准反馈环境违法问题；完善平台，统一网格管理标准、细化考核要求；进一步加强对污染源的监管，完善环保监管机制；全面整治"散小乱污"企业，确保

污染物稳定达标排放，有效改善全市环境质量。

（四）强化各级网格责任，减缓环境执法压力

针对现已划分的各个网格单元，完善网格单元间的统一协调机制，合理利用各个单元之间组织的资源。落实各区域监管执法人员的监管职责和工作任务制度，有效整合管理资源、提升监管效能，督促各级地方政府及有关部门认真履行环境监管职责，推进监管重心下移、力量下沉，实现环境监管执法的完全覆盖。

（五）完善监管体系建设，促进环境质量持续改善

完善网格化监管体系，推进环境监管关口前移，高效调配各网格人员，实现对环境监管区域和内容的全方位、全覆盖、无缝隙管理，实现环境监管不留盲区、不留隐患，确保环境质量持续改善。

案例点评

> 昆山市环保检查员业务平台的建设，进一步推进了全市环境保护网格化监管工作，切实加强了环境保护基层能力建设，完善了重点领域环境监管工作机制，并督促生产经营单位落实环境保护主体责任，拓展延伸了网格化工作的深度和广度，实现环境保护监管"全覆盖"。

常熟市活性炭"码"上换监管平台

【引言】 习近平总书记强调："深化人工智能等数字技术应用，构建美丽中国数字化治理体系，建设绿色智慧的数字生态文明。"建设美丽中国，必须坚持以习近平生态文明思想为指引，充分认识数字生态文明建设的重大意义和发展方向，全面推进绿色智慧的数字生态文明建设，为促进经济转型升级和高质量发展、加快绿色发展提供有力支撑。

【摘要】 为进一步规范活性炭使用，结合"科学计算、及时提醒、长效监管"的原则，常熟生态环境局建成活性炭"码"上换监管平台。通过"码"上换为活性炭设施建立信息化档案，督促企业及时更换活性炭，全面提高废气处理效率。截至目前，全市涉气企业活性炭"码"上换系统填报超1 500家，填报设备总数超2 000套。该平台的建设和运用，体现了常熟在VOCs数字化治理方面的创新实践和重要探索，对推动全市环保监管数字化改革具有重要意义。

【关键词】 VOCs；活性炭；监管平台

扫码看VR

2023年下半年，常熟生态环境局开始筹建活性炭"码"上换监管平台。2024年初，平台正式投入使用。该平台包含web端和微信小程序端，主要应用于VOCs治理领域，对涉一次性活性炭装置企业在活性炭使用、更换和处置等环节进行全过程监管，督促企业对涉活性炭废气治理设施进行日常"打卡"，进一步提升企业污染治理主体意识、责任意识，相关先进经验得到主流媒体宣传推广。

一、建设背景

（一）行业发展日益规范

挥发性有机物（VOCs）是形成细颗粒物（PM2.6）和臭氧（O_3）的重要前体物，是"十四五"期间改善空气质量的重点控制因子，特点是来源众多、组分复杂、排放量大，因此治理和监管难度大。近年来，我国先后印发实施《大气污染防治行动计划》《打赢蓝天保卫战三年行动计划》《空气质量持续改善行动计划》等文件，明确要持续加强VOCs污染防治工作，逐步建立"行业＋综合"的VOCs排放标准体系，加快出台多项涉及涂料、油墨、胶黏剂、清洗剂等有机溶剂产品VOCs含量的限值标准，不断完善涉VOCs治理的法律法规和政策体系。

（二）处理方式科学高效

活性炭是一种具有发达孔隙结构、巨大比表面的多孔吸附材料，其对VOCs的吸附，一般是通过内部丰富的微孔结构对VOCs进行物理吸附，吸附过程通常分为四个步骤，体扩散—膜扩散—孔扩散—吸附。活性炭吸附广泛应用于工业废气治理，能够有效去除废气中的有机物、臭味和有害气体，是当前可靠、高效的废气处理方法之一。

（三）监管难题亟待破解

根据常熟市历年大气污染排放源清单，全市涉 VOCs 排放企业超 3 000 家，而活性炭吸附技术是常熟市涉 VOCs 中小企业应用最广泛的废气治理技术。市生态环境局在日常监管中发现涉活性炭废气治理存在不足之处，如治理设施安装不规范或未正常开启、使用劣质活性炭、活性炭填充不足或未规范填充、活性炭长期不更换、废活性炭未规范安全处置等，对 VOCs 废气治理效果造成一定影响。因此加强涉活性炭废气治理设施智能监管势在必行。

二、功能运用

（一）科学化设定，打造智管平台

活性炭"码"上换系统包含 web 端和微信小程序端，内容包含首页展示汇总、企业基本信息、活性炭治理设施信息、活性炭更换打卡记录、质控异常信息等。基于常熟市 VOCs 源清单数据，科学计算活性炭设定更换周期；引用产污治污联动用电监控数据、危废活性炭转移数据，对更换情况进行质控分析，实现企业活性炭使用、更换、处置等重要环节的便捷可视化。

（二）一设施一码，实现按需更换

企业进入"码"上传信息填报界面后，需填写设施信息并完成首次打卡，建立废气处理设施运维台账。经环保部门审核后，系统将自动生成设备专属二维码，企业可扫码随时查看设备内活性炭维护情况。活性炭更换日前一周，系统将通过邮件、微信等方式每日推送提醒，通知企业及时足量更换优质活性炭。

（三）紧盯异常值，强化落实整改

系统内置的逻辑判定程序将根据企业填报数据、产污治污联动用电监控数据、危废活性炭转移数据等，筛选出超期（活性炭更换超期）、异常（活性炭更换数量或质量不符合要求）状态的企业。据此，环保部门可实时掌握辖区内异常企业情况，开展异常数据处理，并督促企业及时完成整改。

（四）小范围试点，助推系统优化

为检验新平台的实用性和便捷性，常熟生态环境局采取"局部先行＋全面推广"模式，在某镇开展试运行，对象为该镇所有涉一次性活性炭装置的企业。在两个月的试点工作中，环保部门工作人员多次赴现场与试点企业沟通交流，针对他们提出的问题和建议，不断完善和优化系统，待取得一定成效后，再在全市范围进行推广。

三、做法成效

（一）进一步提升治气成效

截至目前，全市涉气企业活性炭"码"上换系统填报超 1 500 家，填报设备超 2 000 套，填报通过率超 80%。通过规范活性炭全过程管理，建立健全长效管理机制，督促企业动态录入活性炭填充量、碘吸附值、更换时间等参数信息，同步上传各类凭证报告至平台，切实解决企业活性炭以次充好、填充量不足、更换不及时等问题，进一步提高废气处理设施运行效率，保障 VOCs 综合治理成效。

（二）进一步强化智能监管

国务院于 2023 年 11 月印发的《空气质量持续改善行动计划》要求，强化大气环境监管执法、拓展非现场监管手段应用。活性炭"码"上换监管平台的建成为实现智慧监管提供了有力的技术支撑。平台应用前，环保执法人员需定期前往企业提醒按时更换活性炭，或是在执法现场做开箱测试抽查；平台应用后，环保部门可远程实时监测，现场抽查频次显著降低，既节省执法资源，又有效提升监管效率。

（三）进一步落实服务理念

主管部门在监管中发现，配备专业环保团队的大型企业基本能定期自主更换活性炭，而大部分中小企业则对活性炭更换周期、如何操作合法合规等问题了解较少。"码"上换监管平台的投用，帮助涉气企业顺利完成活性炭的更换与管理，切实解决了企业的急难愁盼。同时，考虑到企业因停产导致活性炭使用量减少等情况，常熟生态环境局在系统中设定了停产时长折算系数、活性炭质量周期参数等灵活的运算方法，进行更为合理、科学的判定，帮助企业延期更换。此举既严格执行相关环保标准，又体现了对企业实际情况的理解，真正实现柔性执法与精准监管的有机结合。

案例点评

> 近年来，常熟市深入贯彻落实习近平生态文明思想，始终坚持服务于企的初衷，持续深入对数字化治理理念的践行，通过建设活性炭"码"上换监管平台，有效解决了VOCs治理中活性炭使用、更换和处置等环节的监管难点，以数字赋能非现场监管，实现涉活性炭装置企业全面覆盖、动态更新、应换必换，助力生态环境保护监管智慧化、数字化、精准化。

太仓市生态太仓政企通平台

【引言】 以习近平同志为核心的党中央高度重视生态文明建设和数字化发展。党的二十大报告明确提出加快建设美丽中国、数字中国。2023 年 7 月，习近平总书记在全国生态环境保护大会上强调，要深化人工智能等数字技术应用，构建美丽中国数字化治理体系，建设绿色智慧的数字生态文明。当今世界，数字化转型趋势不可逆转。大数据、人工智能、区块链等新一代数字技术日新月异，在带动众多产业变革和创新的同时，也推动着经济社会绿色低碳转型发展。

【摘要】 生态太仓政企通平台是指由苏州市太仓生态环境局主导或支持，以服务企业和推动绿色经济发展为目标的综合性服务平台。其主要职责是提供全方位、高效率的服务，促进政府与企业之间的良好环境管理互动，推动生态环境管理业务升级和绿色生态经济转型发展。生态太仓政企通平台的建设和发展，对于促进循环经济发展、提升企业环境管理技术水平具有重要意义。生态太仓政企通平台的建设旨在打破政府与企业之间的壁垒，促进信息的共享和互通。通过政府主导或支持的平台，企业可以更加便捷地获取政府政策、行业动态、市场信息等相关资源，同时也能够更好地与政府进行沟通和合作。生态太仓政企通平台的建设和发展，可以提高政府的服务效能，推动企业的创新和发展，助力产业升级和转型。

【关键词】 生态环境；政企通；数字生态文明

扫码看VR

2023年，苏州市太仓生态环境局以实干担当，高效服务支撑高质量发展，助推政务服务提质增效、营商环境持续优化；积极探索实施智能化改造、数字化转型、网络化联接"三大行动"；积极推动实体大厅向网上政务服务平台延伸。针对企业日常环保管理工作的困扰和问题，以面向对象的软件开发方法为基础，以企业生态环境管理需求为动力，模拟和映射企业生态环境管理中的各类现实场景，经设计、编码、测试后，上线试运行了"生态太仓政企通"微信小程序。

一、建设背景

（一）在生态环境领域政企沟通协商渠道不够通畅

一方面是信息传达不够到位。政府部门网站是企业了解掌握涉企生态环境政策的重要渠道，部分职能部门网站类别繁多且更新不及时，加上部分涉企环境保护政策宣传解读工作较为滞后，难以让企业第一时间掌握环境保护政策。另一方面是企业家评价反馈不够常态。目前对于现行涉企政策评价、相关职能部门宣传政策工作没有形成规范的、长期的、常态的反馈机制。被服务企业日常反馈结果显示，相当部分企业对当前沟通协商机制不够满意。

（二）在当今快速发展的经济环境下，企业与政府之间的有效沟通显得尤为重要

生态太仓政企通平台以高效、便捷、透明为原则，致力于打破传统沟通壁垒，为企业与政府搭建一座无障碍的沟通桥梁。与传统的沟通方

式相比，该平台极大地提高了政企沟通的效率。企业不再需要为了某一项事务而耗费大量时间和精力在政府部门间来回奔波，也无需担心信息不透明而导致的沟通障碍。同时，平台的服务评价机制也为政企双方提供了一个生态环境管理互动反馈的渠道，企业可以对政府服务人员的服务态度、处理效率等方面进行评价，为生态环境服务企业的持续优化提供了有力支持。

（三）为密切政企联系、服务企业发展发挥了积极作用

小程序借助政府网站、政务数据共享交换平台等后台数据支撑，对"生态太仓政企通"各项功能进行了优化，登录更方便，操作更流畅，企业只要关联信息就可以使用，一站式获得政策精准推送、服务简易办理、诉求在线问答等功能。

二、功能运用

（一）为符合"太仓一网通办"要求，并便于企业网上访问，"生态太仓政企通"微信小程序平台入口归集至审批局管理的"太e办"平台入口，方便企业从"太e办"直接跳转进入；软件服务搭建在太仓信息港云计算平台，网络虚拟服务器资源做到500人以上同时访问通畅不卡。

（二）面对生态环境管理资源充足的重点排污企业，平台针对性地开发了问题整改和上报事项功能模块，方便企业拍照上传各类生产和治理突发异常情况说明、污染治理设施达标整改报告等。相关材料做到实时网络传输、全程电子留痕，强化了企业主体责任落实，提升了生态环

境工作质效。

（三）面对生态环境管理经验不足的普通排污企业，针对性地开发了通知公告功能模块，促进企业及时掌握最新的行业管理要求和污染防治技术发展方向。

（四）"生态太仓政企通"微信小程序平台企业端包括基础信息维护、上报事项、问题整改、通知公告、疑难咨询等功能模块。

基础信息维护用于企业向环保管理人员提供常规的企业环境管理资料，方便管理人员实时了解企业环境基础信息，主要包括企业名称、统一社会信用代码、行政区划、企业地址、法人代表、法人联系电话、环保负责人、环保负责人联系电话等。

上报事项用于企业通过手机微信小程序，及时便捷地上报企业的日常环境管理事项，可进行企业生产设施停产上报、生产设施故障上报、治污设施故障上报或者突发环境事件上报。

问题整改用于满足企业在线上直接答复生态环境管理部门在日常生态环境专项执法中检查到的问题反馈，企业依据小程序中下放的整改任务来完成整改，并将整改好后的情况文档和照片直接上传，由发放问题整改的生态环境主管部门进行审核确认。

通知公告用于企业浏览生态环境主管部门在小程序平台中下发的各类通知和公告，通知和公告可按不同类型进行展示，平台具有未读新消息提醒功能，方便企业用户及时察觉新消息动态；另外，平台还添加了个性化关注功能，用户可将自己关注的消息进行特殊标记，方便回顾自己重点关注的消息内容。

疑难咨询用于生态环境管理部门为企业提供专业技术咨询服务，小程序平台为企业提供了简洁明了、易于使用和提供反馈的用户界面，避免复杂的操作流程和烦琐的操作步骤，提供了良好的交互式用户体验，平台常驻了多位生态环境领域资深专家，并通过文本形式、图表形式或其他形式展示，以便于企业用户的理解。

（五）"生态太仓政企通"微信小程序平台PC管理端功能包括上报资料查看、上报分类统计、分类展示、调查问卷等功能模块。

上报资料查看用于生态环境管理部门查看企业上报的各类资料，通过查看企业生态环境领域的上报资料可以及时确认企业是否遵循了相关的环保法规和政策要求。有助于确保企业在生产经营活动中符合环保标准，避免因违反规定而受到法律制裁。

上报分类统计用于生态环境管理部门对企业生态环境领域的资料进行统计分类，可以更加系统地管理和整合大量的数据。这有助于使数据更加有序、易于查询和分析，从而提高数据的使用效率和价值。通过对生态环境数据的分类统计，生态环境管理部门可以为行政决策提供更加准确、全面的信息支持。这有助于制定更加合理、有效的环保政策和措施，推动企业在生态环境保护方面取得更好的成绩。

分类展示用于生态环境管理部门将企业生态环境领域的资料进行分类展示，可以更加清晰、有序地呈现相关信息。这有助于用户快速了解企业在生态环境保护方面的各项数据和成果，提高信息的可读性和可理解性。通过将不同类别的资料进行分类展示，生态环境管理部门可以更加方便地对不同指标、不同时间段或不同企业之间的数据进行对比分析。有助于发现企业在生态环境保护方面的优势和不足，为制定改进措施提供有力支持。

调查问卷用于生态环境管理部门评估政企之间的沟通效率，包括信息传递的及时性、有效性和沟通渠道的畅通性。这有助于发现沟通障碍，提升政企沟通效率，确保政策信息和企业发展需求得到及时传达。通过调查问卷，政府可以了解企业对政府服务的满意度，包括服务效率、服务质量和服务态度等方面。这有助于政府识别服务短板，提升服务质量，满足企业的发展需求。

（六）数据接口对接共享包括数据接入管理模块、数据交换平台和数据共享服务模块。数据接入管理是生态环境数据对接共享功能的基础。该模块负责收集、整理、验证和整合来自不同企业的生态环境数据。数据接入管理模块确保数据的准确性、完整性和一致性，为后续的数据处理、分析和共享提供保障。数据交换平台是生态环境数据对接共享功能的核心。该平台负责实现不同部门、不同系统之间的数据交换和传输。通过制定统一的数据交换协议和接口标准，确保数据在不同系统之间的顺畅流通和高效共享。数据共享服务模块负责提供生态环境数据的共享和访问服务。通过制定合理的数据共享政策和机制，确保用户在遵守相关规定的前提下能够方便、快捷地获取所需数据，以满足用户多样化的需求。

三、做法成效

随着信息技术的不断发展，微信小程序作为一种新型的服务平台，逐渐在各个领域展现出其独特优势。在生态环境领域，政企通微信小程序的推出，不仅提升了政企之间的沟通效率，还提高了信息透明度，普及了环保知识，为企业和社会带来了显著的效益。

（一）政企沟通效率提升

通过"生态太仓政企通"微信小程序平台，生态环境管理部门能够及时发布政策信息、通知公告等，企业则可以快速获取相关信息并进行反馈。这种线上沟通方式大大缩短了信息传递的时间，提高了政企之间的沟通效率，为企业的生产运营提供了便利。

（二）信息透明度增加

"生态太仓政企通"微信小程序平台上的信息公开功能，使政府部门的政策文件、企业环保数据等信息得以透明展示。这不仅方便了公众对政府和企业环保工作的监督，也提升了企业和公众之间的信任度。

（三）环保知识普及广泛

"生态太仓政企通"微信小程序平台设置了环保知识普及模块，通过图文、视频等多种形式向公众普及环保知识。这种寓教于乐的方式，使得环保知识更加易于理解和接受，提高了公众的环保意识。

（四）政策解读及时准确

"生态太仓政企通"微信小程序平台提供了政策解读服务，对政府发布的环保政策进行及时、准确地解读，帮助企业更好地理解政策要求，避免因信息误解而导致的违规行为。

（五）企业参与度高

通过"生态太仓政企通"微信小程序平台，企业可以方便地参与政府部门的环保活动，提出自己的意见和建议。这不仅提高了企业的参与度，也增强了企业对于环保工作的责任感和使命感。

（六）环保监管强化

"生态太仓政企通"微信小程序平台上的数据统计分析功能，使得政府部门能够实时监控企业的环保数据，及时发现和处理环境问题。这种强化监管的方式，提高了企业的环保水平，也保护了生态环境的安全。

（七）用户体验优化

"生态太仓政企通"微信小程序平台注重用户体验，界面设计简洁明了，操作流程简单易懂。同时，小程序还提供了在线客服、专家答疑等功能，为用户提供了更加便捷的服务。在数字化时代，生态环境政企通作为连接政府部门与企业的桥梁，其易用性显得尤为重要。一个易于使用的平台不仅可以提高用户的使用体验，还能提升工作效率。平台设计的界面优化、操作流程简化、功能升级等方面的具体实例以及通过具体的数据和用户反馈来反推软件设计以企业需求为宗旨，从而使企业用户亲自体验易用性改进带来的便利。

（八）社会效益显著

"生态太仓政企通"微信小程序平台的推广和使用，不仅提高了政企之间的沟通效率和信息透明度，还普及了环保知识，强化了环保监管，提升了企业的环保意识和参与度。小程序平台通过提供丰富的环保信息和资源，帮助企业用户了解环境问题的严重性和紧迫性，从而增强他们的环保责任感，有助于形成全社会的环保共识，推动人们积极参与环保行动。小程序平台的发展促进了环保产业的发展和创新。随着平台的不断升级和完善，相关的环保咨询和服务也会不断涌现，有助于推动环保产业的繁荣和发展。小程序平台提供的数据和信息可以为政府和企业的决策提供有力支持。政府可以根据软件提供的生态环境数据制定更加科学合理的环保政策，企业则可以根据平台提供的环保建议和方案优化生产方式、降低污染排放。这些成效的综合作用，使得小程序在生态环境领域产生了显著的社会效益，为推动生态环境保护和可持续发展做出了积极贡献。

案例点评

通过本项目的实施，"生态太仓政企通"微信小程序实现了市级管理部门掌握企业污染治理设施的运行状况，做到了问题整改、超时报警、统计分析、通知公告等信息线上推送，实现了日常环保工作的不见面处理，大大减少了企业来回跑的次数，为企业日常环境管理工作提供了便利，同时也增强了企业生态环境主体责任意识，提升了企业环保管理业务水平，为进一步推动太仓市污染防治工作发挥了积极作用。

后 记

经过大家的不懈努力,《打造数字化改革先行区》终于付梓出版。全书由"推进一体化公共数据底座建设""推进数字经济系统建设""推进数字政府系统建设""推进数字文化系统建设""推进数字社会系统建设""推进数字生态文明系统建设"六个篇章组成,深入贯彻落实习近平总书记关于建设数字中国的相关论述,涉及苏州在数字化改革领域最具有代表性的案例,锚定苏州"坚持以数据为核心,聚焦服务实体经济、服务百姓民生,推动产业基础结构再造、政府服务流程再造、城市运行模式再造"的工作原则,按照"切口小、方法巧、效果灵"工作要求,努力打造数字化改革先行区,奋力推动数字强市建设,更好服务和支撑苏州在推进中国式现代化中走在前、做示范。

本案例教材由苏州市委研究室和江苏苏州干部学院共同编撰。江苏苏州干部学院院长张健、副院长金伟栋亲自审阅框架和文稿,苏州市委研究室相关领导进行了全程指导。在本书编撰过程中,苏州市委研究室多位领导专家提出了很多宝贵指导意见和建议,给予了大力支持和配合,具体协调各县级市(区)、市相关部门在百忙之中提供高质量案例素材,为本书编撰提供了重要保障。本书也得到了南京大学出版社的大力支持。在此一并表示感谢。

本书由江苏苏州干部学院谢俊负责具体编撰工作，工作中难免存在疏漏和错误，敬请读者不吝指正。

编　者

2024 年 7 月

图书在版编目(CIP)数据

打造数字化改革先行区 / 谢俊主编. -- 南京：南京大学出版社，2025.3. -- (中国式现代化苏州新实践 / 张健主编). -- ISBN 978-7-305-28741-1

Ⅰ. D675.33

中国国家版本馆 CIP 数据核字第 2024K5C274 号

出版发行	南京大学出版社
社　　址	南京市汉口路 22 号　　邮编 210093
丛 书 名	中国式现代化苏州新实践
主　　编	张　健
书　　名	**打造数字化改革先行区**
	DAZAO SHUZIHUA GAIGE XIANXINGQU
本册主编	谢　俊
责任编辑	李晨远
照　　排	南京南琳图文制作有限公司
印　　刷	南京新洲印刷有限公司
开　　本	718 mm×1000 mm　1/16　印张 31.25　字数 372 千
版　　次	2025 年 3 月第 1 版　2025 年 3 月第 1 次印刷
ISBN	978-7-305-28741-1
定　　价	80.00 元

网址：http://www.njupco.com
官方微博：http://weibo.com/njupco
官方微信号：njupress
销售咨询热线：(025) 83594756

* 版权所有，侵权必究
* 凡购买南大版图书，如有印装质量问题，请与所购图书销售部门联系调换